长空自游系列

U0660546

香港郊游

最潮减压度假地

（第1版）

程诗灏　编著/摄

中国旅游出版社

责任编辑：吴博雅　陈　冰
责任印制：冯冬青
设计制作：中文天地

图书在版编目（CIP）数据

香港郊游 / 程诗灏编著、摄. -- 北京：中国旅游
出版社，2014.3
（长空自游系列. 最潮减压度假地）
ISBN 978-7-5032-4869-6

Ⅰ.①香… Ⅱ.①程… Ⅲ.①旅游指南 - 香港 Ⅳ.
①K928.965.8
中国版本图书馆CIP数据核字（2013）第298567号

北京市版权局著作权合同登记号：图字 01-2013-6072
本书插图系原文原图

书　　名：香港郊游

编著、摄影：程诗灏
出版发行：中国旅游出版社
　　　　　（北京建国门内大街甲9号　邮编：100005）
　　　　　http://www.cttp.net.cn　E-mail:cttp@cnta.gov.cn
　　　　　营销中心电话：010-85166503
排　　版：北京中文天地文化艺术有限公司
经　　销：全国各地新华书店
印　　刷：北京金吉士印刷有限责任公司
版　　次：2014年3月第1版　2014年3月第1版第1次印刷
开　　本：880毫米 × 1230毫米　1/32
印　　张：11.25
字　　数：463千
定　　价：59.00元
I S B N　978-7-5032-4869-6

本书由香港长空中国出版有限公司授权出版

不懂得大自然，
自然就不懂得去爱它

未认识阿 Ken 之前，我的大自然里只有"麻雀"。多年前，阿 Ken 开始带我和观众去登山、郊游，领我认识香港花花世界、水泥森林的另一面。

原来山顶油站对面的山坡居住着上千只麻鹰，日落前看它们由尖东飞去薄扶林，再返回马己仙峡，千鹰归巢真是一个奇景。

要不是阿 Ken 带我去看，真不敢相信在市中心、宝珊道上一处，竟然有活生生的松鼠对着我剥松子，在眼前一两米内的树顶跳来跳去。

从未想过在香港竟然有巴厘岛风情、马尔代夫风情，整个沙滩都是海星，登时觉得自己是个皇帝，"脚踏七星"！在沙洲、龙鼓洲又有可爱至极的中华白海豚。哈！原来白海豚是粉红色的！

只在金庸小说《神雕侠侣》中听说过雕，阿 Ken 又带我去蚝涌看一对将近 1 米高的雕，那天它们还在天空一起打转，原来是在打架，阿 Ken 也说难得一见。

我跟阿 Ken 这几年来，白天去看美丽的蝴蝶、雀鸟，夜行去看蛇、蛙……辛苦极了，晒到脱完一层皮后再脱一层。步行两三小时只为看一只松鼠，坐快艇去那些小岛，屁股都颠开了花。去看白海豚又要那么早起，直到下午四五点。

每次跟阿 Ken 去野外郊游，我都一定喃喃自语诅咒阿 Ken，只有这次说实话。真的多谢你，"阿 Ken 哥"，带我从"麻雀"世界去认识真正的大自然，真是妙不可言，令我心境开放。不过下次可否舒服一点！没有舒服的大自然吗，阿 Ken 哥！或许看他的书会舒服一点。

慢慢地登山

1984年秋天，本人开展了第一次正式的登山训练，当时参与的是爱丁堡公爵奖励计划（现名香港青年奖励计划），希望借着计划挑战自己，完成100公里长征！当年有着用不尽的精力，誓要做到"日行千里"，以速度来征服群山：一日跨过长短咀与蚺蛇尖，再闯大浪湾及浪茄湾都不是问题！

几乎每次登山都如此装备，如非铁人，请勿仿效啊！

但随着时间一日一日地过去，体力、速度都不复当年，登山活动对我来说再也不是速度与体力的挑战，当无法"加速"的时候，我竟然发现"慢慢地"登山有另一番乐趣，这就是对我们身处，但又感到神秘的"自然界之探索"！

记得某年秋天，在荔枝庄露营时，晚上从草丛中传来声音，且愈来愈近，正当幻想"倩女幽魂"来探我们时，谁知一只又一只，又肥又矮的小动物，慢慢地从草丛中爬出来，这是我第一次亲眼看见豪猪，一家大小，大模大样地走在我面前，当时真是又惊又喜！

记录香港郊野中的各种生命，使我的登山过程多了一个使命，背上的不再是露营装备，换来多款相机、镜头。虽然同样沉重，却有着不同的意义！

在拍摄过程中，有万千的等待——等待目标动物的出现、等待天气的好转、等待光线的配合，更要等待动物们做出各种求生行为，如觅食、求偶、交配等，每一次的等待都带给我难忘的经验。

经过多年的努力，活跃于香港的雀鸟、蝴蝶、蜻蜓、哺乳类动物、爬行及两栖类动物都被我拍下来，希望此书能为大家带来登山的另一番乐趣。

程诗灏

如有任何郊游问题，欢迎联络我：ken@erc.org.hk

作者介绍：程诗灏（Ken）

从小对自然环境有着浓厚兴趣，长大后决定以兴趣来发展事业。自1996年起，趁着生态旅游的崛起而投身此行。过去10年，一直努力不懈，通过讲座、照片展览、旅游、活动教学、研究及培训等，希望通过生态旅游来提高大众对自然环境的兴趣，从而推动环境保护。

在发展期间，Ken意识到要想让大众了解自然生态，必须有大量照片辅助，因此这10年间，他不惜上山下海追踪拍摄各种生物的一举一动。至今，其图片库已收录了近千种生物。

经过长时间的努力，他的想法终于得到多位大学教授、学者及影视艺人的认同，在2006年先后被北京大学教授潘文石委任为特约研究员及生态教育主任，同年还获选为"香港十大杰出青年"。

制作团队简介

　　本书得以完成，特别是图片部分，其实还有赖程Sir背后阵容强大的后援团队支持，每位都身怀绝技、踏遍名山大川！

Leo

黄鼎元 (Leo)，香港中文大学食物及营养科学系毕业，热爱自然，足迹遍布香港每条登山小径，还希望投身生态旅游行业，而近年更向大海出发，实现"入海能游，出海能行"的理想！

Dic

罗锦浩 (Dic)，自小喜爱山野生活，经常穿梭于山涧、湿地，以相片记录香港的两栖爬行类生物，蛇、蛙及蜥蜴都是他的理想Model。

Charles

郑俊杰 (Charles)，童年时便随家人四处游览，通过登山来锻炼，长大后更投身旅游界，实现环游世界的梦想。见识过世界之大的他，现就职于纪律部队；他酷爱摄影，希望通过镜头留下大自然之美。

Anson

热爱运动的杨岗(Anson)，刚刚开始向自然出发，每次穿越翠绿山野时，最爱闭上双眼，细心聆听自然界的声音，找寻登山的另一种感觉。

James

韦键铭（James），又名占士，香港大学地球科学系毕业，现从事矿产资源开发工作，并于生态教育及资源中心负责地质教育工作。酷爱登山远足的他已考取远足领队资格，希望通过徒步跋涉，了解世界各地的自然景观与地质情况的关系。

Jan

杨子君 (Jan)，毕业于香港科技大学化学及环境工程学系，足迹遍布香港的荒山野岭，更爱游历四海，苏格兰、澳大利亚、南非、英国、美国、日本、中国台湾地区及新疆、山西、西安、广西、上海等地，用照相机拍下旅游的点滴，用精彩的照片制作旅游日志。

特别鸣谢：
关淑娴小姐、陈锦伟先生、郑茹蕙小姐、关嘉欣小姐、王展豪先生、邝晓靖小姐

大滩—海下
人气海岸公园生态游　　P.10~15

南生围
冬季限定观鸟天堂　　P.40~47

城门谷
市区最佳观鸟赏蝶路线　　P.143~149

良景—下白泥　　P.132~137
"香港十景"之白泥夕照

目录 Contents

狮子山 P.174~179
狮子山下体现香港精神

山顶—香港大学 P.185~190
百年栈道赏维港美景

北潭凹—西湾亭 P.68~73
香港隐秘美滩

乌蛟腾—荔枝窝—鹿颈 P.56~61
印洲塘生态福地

黄泥涌水塘—赤柱
近观麻鹰翱翔
P.213~219

东涌—大澳
香港威尼斯赏白海豚
P.252~257

吉澳
水中满天星
P.281~285

南丫岛
浪漫大风车
P.294~301

新界及九龙

新界和九龙拥有大量郊游路线，初、中、高难度任你选择，部分偏远地区人迹罕至，仍然保留着香港硕果仅存的原始美景，有待你去开发！

4½公里KM 田夫仔 2½小時hr. TIN FU TSAI

荃灣柴灣角 1公里KM ½小時hr. TSUEN WAN CHA WAN KOK

难度分级

本书所列郊游路线均按难度分为初级、中级、高级，请按照个人及同伴的体能与兴趣选择，评级条件如下：

初 级路线

中 级路线

高 级路线

初级：路程短，路线也简单，上、下坡不多，大可轻装上路，男女老少、新手皆宜。

中级：路程略长，途中需经过有一定坡度的山坡，路径也不是很容易找，需要有一定经验及体能才能应付，登山装备、食物和水更要备足。

高级：不论路程、坡度、危险性皆是顶级，自信经验丰富、体能超人，加上事前准备充足，才可以挑战！谨记量力而为。

拥有湛蓝色海水的海下湾，犹如世外桃源。

大滩—海下
人气海岸公园生态游

　　海下是香港首批海岸公园，水质优良，孕育着极其丰富的海洋生物，香港现有记录的89种石珊瑚中，有59种可在海下找到，更有超过120种珊瑚礁鱼类。海水清澈得站在岸边便能观赏到瑰丽的珊瑚和无数海洋生物，故此地一直是港内最受欢迎的生态游路线。

　　旅程以大滩村为起点，沿大滩郊游径走，到拦路坳后左转就是海下，最后绕着海岸线走，沿途可欣赏珍贵的自然生态景色。

专家指点：
海岸公园游览须知

　　根据《海岸公园条例》，所有在海岸公园内进行的活动，必须以不对海洋环境造成破坏为原则，如潜水、游泳、划独木舟、滑浪风帆及水底摄影皆可。但严禁捕鱼、钓鱼、收集或拥有野生动植物或其部分；滑水、水上电单车，或以超越10海里的速度驾驶船艇等。还要谨记以下3点：
1. 切勿翻起海岸的石头；
2. 切勿捕猎或骚扰海洋生物；
3. 切勿乱抛垃圾或污染海水。

资料

路程：约6公里　　需时：约3小时　　最佳时节：5~6、9~10月退潮时节　　中途补给：无
中途退出：中途经拦路坳过湾仔南营码头，有街渡*驶回黄石头　　坡度：★

*街渡是香港的一种小型渡轮，载客量较小，主要用于交通不便的地区，有固定的航线。

交通范例

起点		交通工具	路线	下车位置	车费
大滩		九龙巴士① : 94	西贡→黄石码头	大滩村	HK$6.1
		96R (假日线)	钻石山铁路站→黄石码头*	大滩村	HK$17.3
		①后文简称"九巴"。			
		*只在假日7:30~18:20行驶。			

终点		交通工具	路线	上车位置	车费
海下		专线小巴：7	海下→西贡福民路	海下路海下村口	HK$10.7
		若乘出租车出入西贡市中心，车费约HK$110。			

大滩海面风平浪静，有一大片红树林，生态环境不比海下差。

下车后沿石级上行便通向大滩郊游径。

通往拦路坳的密林小径路面布满落叶枯枝，感觉原始。

Check point ❶ 大滩

在大滩村口下车后，登上路旁竖有大滩路牌的石级，便是通往海下的大滩郊游径入口。起步初段的小径旁绿树成荫，穿梭于竹篱瓦舍之间，走来轻松。大滩村前是广阔的泥石滩，长有大片红树林，滩上有湿地常见的弹涂鱼及招潮蟹，未到海下已大饱眼福。

沿岸而走，放眼尽是海天一色的宁静海峡景致，海风吹拂，带来阵阵凉意。离开海岸线，走进密林小径，路面缓缓上升，偶有石级，两旁树木遮天蔽日，密不透风，很是闷热。幸好沿途鸟声处处，草丛间飞舞着蜻蜓、蝴蝶，没多久便走到只有 161 米高的炉仔石山腰。

途中经过一幢花园大宅，屋主是位健谈的外籍人士，因被大滩秀丽景致折服而移居至此。

沿途必看动植物

海杧果 (Cerbera manghas)

生长在红树林附近的常绿原生乔木，高 4~8 米。每年 3~10 月开五瓣的白花，气味芳香。每到秋天结果，形状似杧果，外果皮成熟时为鲜艳的橙红色，但有毒，20 世纪 80 年代就有登山爱好者误当李子吃掉，结果中毒身亡。

黄槿 (Hibiscus tiliaceus)

原产于台湾，高可达 4~7 米，枝叶茂盛，密不透风，是很好的防风固沙树种。开黄花，花期几乎是整年，是古时孩子爱玩的染料，可充当指甲油。叶子呈心形，加热后可散发出特殊的香味，可用它包茶粿。

新界及九龙 初级　大滩 海下　海下－湾仔　深涌－荔枝庄－海下　马鞍山村－水浪窝　嘉道理农场－粉岭　南生围

Check point ❷ 拦路坳

绕过炉仔石后，泥路山径徐徐下降，林荫变得稀疏，视野也变得开阔。走到海岸位置，放眼便是与海下相对的南风湾，以及一片茂密绿林的湾仔半岛。走到一狭窄山坳位置，见路旁竖有指示牌及地图，便是著名的拦路坳，夹在海下与湾仔中间的要塞，从此右转可往湾仔营地，辽阔草坪营地内有设

从炉仔石山脚沿岸，可远眺南风湾海岸风景。

备完善的洗手间和郊游设施，不少游人都喜欢在此休息吃午饭，充电后再出发。

从拦路坳左转便是海下湾，大约多走十分钟的路程，便可见大滩郊游径出口的路牌，紧接海下径环绕海岸线走，远远便望见建于水上的海下湾海洋生物中心。

拦路坳是山坳的分岔路口，右转往湾仔，左转便是海下湾。

湾仔半岛一共有西、南两个营地，其中位于南风湾的南营设有码头，有街渡驶往黄石码头。

由拦路坳转入海下的初段山路，铺有石级。

沿途必看动植物

寄居蟹 (Pagurus)

它们寄居于已死的甲壳动物壳中，以保护其柔软的腹部，故得此名。全球现存500多种寄居蟹，绝大部分生活在水中，也有少数生活在陆地，甚至有些不再寄居在甲壳中。它们是杂食性动物，被称为"海边的清道夫"，由藻类、食物残渣到寄生虫无所不食。攻击力弱，遇到危险只能缩回壳中。

红鲉 (属鲉科: Scorpaenidae)

肉食性鱼种，栖息于岩礁底层之间，极少数生活在深海中。游泳迅速，体形庞大，体色多为褐色或深褐色，喜爱于傍晚或清晨时分游近岸边。以捕猎小鱼、软体动物或甲壳类动物为食。

Check point **3** 海下

海下湾于 1996 年被香港政府划为海岸公园，由于群山环抱，形成一道天然屏障，故此湾内海面波平如镜，水质清澈，加上整个海湾水深不超过 20 米，十分适合珊瑚生长，靠近岸边的海床的珊瑚覆盖率高达五至八成，并孕育出多样化的海洋生物及大型红树林，生态价值极高。

海下湾沙滩水清可见底，每当退潮时，沙滩便有大量寄居蟹、海星、水母、八爪鱼等海洋生物出现，令人目不暇接。若细数海下湾观赏海洋生物和珊瑚的最佳位置，包括靠近拦路坳的内湾、海洋生物中心底下及码头，特别是码头两旁，退潮时俯身一望已是缤纷的珊瑚群。

站在海下湾岸，极目远眺是远远的大小银洲及磨洲 3 个岛屿。

近拦路坳的石滩有红树林，面积虽小，却可找到桐花树、秋茄等多种真红树以及大量生物。

没有预约是不能进入海洋生物中心参观的，游人多数只在桥上拍照留念。

专家指点：海下湾海洋生物中心解码

2003 年建成，由世界自然（香港）基金会管理，并在 2008 年 1 月正式开幕，向学生和社会团体开展教育活动。该中心面积达 834 平方米，建造在没有珊瑚生长的海床上，由一条天桥与郊野公园的小径连接。备有香港第一艘浅吃水玻璃底观光船——"透明"号，可容纳 40 人欣赏海下湾瑰丽的海底世界，目前只接受团体预约参观。

🔍 **资料**
电邮：hhwmlc@wwf.org.hk
电话：2328-2211

沿途必看动植物

枫砂白海星 (Archaster typicus)

因外形像一片枫叶而得名，一般以鱼类或沙蚕类的尸体为食。背部呈灰黄色，表面布满黑色斑点，腹部则为白色，辐长约 10 厘米。通常为五腕足，有时亦可找到四腕足，甚至七腕足，拥有断足再生的能力。五六月是观看海星的最佳时节，因正值繁殖期，雄性会以腹部压叠在雌性的腹部进行交配。

鱿鱼 (Squid)

又称乌贼，是生活在海中的软体动物。身体细长呈长锥形，有十只触腕，其中两只较长。触腕前端有吸盘，吸盘内有角质齿环，捕猎食物时会用触腕缠住猎物将其吞食。夜晚喜光，故渔民捕捉时会用灯光引诱其浮上水面再撒网捞。

新界及九龙 初级

大滩 海下

海下—湾仔

深涌—荔枝庄—海下

马鞍山村—水浪窝

嘉道理农场

南生围

其实涨潮时的海下湾，青山环抱，海天一色，景色更美。

响石与灰窑

走过海洋生物中心，循岸边的石级小径下山，再经过码头，便是沙滩。沙滩中央有一堆乱石，顶部是一片板状大石，由于部分悬空，敲击时会发出清脆的金属声，传说多敲此石会刮东风，故称之东风响石。

旅程进入尾声，来到海下村前，先经过海下著名的古迹石灰窑遗址，村内有数间商店和小餐馆，提供简单的粉面及饮料，甚至盆菜。靠近村口的海岸公园管理站内有介绍海下湾及其珊瑚的展板及标本，每逢假日更提供导游服务，先到先得。

海下沙滩的石级路都有扶手。

夹道树荫，蝶影处处，走来特别精神焕发。

专家指点：海下灰窑解码

从蚝壳或珊瑚提炼石灰作建筑材料的石灰工业，是香港最古老的工业之一，香港东、西沿岸都广设石灰窑，在海下石灰业的全盛时期，单是收集珊瑚的船艇便多达四百艘，靠近拦路坳的石滩更是清朝时运送石灰的主要码头。海下村的石灰窑建于一百多年前，原有四个窑，如今只剩两个完整的。

石灰窑由大小相仿的石头堆叠而成，中心空间极宽阔，处处体现出古人的智慧，图中所见其实是仿制窑。

后记＋Tips：眼看手勿动

沿岸走来风光无限，即使有山路也坡度平缓，轻松易走。若天气晴朗，配合退潮时间，便可以在海下湾的浅滩上见到海星等海洋生物，启程前最好先登录香港天文台的网站，查询潮退时间。此外，配戴有偏光镜的太阳眼镜，可在观赏水中生物时减轻水面反光情况。

最后多提醒一次，海岸公园范围内严禁垂钓、翻弄石头、践踏珊瑚、骚扰及捕猎任何海洋生物。总之，眼看手勿动！

香港天文台网址：www.hko.gov.hk/contentc.htm

海下湾海岸公园

牛过路

珊瑚群落

海洋生物中心

东风响石

灰窑

海下

终点

白沙澳下洋

炉仔石

161

拦路坳

南风湾

大岭墩

湾仔

146

南风山

100

南风角

初级

新界及九龙

大滩
海下

海下—湾仔

深涌—荔枝庄—海下

马鞍山村—水浪窝

嘉道理农场—粉岭

南生围

白沙澳青年旅舍

白沙澳

海下路

老虎骑石

235

涌沙顶

狮地

132

100

大滩海

大滩郊游径

大滩

蚝塘溪

高塘下洋

起点

北潭路

黄麻地

高塘

高塘口

94,96R,698R

黄石码头

赛马会黄石
水上活动中心

黄石家乐径

东心淇咀

东心淇

东心淇山

北

15

初级路线

大滩—海下

新界及九龙 初级

海下 湾仔

深涌—荔枝庄—海下

马鞍山村—水浪窝

嘉道理农场—粉岭

南生围

南营只有10个营位，不过设施较佳，又近码头和沙滩，故较受游人欢迎，假日需一大早来占位。

海下—湾仔 浪漫观星营地

旅程由海下村起步，绕着海下湾海岸走至拦路坳，沿石级小径过湾仔半岛，取道湾仔自然教育径，环岛游一圈后返回拦路坳，最后沿路折返至海下结束。

卖点除了可观赏前段的海下湾美景，后段的湾仔半岛更可远眺赤州、塔门及一望无际的浩瀚大海。岛上设有两处广阔的营地，除了设施齐备之外，由于位置偏僻，人造光害少，故是观星的极佳位置，已成为近几年最热门的露营地点。

资料

路程：约2公里	需时：约2小时
最佳时节：四季皆宜	中途补给：无
中途退出：湾仔南营码头有街渡驶往黄石码头	
坡度：★	

专家指点：湾仔解码

别弄错成有会展中心那个湾仔，这里讲的是西贡西北面的半岛，由大岭墩和南风山两座陡斜的山组成，从前是香港的采泥区，泥土被大量挖走用于填海，后来政府展开了大规模植树造林计划，并于1996年划为郊野公园扩建部分。

交通范例

起/终点		交通工具	路线	上/下车位置	车费
海下		专线小巴：7	海下→西贡福民路	海下路海下村口	HK$10.7

*若乘出租车出入西贡市中心，车费约HK$110。

Check point ① 海下

由海下村出发，向东绕岸边小径前行，途中可见通往大滩郊游径的指示牌，途经海下百年灰窑遗址、东风响石及海下湾海洋生物中心等景点。海岸公园中的水质清可见底，沿岸近观便可见琳琅满目的石珊瑚、海星和珊瑚鱼，十分赏心悦目。走至一狭窄的山坳，名为拦路坳，便是西贡与湾仔半岛的接合点。

青山碧水的海下湾，拥有很高的生态价值。

Check point ② 拦路坳

夹道绿林的拦路坳，乃通往湾仔半岛的必经之路，也是西贡西郊野公园与湾仔扩建部分的交会位置，故此游人如鲫，特别是假日，坳上几乎所有树荫都挤满了在此小憩和找路的游人。踏过数级梯阶，便正式进入西贡西郊野公园的湾仔扩建部分。

拦路坳从前设有栏栅，将西贡西郊野公园湾仔扩建部分分隔，现已拆走。

湾仔自然教育径起步点。

路上枝繁叶茂，道路平缓好走，一片康庄大道。

从拦路坳山径遥望湾仔半岛的南风湾及南营码头。

大滩 海下

新界及九龙 初级

海下 湾仔

深涌—荔枝庄—海下

马鞍山村—水浪窝

嘉道理农场—粉岭

南生围

大滩－海下　新界及九龙 初级　海下　湾仔　深涌－荔枝庄－海下　马鞍山村－水浪窝　嘉道理农场－勃岭　南生围

Check point ③ 湾仔半岛

走过拦路坳，先取左路的湾仔自然教育径绕半岛一周，教育径是过去采泥时期遗留下来的车路改建成的，故泥路开阔宽敞，两旁翠木繁生。仰望山岭尽是翠绿茂林，树木品种丰富，主要是台湾相思、爱氏松和红胶木等。林间栖息着豪猪、穿山甲、果子狸等野生动物，还有不少黄牛到处漫步。

大如足球场的西营，有 20 个营位，游人少，较为宁静。

西营

湾仔半岛最大卖点是营地，分为西、南两营。首先经过的西营是一片辽阔草原，常被香港童军总会用作举行国际露营活动的场地，游人都喜欢在这儿放风筝、玩飞盘。

继续沿泥路缓缓向上走到开阔处，左手边另有山径前往景点棺材石，此石形状如其名，不过下石滩的路非常陡峭，最佳观赏位置其实在海上，故不必专程前往。

四四方方的棺材石，形状特别，容易辨识。

接近营地的路段都铺设着石板，很好走。

被登山人士封为"豪华浴室"的营地洗手间。

Check point ④ 南营

绕过南风山，一路沿着海岸前行，时而走在悬崖上，浪花朵朵拍岸，塔门一带景色尽收眼底。没多久便抵达南营，面积虽不及西营，但设施较佳，烧烤炉、桌椅、水龙头不在话下，还有可供残障人士使用的淋浴公厕，以及餐具洗涤槽，营地侧面还有小码头和沙滩。游毕湾仔半岛后，经拦路坳返回海下便可离开。

黄牛群经常在营地出没，大受游人欢迎。

从南营侧面的沙滩可望大滩沿岸景色。

南营侧面的小码头，有定期街渡前往黄石码头。

广阔的湾仔营地，是观星的最佳场所，若遇上流星雨，肯定非常浪漫！

蚬排

响螺角

磨洲

21

银洲

31

棺材角

海下湾
海岸公园

湾仔

25

三抱石

西贡西郊野
公园

串螺角咀

海下湾

牛过路

珊瑚群落

海洋生物中心

大岭墩
146

西营

100

南风山

东风响石

灰窑

南营

海下

南风湾

南风角

100

炉仔石
161

大滩坳营径

起/终点

白沙澳下洋

大滩湾

北

新界及九龙 初级

海下 湾仔

大滩—海下

深涌—荔枝庄—海下

马鞍山村—水浪窝

嘉道理农场—粉岭

南生围

后记＋Tips：露营初体验首选

路程短、景色美且简单易行。其中的湾仔两营地，卫浴、煮饭设施样样齐全，适合一家老小露营初体验。
嫌旅程太短，意犹未尽的话，可将湾仔的路线拼入前页的"大滩—海下"中。若打算露营，一定要带足粮水，
因来回最近营地的补给站海下村，最快都要40分钟，比较费时。

深涌大草地旁还有大片水塘，加之背后的村庄和蓝天，风光如画！

深涌—荔枝庄—海下
高球场湿地

　　一次走遍西贡多个生态重镇，包括原是香港最大湿地的深涌，虽曾被移平成高尔夫球场，但现在生态环境仍然良好，亲临此地，能一睹香港独有的香港斗鱼，以及多种稀有的动植物。

　　路线由深涌出发，经蛇石坳转入宁静的荔枝庄，近观上亿年历史的七彩沉积岩。之后经南山洞往白沙澳，穿梭于新旧村屋庭园，最后循海下路北上，赏尽海下湾海岸公园水天一色的醉人景致，饱尽眼福！

资料

路程：约8公里　　　需时：约4小时　　最佳时节：四季皆宜　　中途补给：荔枝庄有商店
中途退出：荔枝庄码头有渡轮前往马料水及黄石码头　　坡度：★★

交通范例

起点 深涌码头	交通工具	路线	下船位置	船费
	渡轮(翠华船务)	马料水码头→黄石码头	深涌码头	平日HK$18/假日HK$28
	备注：平日两班，假日3班，途经荔枝庄、塔门等地。			
	马料水码头地址：科学园路马料水1号码头(中大附近)			

终点 海下	交通工具	路线	上车位置	车费
	专线小巴：7	海下→西贡福民路	海下路海下村口	HK$10.7
	若乘出租车出入西贡市中心，车费约HK$110。			

Check point ❶ 深涌

　　三面环山的深涌原是农村，农田鱼塘荒废后便成了湿地，拥有小溪、沼泽、红树林等多种生态环境，为无数动植物提供优良的栖息地。可惜 2000 年年初，田野鱼塘被填平发展成高尔夫球场，后因大受环保团体抨击而搁置，一度成为收费营地。现在是香港政府建议的 12 个优先保育地之一，变成了一边是原始湿地，一边是人工草地的有趣景象。

从码头一出小路便见深涌餐馆的木招牌，驰名的鸭蛋煎蚝饼，HK$80 一只，因苏施黄食后大赞而声名大噪，很多人都慕名而来。

　　从马料水码头搭乘往黄石的渡轮，深涌是第一个中途站，半小时船程便到。由码头沿着蜿蜒的水泥路前行，两旁尽是湿地、沼泽草丛，四处蜂飞蝶舞，很快便见辽阔的高尔夫球场草坪，路旁设有矮矮的围栏。一路向东行，途经竹篱雅舍的村屋、荒废的小学、小桥流水，大半小时便登上蛇石坳。

人迹罕至的深涌，孕育有大量昆虫和爬虫类，单是蜻蜓已多达 35 种，水中还有香港斗鱼。

绿油油的高尔夫球场大草坪，今后将如何发展仍然未知！

深涌很多村屋都已荒废，或已改建成别墅。

Check point ❷ 蛇石坳

　　沿深涌学校前的山路直上，小径缓缓上升，两旁的植物变成了灌木草丛，走到一山坳位置，出现多条路线的分岔口，这里便是蛇石坳。因附近有一块岩石，石面上有蛇形纹理而得名。若直行经南山洞到白沙澳，大部分是平坦的水泥小径，比较容易走，45 分钟便到海下路。但这次旅程选择左路，先往荔枝庄一游才返回南山洞山径前往白沙澳。

位于小高地的蛇石坳，居高临下能远眺赤门美景。

传说从前荔枝庄有一村民，某晚在蛇石上睡着，蛇石向他托梦，告诉他藏宝位置。

大滩—海下

海下—湾仔

新界及九龙 中级

深涌
荔枝庄
海下

马鞍山村—水浪窝

嘉道理农场—粉岭

南生围

荔枝庄海岸有泥石滩、红树林，水质清澈，生机无限。

Check point ❸ 荔枝庄

　　位于石屋山北麓的荔枝庄位置偏远，因美景和猛鬼传说而闻名，据传鬼怪故事只是村民为保护村庄自然环境而杜撰出来的，荔枝庄美丽而宁静的景致却是事实。从蛇石坳下山，跟着指示前往荔枝庄，是一片翠绿密林，看见荔枝庄商店的路牌，便正式进入荔枝庄，商店提供烧烤及度假屋出租，是中途补给休息的最佳位置。

　　村庄草木苍翠，牛只处处的草地上，有蜿蜒的小路和清澈的小溪。向北走至滩岸，红树茁壮，地上的沉积岩色彩缤纷，是一亿年前火山爆发后形成的，令这里成为地质考察热门地。沿滩岸西行至大白角，设有码头，有渡轮来往马料水及黄石码头。东行则可到达明爱小塘营和鹅颈咀营地，这里是到西贡区露营胜地。

荔枝庄有大片荒废农田，现已变成草场，大群黄牛便在此吃草，好不悠闲。

相传荔枝庄曾有三棵主干巨大的荔枝树，因而得名，颇有隐世的味道。

荔枝庄码头以西的岸边，色彩变化万千，满布蕨类痕迹的沉积岩，比东平洲的还要古老。

其实荔枝庄一共有两个码头，小的一个靠近明爱小塘营，皆水清见底。

Check point ④ 南山洞

由荔枝庄取道往东南方向的泥路山径，便可接回由蛇石坳往南山洞的水泥山径，虽然是上坡路，但沿路设有长椅供游人休息，一点也不难走，走到南山洞山冈才需20分钟。往白沙澳的路上，途经多条清溪，经常可以看到色彩鲜艳的山河蟹和其他淡水鱼。

离开荔枝庄的山径两旁杂草丛生，感觉原始。

沿途必看动植物

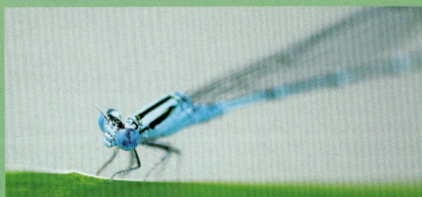

绿斑蟌 (Pseudagrion microcephalum)

香港少见的豆娘，除荔枝窝、梅窝及滘西洲，就只有深涌有它出现过的记录。雄性身长约27毫米，雌性则长29毫米，特征是雄性胸部有明显的浅蓝色条纹，喜欢于低地的溪涧或池塘出现。

三角丽翅蜻 (Rhyothemis triangularis)

同样是香港罕见，但在深涌有大量。特征是透明的翅膀基部及翅膀与身体连接的部分，在阳光下能反射出特别的金属蓝色，在池塘草丛间尤其显眼。属体形较细的蜻蜓，雄性身长16~20毫米，雌性则长16~17毫米，喜欢在水边活动，飞行缓慢且无规律路线。

香港斗鱼 (Macropodus hongkongensis)

唯一以香港命名的淡水鱼，而且是香港独有品种，罕见程度比得过卢氏小树蛙，但可在深涌的溪涧石蓬间发现，建议用望远镜从溪边观赏。一般全黑或灰色，呈椭圆形，两侧扁平，身长8~12厘米，雄鱼拥有分叉尾鳍。幼鱼栖息于水流缓慢的沼泽，成鱼则活跃于河溪和沼泽。这种鱼的繁殖过程很特别，雄鱼筑巢后，会跟雌鱼在巢下拥抱跳舞，但交配产卵后就会赶走雌鱼，独自孵化鱼卵。

山河蟹

栖息于山涧河流的一种淡水蟹，于白沙澳一带河溪极其常见。由于淡水蟹缺乏海蟹类的浮游期，因此分布多局限于该系流域。颜色鲜艳，全身呈橙红色，头胸甲横长，甲壳宽4~6厘米。

古雅的青砖屋至今保存完好，青山环抱，吸引外籍人士聚居于此。

村屋的花园都打理得井然，种满花草，甚至架起浪漫的秋千和吊床。

Check point ⑤ 白沙澳

抵达白沙澳，一条水泥路贯穿沼泽地，两旁散落着村屋。走至白沙澳青年旅舍有分岔路，左转沿海下路，可前往黄石码头乘巴士离开；右转便通往旅程终点站海下。

白沙澳是西贡西郊野公园内保存得最好的古村落，由6个姓氏的家族在150多年前建立，村屋上的浮雕壁画和古雅的瓦质屋顶仍然保存良好。与此同时，许多村屋都被外籍人士租住，经他们悉心打理的花园都美轮美奂，环境幽雅，新旧建筑相映成趣。

白沙澳有大片湿地，当中有多种两栖爬行类生物。

村口的小路枝叶扶疏，绿意盎然！

每逢假日，居住白沙澳的外籍人士都大开烧烤派对，令人神往的理想生活。

💬 专家指点：
白沙澳青年旅舍解码

位于白沙澳海下路，由一所荒废的乡村小学改建，含3座建筑物、宿舍及操场。提供40个露营营位及110个铺位（备冷气），设有篮球场、羽毛球场、食堂、自助厨房、烧烤场等。

🔍 **资料**

📞 电话：2788-1638
🌐 网址：**www.yha.org.hk**

沿途必看动植物

龙舌兰 (Agavaceea)

约有600种，叶子多丛生在茎的顶端，茎长者则呈灌木状，大部分一生只能开一次花，花期过后便会死亡。龙舌兰用途广泛，因其叶边缘长有锋利锯齿，故客家人会以它作篱笆，将叶片捣烂，泡浸于水中可作肥皂用。抽取叶内的纤维甚至可制衣、造绳索和渔网，美洲原住民更以它制成龙舌兰酒。

大滩—海下

海下—湾仔

中级
新界及九龙

深涌
荔枝庄
海下

马鞍山村—水浪窝

嘉道理农场—粉岭

南生围

水清沙白的海下湾，生态环境极佳。

Check point ⑥ 海下

　　沿海下路车路一直走，大概半小时便到终点海下村口。海下是香港四个海岸公园之一，也是香港唯一可由陆路前往的海岸公园，并受法例保护。海湾虽小，但水质洁净，临岸可近观繁茂的珊瑚群落。

海下湾海岸公园面积达 2.6 平方公里。

在海岸公园护理员岗亭内，有关于海下生态的展览。

沿途必看动植物

褐鱼鸮 (Ketupa zeylonensis)

　　是香港体形最大的一种猫头鹰，身长70厘米，全港只有10来只，属国家二级保护动物。从晚上到清晨活跃于深涌至白沙澳一带的阔叶林，夜晚爱站在电灯柱上寻觅猎物。其特征是额部、上背和头侧呈棕黄色，上有黑色纵纹；下背至尾上羽毛色较淡，并有黑色羽干。

马来闭壳龟 (Cuora amboinensis)

　　从前多用于制成传统中药材的"龟版"，故受《动植物濒危物种保护条例》管制，在香港进出口均须向渔护署申报。特征是黄褐色或黑色的头部，两侧各有3条黄色横纹。成年龟可长达20厘米，趾间全蹼。遇到捕食者时，会将头、尾及四肢全缩进保护壳内，腹甲与背甲关闭，故称闭壳。属杂食性动物，主要食物是蔬菜、昆虫等。

后记＋Tips：
留意船期　小心中暑

　　一路上坡路不多，平缓易走，虽然路程略长，但其实家庭郊游也很适合。但要注意深涌至荔枝庄这一段沿途缺乏大树遮阴，若夏季前往，烈日高照，曾见到有小朋友中暑不适。

　　其次，由于深涌、荔枝庄和白沙澳皆为古村，每逢清明、重阳节前后，便有大批当地的老住户前来附近山坟祭拜，人多争路不宜郊游。最后，马料水去往深涌的渡轮班次稀疏，要留意船期。

大滩－海下

大滩

海下－湾仔

海下湾

海下

海洋生物中心

炉仔石

涌沙顶

黄麻地

新界及九龙

中级

深涌
荔枝庄
海下

珊瑚群落

东风湾

灰窑

海下

终点

高塘下洋

高塘

海下路

白沙澳青年旅舍

老虎骑石

猴塘溪

白沙澳

担柴山

白沙澳

西 贡 郊 野 公 园

大蛇顶

黄竹塱

南山洞

石屋山

嶂上

鹅头咀

明爱小塱营

天梯

渡轮码头

荔枝庄

蛇石坳

鸡麻洞

大白角

龙船石

白角仔

白角咀

深涌

石芽头

黄地峒

深涌

深涌湾

起点

深涌角

金龙下海

南生围

嘉道理农场

弓鞍山村－水浪窝

南生围

嘉道理农场－粉岭

弓鞍山村－水浪窝

鳌鱼头

北

马鞍山村 —水浪窝
马鞍奇峰

本路线除了偶然一两只登峰蝴蝶之外，几乎毫无生物可供观赏，主打的是沿途高山峻岭的慑人美景。

旅程由马鞍山村起步，初段沿马鞍山郊游径走，后接麦理浩径第4段，登上大金钟山峰，再绕过马鞍山主峰，最后经黄竹洋到达水浪窝。

💬 **专家指点：马鞍山解码**

马鞍山高702米，是香港第四高山，由俗称为马头峰的主峰和660米高的副峰牛押山（俗称马尾）组成，由于两峰之间的山脊形如马鞍而得名。属火山岩地质，从前盛产铁矿，早在20世纪30年代已有人采矿，60年代为全盛期，可惜70年代后采矿业衰落，不久矿场便关闭。昔日的矿场老矿工，至今仍有部分在马鞍山村居住，见证历史。

外形特别的大金钟，有一种吸引力，驱使你不惜一切征服它！

🔍 **资料**

路程：约9公里	需时：约3.5小时	最佳时节：秋冬季	中途补给：无
中途退出：无	坡度：★★★		

🚈 **交通范例**

大涌—海下　海下—湾仔　深涌—荔枝庄—海下　中级 新界及九龙　马鞍山村 水浪窝　嘉道理农场—粉岭　禾生圃

起点
马鞍山村

交通工具	路线	上车位置	下车位置	车费
绿色村巴：84R	耀安村→马鞍山村	耀安村巴士总站	山顶总站	HK$5

终点
西沙路 水浪窝

交通工具	路线	上车位置	车费
九巴：99	西贡→乌溪沙铁路站	水浪窝	HK$5
299	西贡→沙田市中心	水浪窝	HK$9.3
专线小巴：807B (循环线)	大学铁路站←→黄竹湾	水浪窝	HK$7.5

大滩—海下

海下—湾仔

深涌—荔枝庄—海下

马鞍山村—水浪窝

新界及九龙 中级

南生围

嘉道理农场—粉岭

马鞍山主峰与副峰牛押山之间的马鞍形山脊。

烧烤场附近有一大木牌写着"马鞍山郊野公园",设有郊野公园管理站和洗手间。

烧烤场面积极广,绿树成荫,还有一座小型拱桥。

Check point 1 马鞍山村

起点位于马鞍山郊野公园烧烤场,乘84R公交车于山顶总站下车即达,也可由恒安村回旋处旁的良友路接马鞍山村路步行上山,但坡度较大,需时约30分钟。马鞍山郊游径全长4.5公里,这次行程只行一半,一起步循石级登山,先经过马鞍山村,然后是人去楼空的矿场遗址。附近的马鞍山村旧教堂,虽已荒废,却是人像摄影的热点。

沿路两旁种满茂密的台湾相思和白千层,途经一条小溪,溪水清澈,但溪旁竖有小心山洪的警告牌,故上前洗脸时亦战战兢兢。缓缓上斜至半山,有一稍为开阔的广地,为大金钟和昂平的分岔口,我们也由此转行麦理浩径第4段,向东北面的大金钟进发。

郊游径以水泥石级开始,然后转入丛林。

途经的小溪旁竖有告示,警告水涨过桥面或水流太急都不要过桥。

半山的分岔路,右边通往西贡上的大水井,左边回恒安,前面通往企岭下的泥路即可达大金钟。

从昂平高山草原眺望辽阔的西贡海。

Check point 2 昂平

马鞍山的昂平跟大屿山宝莲寺的昂坪同音,是香港少数的高山草原(海拔约400米),地形辽阔,风景秀丽。有时间不妨先步行前往昂平营地再沿路折返。昂平景观广阔,天气晴朗时,远至蚺蛇尖、万宜水库及西贡海对面的桥咀洲都清楚可见。

Check point ③ 大金钟

游毕昂平返回原路，取道麦理浩径，绕536米高的大金钟山腰而走，仰望大金钟可见其山形对称、山峰尖锐，故又有金字塔峰之称。要登上顶峰，麦理浩径标距柱M080前就有登山小径，但极其陡斜，部分需手脚并用才能攀上，但居高临下，即使有浓雾，整个企岭下以至西贡对面的岛屿都尽收眼底，景色壮丽巍峨。

一路尽是巍峨的山峦，让人心旷神怡！

只绕大金钟山腰而行，最陡的地方已建有石级，并不难走。

呈等腰三角形的大金钟外形独特，一看便知登顶的路坡度较大。

置身大金钟之巅，整个西贡海都映入眼帘。

Check point ④ 马鞍山

继续沿着麦理浩径走，登山路蜿蜒曲折，两旁只有长长的杂草，以及眼前的崇山峻岭，无任何动物或树木能在这样的高地生长，其间只有两只有登峰行为的蝴蝶飞过，备感荒凉寂寥。临近马鞍山702米的主峰，已汗流浃背，双脚发软，只好打消登顶念头，继续沿小径下山。

弯曲的山径随山势起伏，都是黄泥路。

马鞍山山坡上的草生长旺盛，远看像长毛的地毡。

沿途不乏有趣的山形。

从麦理浩径仰望马头主峰，气象万千。

大滩—海下

海下—湾仔

深涌—荔枝庄—海下

新界及九龙 中级

马鞍山村 水浪窝

南生围 嘉道理农场—粉岭

大滩－海下

海下－湾仔

深涌－荔枝庄－海下

新界及九龙 中级

马鞍山村 水浪窝

嘉道理农场－粉岭

南生围

专家指点：蝴蝶为何要登峰？

部分蝴蝶拥有登峰的习性，称为登峰行为(Hilltopping)，雌、雄蝶会先后顺着地形往山上飞，并在山顶或山脊汇集，雌蝶会通过登峰来判断雄蝶的身体状况，认为壮蝶所生的卵素质自然高，故雌蝶只会和身体强健的雄蝶交配。

沿途必看动植物

螯蛱蝶 (Charaxes marmax)

马鞍山山脊常见有登峰习性的蝴蝶，展翅有 80 毫米，翅膀主要呈橙褐色，外形跟白带螯蛱蝶相似，但螯蛱蝶翅膀颜色较均匀，其背面的黑纹也较窄。飞行速度快，喜欢食腐果和吸食树汁。

丫纹排蛱蝶 (Parasarpa dudu)

另一种典型的有登峰习性的蝴蝶，经常大群集结在高地互相追逐，飞行速度极快，爱吸食花蜜和食腐果。展翅有 65~70 毫米，翅膀主要呈黑褐色，特征是有一道状似 V 形的白斑。

Check point ⑤ 水浪窝

往水浪窝进发，下山路漫长，虽不算陡斜，但黄泥路面充满沙石，加上体力不济，更觉难走，唯有侧身一步一步慢慢下山。经过黄竹洋之后小径转入矮小丛林，企岭下、水浪窝已在望，没多久更接入车路，夹道树荫，再次充满生气。途经多个营地、烧烤场，最后抵达水浪窝西沙路的出口。

走近水浪窝营地，沿路高树参天。

部分下山路为木质台阶，有点惊心！

284米的山冈上，有一山火瞭望台，经过后不远处就是水浪窝。

营地附近还有一个直升机坪。

下山途中放眼是企岭下、水浪窝一带自然美景。

水浪窝牌坊后面是本次路线的出口，对面就是麦理浩径第3段的入口。

后记＋Tips：有经验为佳　下山要小心

纯粹登山锻炼身体的路线，登上大金钟一段虽短，不过都挺险要，需要有一定体力和登山经验。此外，由山顶下至落水浪窝的泥路，雨后或天气潮湿时便很容易打滑，小心之余，最重要的是有登山杖随身带着，这也是秋冬季出发为佳的原因。最后谨记备足粮水，但行装宜尽量轻便。

大洲

大滩—海下

海下—湾仔

深涌—荔枝庄—海下

嘉道理农场—粉岭

南生围

昂窝

黄竹湾

浪经

西贡海

终点

水浪窝

807B

西沙路

西贡郊野公园

企岭下海

乌洲

企岭下老围

企岭下新围

西经

十四乡

黄竹洋

南丫

大环

山寨

牛寨

龙尾

朗屋

南山

隔坑墩

大金钟

马鞍山

牛押山

麦理浩径4段

马鞍山郊游径

昂平

废矿场

吊手岩

马鞍山村

鹿巢山

石垄仔

马鞍山郊野公园

起点

鹿巢坳

从嘉道理兄弟纪念亭鸟瞰到的石岗、八乡一带平原美景！

嘉道理农场—粉岭
万里长征 刀屻天险

　　被登山人士冠以"天险"称号的大刀屻双峰，山势峻峭非常，但顶峰视野辽阔，八乡、石岗一带似无边际的美景尽收眼底，是不少登山爱好者向往的登山探胜路线。起点为嘉道理农场，那里有大量野生动植物，奇珍异兽样样齐全，生态价值极高，而终点蝴蝶山，更是欣赏蝴蝶的绝佳位置，如罕有的豹灰蝶、灵奇尖粉蝶都能见到。既是远足，也是生态路线。

　　路线以嘉道理农场为起点，沿农场对面山径登上大刀屻566米主峰，然后沿山脊而行，再征服北大刀屻。最后跨越箕勒仔，循蝴蝶山径落粉岭铁路站结束。

🔍 资料

路程：约10公里	需时：约5小时	最佳时节：春夏季，嘉道理农场附近赏蝶一流；但夏季较晒	
中途补给：无	中途退出：无	坡度：★★★★	

🚌 交通范例

起点
嘉道理农场

交通工具	路线	下车位置	车费
九巴：64K/64P	大埔墟铁路站→元朗(西)总站	嘉道理农场	HK$7.6
65K	大埔墟铁路站→石岗上村	嘉道理农场	HK$5.5
专线小巴：25K (循环线)	大埔墟怀仁街←→梧桐寨	嘉道理农场	HK$5.1

终点
粉岭火车站

交通工具	路线	上车位置	车费
港铁	东铁线	粉岭铁路站	/

*另有大量巴士途经粉岭公路的蓬瀛仙馆，包括278X往荃湾、279X往青衣、76K往元朗等。

大滩－海下

海下－湾仔

深涌－荔枝庄－海下

乌蛟山村－水浪窝

新界及九龙 高级

嘉道理农场 粉岭

南生围

Check point 1 嘉道理农场

登上大刀屻的山径入口位于嘉道理农场正门对面不远处，路旁竖有大刀屻的地图和路标。起程前，不妨先游览嘉道理农场，农场本身也依山而建，每天提供免费穿梭巴士往来上下山区，大可徒步上山当作热身。

园内景点众多，从嘉道理兄弟纪念亭放眼望去，石岗、八乡一带的平原美景一览无遗！在园内可以找到大量珍稀动植物，包括濒危的香港斗鱼、香港瘰螈等，春、秋二季更有樱花和红叶可供观赏。同时设有售卖部，专售园内出产的有机蔬菜、小食和嘉美鸡蛋。

晴空万里的大埔、粉岭一带，看照片已觉得心旷神怡！

农场所在的观音山顶峰，有观音祭台和名为热风洞的温泉泉眼，会涌出热风。

专家指点：嘉道理农场解码

全名是嘉道理农场暨植物园，由嘉道理兄弟所创立，坐落在观音山上，面积极广，跨越海拔150米到600米，园内可找到超过一半的香港本土植物品种，还有大量野生动物、昆虫、爬行类及两栖类动物，当中不乏香港特有及濒危动植物。园内景点众多，包括养有松雀鹰的猛禽护理中心，饲有15只梅花鹿的鹿苑以及蝴蝶园、昆虫馆、温室、兰花保护园，还有大帽山溪涧的源头大瀑布等。

资料

嘉道理农场
电话：2483-7200
入场费：HK$10
开放时间：9:30~17:00 (16:00后停止入场)

嘉道理农场正门马路对面，便是大刀屻的山径入口。

位于山上的嘉道理兄弟纪念亭，是摄影热点。

万里长青、春意盎然就是嘉道理农场所在山上的四周景致的写照。

园内养有鸳鸯等雀鸟，其中最受游人欢迎的大红鹳，是由巴哈马共和国赠送的。

猪舍内可见原产于广东中部的大花白猪。

园内设有有机耕地示范区，还有温室。

大涌—海下
海下—湾仔
荔枝庄—海下
深涌
海下—湾仔
乌蛟山村—水浪窝
新界及九龙 高级
嘉道理农场
粉岭
南生围

大刀屻两面皆为陡直的崖坡。

Check point **2 大刀屻**

　　沿着树木遮天蔽日的山径拾级而上，四周一片宁静，唯一听见的只有自己急促的呼吸声，走至半山穿出丛林，元朗、八乡平原一带开阔的景致立时映入眼帘，心情为之一振。行至山脊，即见高耸入云的峻峭山峰，以及无穷无尽连绵起伏的山路，已开始喘气，幸好沿途有鸡公岭遥遥相伴。

进入嘉道理农场对面的小径，一路往白牛石方向前行。

金银两桥

　　继续上行，坡度渐大，忽见路旁竖立着"前路危险"的警告牌，立时倒抽一口凉气！沿陡直的山脊路缓步而上，路径狭窄，两旁是一泻千丈的悬崖峭壁，强风几乎吹得人仰马翻，寸步难移。这里便是大刀屻著名的刀屻天险，最险要的一段建有铁链栏杆，故被登山人士称为"金银两桥"。

　　幸好带着登山杖，手脚并用，才顺利攀越金银桥。再往前行不久，终于抵达大刀屻主峰566米高的山顶，山下是一望无际的林村河谷、八乡和大埔美景，美不胜收，之前登山的劳累也一扫而空！

鸡公岭，犹如屹立在广阔平原上的大屏障一样，气势不逊大刀屻！

路旁竖着警告牌，提示经验和装备不足者，切勿挑战！

金银两桥沿途有很多怪石，要小心跨过。

险峻直崖边的铁栏，正是金银桥一名的由来。

从大刀岃最高点俯视被浓雾包围的八乡，如腾云驾雾！

北大刀岃

在主峰稍作休息后，继续向北大刀岃进发，两刃之间山脊起伏，但比之前易走得多，没多久便来到北大刀岃480米高的山顶，上面设有观景台和凉亭，可俯瞰大埔景色，万里晴空时，甚至可看到深圳，是小憩午膳的最佳地方。

专家指点：大刀岃解码

顾名思义，山径如在刀刃上，因峰顶形态像羊头，故从前又被称作大头羊。位于大帽山与鸡公岭之间，分为南（高566米）、北（高509米）两个山峰，其中南峰山脊薄似刀刃，是一处险地。

北大刀岃山顶设有观景台、凉亭和洗手间等设施，大多数游人都选择在此休息。

沿途必看动植物

池鹭 (Ardeola bacchus)

本地留鸟，鹭科中体形较小的一种，身长约47厘米，雌雄同色，身体具有褐色纵纹，翼白色，特征是嘴长、脚长，其喙为黄色，尖端黑。繁殖期时，头、颈部羽毛会转为赤褐色。喜爱群栖于稻田、沼泽，常筑巢于阔叶树冠顶部，主要食物是鱼、蛙、螺类和昆虫等。由于中医理论认为池鹭肉有解毒功能，因此在国内经常被捕杀。

从北大刀岃眺望大埔康乐园及马鞍山。

35

Check point ❸ 箕勒仔

从北大刀岇向西北方向下山，又是连绵不绝的林荫石级路，别以为下楼梯不花气力，其实膝盖负荷极大，两旁山峦景观有点沉闷，好不容易下行至半山，双腿已发软，面前有分岔路分别通往粉岭铁路站、营盘和莲塘尾。

要选右手边往箕勒仔方向，这段路是水泥路，但还是以石级路为主，沿途偶有为晨运的人设下的设施和花园。箕勒仔山幽不高，山冈只有256米，但开阔位置可眺望粉岭、上水，以至和合石坟场和浩园。

箕勒仔山顶的标高柱。

位于箕勒仔附近的"太极园"，为晨练的人设的小花园。

由北大刀岇下山，又是没完没了的石级。

蝴蝶山径是区内市民的晨练胜地。

蝴蝶山径位于粉岭铁路站对面的出口。

Check point ❹ 蝴蝶山

跟着粉岭车站的指示牌一路下行，不久便接上蝴蝶山路，这是一条绿树成荫的柏油车路，便接近了行程的尾声。沿车路继续往下走，绕过蓬瀛仙馆，大概半小时便下到了粉岭火车站对面的百和路，便是此程的终点。若是"长征"完5小时的山路还有力气，可顺道到浩园一游。

沿途必看动植物

田鹨 (Anthus rufulus)

体长约16厘米，体形瘦小而尾短，上体呈棕褐色，背部有褐色纵纹。本地留鸟，亦有冬候鸟。喜栖息于稻田及短草地中，常在地面急促奔跑，站立时身体笔直。飞行时会重复发出类似"吱吱"声或微弱的"啾啾"声，进食时会摇动尾巴。

后记＋Tips：挑战体能　初级者勿试

攀越大刀岇双峰挑战性极高，但成功感也极大。山路陡峭、风急路陡，需要有一定体能和登山经验，并配备充足粮水与登山装备，其中登山杖更不可缺少，才能征服这一路线。若由粉岭铁路站逆行至嘉道理农场，便有更多时间漫游农场，走前还可顺道购买农场种植的新鲜有机蔬菜回家，但上坡的路程会比顺行长些。

沿途必看动植物

专家指点：观赏豪猪注意

豪猪的危险性极低，不会主动攻击人类，受惊时会竖起长刺，振动尾部和不停踏步以示警告，若它受到袭击，才会向前进攻。郊游时，若发现地上有豪猪掉下的刺，又听到远处传来"沙沙"声，便可能是它。此时，应逆风而行，因豪猪的视力很差，主要靠嗅觉辨认，顺风便很易被它发现。要观赏，一定不要乱动，安静待它爬出来。

豪猪 (Hystrix Brachyura)

正确名称应是"东亚豪猪"，是香港最常见、最广泛分布的夜行哺乳类动物，唯独大屿山还没有任何对它的记录。身长 60~75 厘米，身体前端有深褐色的短毛，颈到背部有一束白毛，后端长满空心的尖长硬刺，刺上有明显的黑白色环纹。属食草类动物，但偶尔也会吃腐肉，通常爱两三只一小群出现，由于刺是空心的，故其行动时会发出"沙沙"声。

豹灰蝶 (Castalius Rosimon)

近年罕见，对其出没的记录极少，但嘉道理至粉岭一段路上能发现。因拥有豹纹般的黑色斑点而得名，翅膀以白色为底，翅基有淡淡的蓝，还有翅尾。体形较小，展翅只有 30 毫米长，飞行速度不快，喜欢访花。

丝光椋鸟 (Sturnus sericeus)

冬候鸟，只在每年 10 月至翌年 3 月出现。身长约 24 厘米，雄鸟头部的羽毛呈淡黄色，背及腹大致为灰色，翼末端为黑色。常结群活动，迁徙时可结成大群，多活动于海岸附近的树林、草原地带。

龙眼鸡
(Fulfora candelaria)

学名长鼻蜡蝉，是蝉的近亲。最独特之处是其头上长有一支长而弯曲的喙（头角），身长 20~22 毫米。前翅斑纹交错，色彩鲜艳亮丽，故非常受人喜爱。2000 年时，香港曾发行过一套 4 枚的昆虫邮票，其中一枚便是龙眼鸡。它的成虫和幼虫都有很强的弹跳力，爱吸食龙眼、荔枝、黄皮、石榴等果实的汁液，危害农作物，故对农民来说是害虫。

灵奇尖粉蝶 (Appias Lyncida)

也是在嘉道理至粉岭沿途可见的一种罕有的蝴蝶，飞行速度快，喜欢访花，有登峰习惯，雌蝶还有汲水习性。展翅 50~60 毫米长，雄蝶翅膀背面呈白色，边缘有黑边，白色的腹面边缘亦有黑边，但后翅为黄色；而雌蝶颜色较黑，黄色亦不明显。

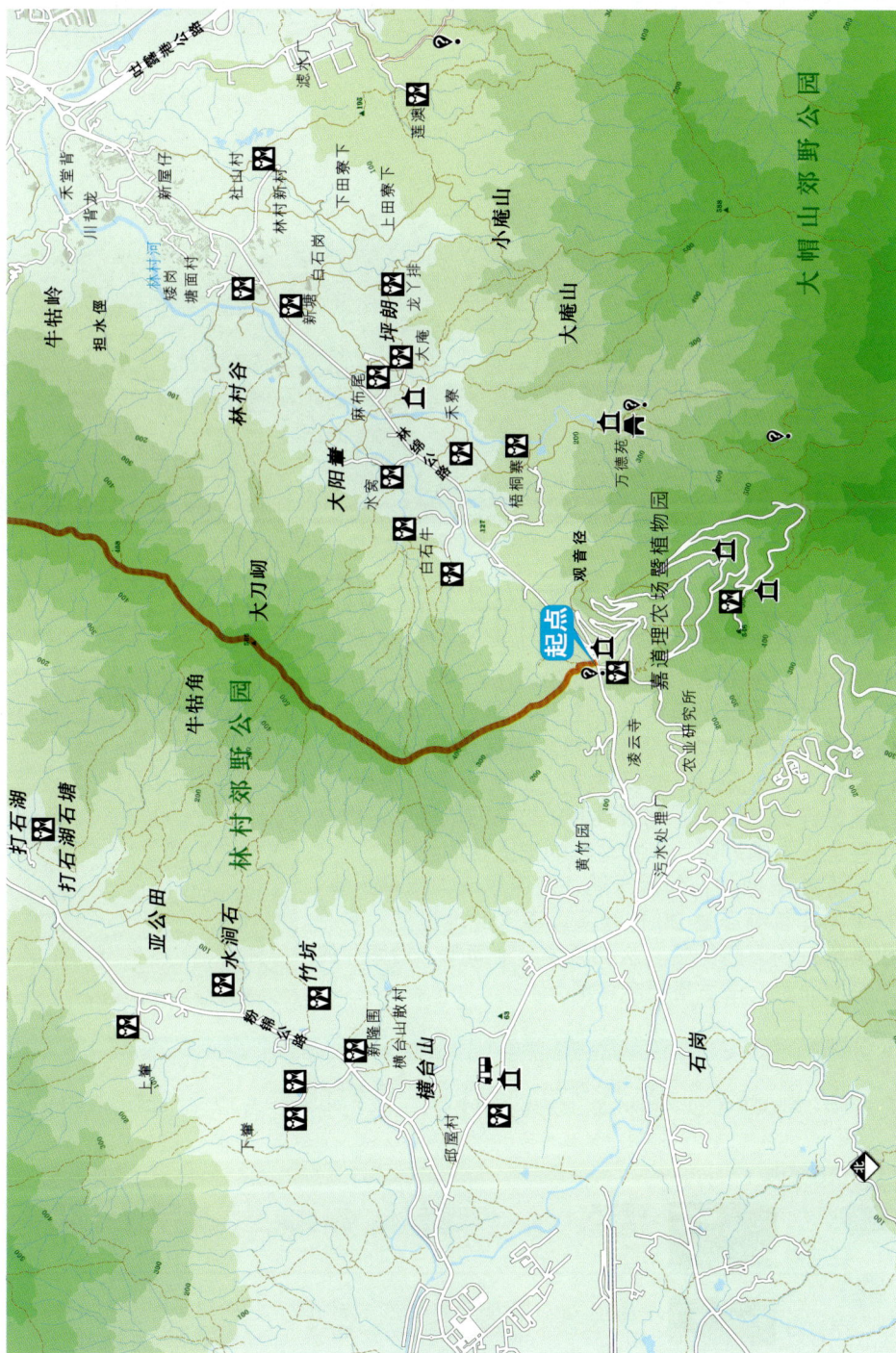

古壂港公路
禾堂背
川肯龙
新屋仔
林村新村
社山背
滤水下
下田寮下
上田寮下
莲澳村
小庵山
牛牯岭
担水坑
林村河
梧桐村
塘面村
新塘 白石岗
坪朗
龙个排
大庵山
大庵山
牛牯岭
林村谷
麻布屋
天庵
大阴輋
水窑
元岭
禾寮
万德苑
梧桐寨
观音径
打石湖
打石湖石塘
牛牯角
大刀岇
起点
凌云寺
嘉道理农场暨植物园
农业研究所
亚公田
水洞石
林村郊野公园
竹坑
黄竹园
污水处理所
粉锦公路
上寨
新垄围
横台山散村
横台山
石岗
下寨
邱屋村

大帽山郊野公园

大滩—海下
海下—湾仔
深涌—荔枝庄—海下
马鞍山村—水浪窝

高级
新界及九龙
嘉道理农场
粉岭
南生围

路线 锦田河 →130分钟→ 南生围 →20分钟→ 山背河 →30分钟→ 山背村渡头

南生围的湿地生态由山贝河和锦田河组成，其中有无数鱼塘最吸引季候鸟，俨如候鸟天堂。

南生围 冬季限定观鸟天堂

因为一条名为"贝贝"的小湾鳄，令南生围名噪一时。尽管今日小湾鳄已入住湿地公园，但南生围仍保留着香港最珍贵的原始美景。拥有茂密的红树林、广阔的鱼塘、沼泽、参天大树，湖光水色风景醉人，一直是许多电视剧、电影及 MV 的热门取景地，近些年甚至成为婚纱照、少女写真的拍摄胜地。

原始湿地加上邻近米埔，使这里成为候鸟天堂，每年冬季都有多达 90 种候鸟远道来此地过冬，包括极其罕有的黑脸琵鹭。这一路线非常简单，沿南生围路绕塘而走，最后搭横水渡离开。

专家指点：什么是湿地？

湿地是指受水控制的生态系统，简单来说，就是被水淹浸的地方。一般泛指水陆交接地带，如河溪、淡水或咸淡水沼泽、河口潮间带和红树林。亦有人造湿地，如鱼塘、水塘和排水道。湿地为各类水生和陆地动物（包括人类）提供食物、水源和栖息地，也是许多野生生物，特别是水禽的繁殖地，故生态价值极高。

资料

路程：约6公里　　需时：约3小时　　最佳时节：冬季观鸟最佳
中途补给：每逢假日靠近山贝河横水渡，有茶座、商店营业　　中途退出：无　　坡度：无

交通范例

		交通工具	路线	上/下车位置	车费
起点 红毛桥		九巴：76K	朗屏村总站→粉岭华明村	红毛桥	HK$7.6
终点 山背村		专线小巴：611 (循环线)	采叶庭→元朗铁路站	采叶庭总站	HK$4
		611P (循环线)	采叶庭←→元朗广场	采叶庭总站	HK$4

Check point ① 锦田河

　　从红毛桥巴士站下车，沿着锦田河边前行，穿过宏伟的 3 号干线桥底，大概 10 分钟便抵达南生围路的蔬菜批发市场，这里正是南生围的入口。整趟旅程顺着南生围路走，沿路都是平缓的水泥地，走来毫不费力。一开始便风光无限，左手边是大小错落的鱼塘、田野，草木苍翠；右手边则是笔直的锦田河，虽然河水并不算清洁，但仍有几只大白鹭在水中漫步，姿态优雅，立刻连按快门，拍个不停。

沿途必看动植物

大白鹭 (Egretta alba)

　　是香港鹭鸟中最大的一种，身长约 90 厘米，有留鸟亦有冬候鸟。全身白色，颈、脚甚长，脚和趾皆为黑色。繁殖期嘴呈黑色，背及前颈下部有长饰羽。非繁殖期嘴呈黄色，背及前颈无饰羽。叫声略带鼻音似"嘎嘎"，主要在海边、沼泽等有水的地方出现。天性群栖，常伸长脖子漫步于水中。觅食时，会先以脚搅动水，然后捕食惊吓四窜的鱼。飞行时，紧缩颈部，振翅缓慢、优雅。

南生围路入口的蔬菜批发市场，每天天亮营业。

平缓宽阔的南生围路。

41

百余只雀鸟同时振翅起飞的壮观场面，在锦田河与山贝河交汇的泥滩便可以看到。

Check point ❷ 南生围

继续沿南生围路迈步，走至车路尽头，再前行不久便见大片红树林和沼泽泥滩。滩上，大量反嘴鹬和琵嘴鸭在振翅拍翼，配上水平如镜的泥滩映出的倒影，极尽诗情画意。

Check point ❸ 山贝河

走到南生围最北的尖端位置，为锦田河与山贝河的交汇处，这里是南生围内的最佳观鸟位置。岸边建有水泥堤岸，天气晴朗时，远至深圳的摩天大厦也能清楚见到。近观一点，对岸中央有一座长满红树的绿色小岛，其实是一片泥滩，吸引了大量雀鸟前往觅食栖息，包括大小白鹭、红嘴鸥以及濒危的黑脸琵鹭。每当人为干扰或有猛禽飞过时，百余只受惊吓的雀鸟同时拍翼起飞，极其壮观。

鱼塘边有间石屋，是不少警匪片偏爱的拍摄地点，最为人熟悉的首推电影《黑社会》中的场景，收藏龙头棍的小屋就是这里。

荒废的鱼塘。

水涨淹浸泥滩，两河交汇处辽阔如湖，泛舟河上的山贝村村民，十分悠闲。

远道而来过冬的鸭群。

大滩－海下

海下－湾仔

深涌－荔枝庄－海下

马鞍山村－水浪窝

嘉道理农场－粉岭

新界及九龙
初级

南生围

冠大根深的参天大树，也是电视剧的拍摄胜地，著名的有郭晋安主演的《隔世追凶》。

Check point ④ 桉树林

再往前行，路旁有大片绿油油的青草地，常有飞机模型爱好者来此放飞机，欣赏之余也要提防被失控的飞机撞到。草地尽头是高耸入云的柠檬桉树，每棵树都大得惊人，有风吹过时，会传来扑鼻清香。

景色由荒废的鱼塘变成辽阔的草泽，显得生机勃勃。

池畔的芦苇丛，常有鸬鹚出没。

沿途必看动植物

柠檬桉树 (Lemon-scenter Gum)

由澳大利亚引入的外来植物。高大笔直，但树冠稀疏，花果不怎么漂亮，却有极高的实用价值。狭长的叶片，揉碎后有柠檬香味，可提炼后用来制造肥皂和香水，是白花油的主要材料。常绿乔木，可长至约40米，由于生长快速，树皮会因树干急速扩张而爆裂，当外层的老树皮脱落后，树身呈灰白色，极其光滑，故在台湾有"猴不爬"之称，木质极适合作纸浆材料。

芦苇 (Phragmites communis Trirn)

长于沼泽、河滩、海滩等湿地的多年生草本植物，地下有匍匐的根茎，能迅速地铺展繁殖，一年可伸延5平方米以上面积。丛生的茎高达2~6米，圆锥花序，每个花穗有4~7朵小花，靠风传播种子。芦苇是保护湿地环境和野生动物的重要物种，许多鸟类栖息其中。芦苇秆更含有纤维素，可以用来造纸、席和人造纤维。

43

大滩—海下
海下—湾仔
深涌—荔枝庄—海下
马鞍山村—水浪窝
嘉道理农场—粉岭
新界及九龙 初级
南生围

大滩—海下
海下—湾仔
深涌—荔枝庄—海下
海下—湾仔
马鞍山村—水浪窝
嘉道理农场—粉岭
新界及九龙
初级
南生围

用木板搭建的渡头看似简陋，却渗透着一股原始简朴的味道。

Check point ⑤ 渡头

走在参天巨树间的小径上，步履也特别轻快，经过荒废的鱼塘、芦苇田和数间石屋，终于来到南生围的地标——横水渡渡头，横越锦田河的横水渡收费 HK$5，全程不超过 1 分钟，但自从大澳横水渡消失后，这里便变成全港唯一还以人工操作的横水渡。是不少 MV 的热门取景位，包括 Twins 的《丢架》、陈小春的《相依为命》、方力申的《继续游》等，数之不尽。

渡头旁的沼泽正是当年小湾鳄出现的地方，今日显得格外冷清。从横水渡下船，走至大路公厕隔篱便是山贝村，之后循山贝路前行至采叶庭，便可乘搭专线小巴到元朗市中心。

当天于山贝河畅游的小湾鳄贝贝。

到达山贝村渡口。

这只用人手拉动的木船，是南生围与山贝村民往来两岸的唯一交通工具。

后记＋Tips：穿着忌抢眼　防蚊措施要做足

南生围路平坦好行，老少咸宜。处处皆是摄影取景的好位置，但名气实在太大，假日游人如鲫，热门取景位通常要轮候。观鸟必备望远镜，身穿衣物亦切忌鲜艳。沿路没什么遮阴，太阳帽、遮阳伞更不可少。最后，鱼塘、沼泽一定多蚊虫，记得做足防蚊措施。

沿途必看动植物

反嘴鹬 (*Recurvirostra avosetta*)

冬候鸟，只在每年的11月到翌年的4月飞来香港过冬，在南生围泥滩十分常见。顾名思义，其黑色而细长的嘴真的向上弯曲。身长约43厘米，全身主要呈白色，但头顶至后颈、翼边皆为黑色，且黑白分明，外形秀丽。

黑脸琵鹭 (*Platalea minor*)

明星级的雀鸟，属世界濒危物种，现在全球只剩约1400只，极其稀有，但香港是全球黑脸琵鹭第二大越冬地点，在南生围非常易见。属冬候鸟，飞行时全身笔直、姿态优雅，每年10月到翌年4月都是观赏期。

因其扁平如汤匙的长嘴，与传统乐器琵琶相似而得名。身长75~80厘米，全身雪白色，黑色长嘴和脚，特征是面部的大片黑色裸露皮肤以及短而蓬松的冠羽。繁殖期的黑脸琵鹭，冠羽和胸前羽毛都有明显的黄色。常在水中缓慢前进，觅食时嘴会在水里甩动以寻找鱼虾等猎物。

小鸊鷉 (*Tachybatus ruficollis*)

外形像鸭的水鸟，属本地留鸟，常小群出没于沼泽、鱼塘。身长约25厘米，雌雄同色，嘴尖尾短，脚长在身体的后方，繁殖期时喉及前颈偏红，头顶及颈背呈深灰褐。非繁殖期时则上体灰褐，下体白。不善于行走，但善潜水，警觉性极高，一有风吹草动，就会立刻潜入水中。

绿翅鸭 (*Anas crecca*)

冬候鸟，最早在9月尾已开始飞来香港。雌雄异色，雄性头颈呈暗栗色和深绿色，头侧有一条细长的黄白色斑纹将两色分隔。雌性全身大致呈褐色，背部有棕黄色V形斑。身长约35厘米，体形虽小，但飞行快速。常集群栖息于平静水面，或与体形接近的其他雁形目动物混居，几乎整天觅食，晨昏时最频繁。

沿途必看动植物

鸬鹚 (*Phalacrocorax carbo*)

大型冬候水鸟，身长约 85 厘米，一身黑羽，带绿色光泽，嘴长有微钩，颔下有小喉囊，能把捕到的鱼暂时存放起来。繁殖期腹部呈白色。善于潜水捕食鱼类，故渔人常驯养之以捕鱼。捕猎时，鸬鹚的翅膀可以帮助划水。其身上也没有任何油分分泌物，故入水后浮力更小。此外，鸬鹚常展翅站于树干顶，这是在展翼晒干身上的水分。

红嘴鸥 (*Larus ridibundus*)

冬候鸟，但春、秋二季也有过境。为香港常见的海鸥，俗称水鸽子，体形和毛色都与鸽子相若，嘴和脚皆呈红色，身体大部分羽毛为白色，尾巴则为黑色，繁殖期头部呈深褐色，身长约 40 厘米。

琵嘴鸭 (*Anas clypeata*)

冬候鸟，身形巨大，身长约 50 厘米。琵嘴鸭嘴形奇特，大而扁平，呈汤匙状，脚为橙红色。雄鸟嘴为黑色，头至上颈部呈暗绿色而有光泽，眼膜为黄色。觅食时与其他野鸭不同，它们多在浅水挖掘淤泥中的食物，或从水中滤食。

起点

终点

红毛桥

青山公路

涌河墩

葡萄墩

山边村

山贝村

涌口渔民新村

涌口渔民新村

渡头

渡头

山贝涌渠

黄屋村

蔡屋村

大围村

英龙围

东头村

64

小河屯村

元朗公路

东成里

凹头

42 02

青山公路

博爱医院

谏铁

元朗站

53, K65

南边围

元朗旧墟

山贝涌口村

611, 611P

菜叶庙

山贝涌曲村

涌业路

东头围新村

坤华街

二圣宫

林屋村

东头工业区

西边围

52

20

P

P

P

P

P

大涟—海下

海下—湾仔

荔枝庄—海下

深涌—水浪窝

弓鳅山村—水浪窝

粉岭

嘉道理农场—粉岭

新界及九龙

初级

南生围

梧桐寨中瀑飞溅而下。

梧桐寨—碗窑

探访香港第一名瀑

初段梧桐寨石涧是香港九大石涧之一，拥有井底瀑、中瀑、主瀑和散发瀑等多条瀑布，各有特色，被誉为香港四景之一。其中主瀑更是全港第一高瀑布，附近有很多原生植物，寻幽赏瀑，观蝶赏鸟，俨如世外桃源。中段挑战大帽山，置身处地感受香港第一高山的气势。

路线以梧桐寨村起步，经过万德苑，循万德径前往梧桐寨瀑布群，之后沿麦理浩径第8段走，跨越大帽山山脊，至铅矿坳后转向北面下山到碗窑结束。

资料

路程：约13公里　　需时：6~7小时　　最佳时节：秋季，但夏季瀑布最美　　中途补给：无
中途退出：基本没有，但可以在铅矿坳下到城门水塘，路程一样，不过较舒服　　坡度：★★★★

交通范例

起点		交通工具	路线	下车位置	车费
林锦公路梧桐寨村		九巴：64K	大埔墟铁路站→元朗西击壤路	梧桐寨	HK$7.6
		65K	大埔墟铁路站→石岗上村	梧桐寨	HK$5.2
		专线小巴：25K (循环线)	大埔墟怀仁街←→梧桐寨	梧桐寨村	HK$5.5

终点		交通工具	路线	上车位置	车费
碗窑		专线小巴：23K	新屋家→大埔墟运头街	碗窑	HK$4.2

高级　新界及九龙

梧桐寨　碗窰

乌蚊腾　荔枝窝　鹿颈

西湾亭　北潭涌

北潭凹　西湾亭

北潭凹　水浪窝

鹤薮水塘　大美督

Check point ❶ 梧桐寨村

　　如搭乘巴士可于林锦公路下车，大约步行15分钟就可以抵达梧桐寨村，这是一座古老的村庄，居民仍以务农为生，村口空地设有洗手间，村内有商店，是整个旅程的最后补给地点。依照路旁指示，向万德苑方向进发，一路是柏油大道，林荫密布，稍有坡度，不消15分钟便见到香港著名道观万德苑的石牌坊，该观内有精致的假山亭园，雕梁画栋，环境清幽。之后，顺着万德苑旁的万德径上山，即可通往梧桐寨瀑布群。

💬 专家指点：万德苑解码

　　依山而建的万德苑，于1972年动工，足足花了15年时间才完成，是香港著名的道教修道观，香火鼎盛。道观建有吕祖殿、水月宫、凌霄阁、三清殿等殿堂，亭台楼阁布局精致，气势宏伟之余，也有清幽的荷花池。1981年香港曾发生大旱，传说吕祖嘱在苑内建亭求雨，结果积德亭建成后即降下大雨。

梧桐寨村被大片树林围绕，依山而建，有很多梯田耕地。

见"万世流芳"牌坊，进去就是万德苑。

入村的道路翠竹摇曳，真有《桃花源记》中的探秘感觉。

沿万德径往南走，便可通往梧桐寨瀑布。

高
级路线

新界及九龙

新界及九龙 高级

梧桐寨 碗窑

乌蛟腾－荔枝窝－鹿颈

西湾亭－北潭涌

北潭凹－西湾亭

北潭凹－水浪窝

鹤薮水塘－大美督

Check point ② 梧桐寨瀑布

沿着林荫覆盖的万德径登山，沿路会见到大帽山郊野公园的石碑，不知不觉，已爬上了海拔五百多米，不免有点儿喘气。没多久，便抵达一条分岔路，跟随前往瀑布的指示拾级而上，路径迂回曲折，树木青翠、茂盛，空气清新，隐约传来沥沥水声，山径愈行愈窄，水声渐强，心情不禁兴奋起来。

从这处分岔路登上石级，就能通往梧桐寨瀑布。

通往瀑布的小径很有古森林味道。

井底瀑

过了一会儿，又有一个分岔口，往下走可去井底瀑；往上走可先游中瀑、主瀑。决定由最近的井底瀑开始，瀑布位于深坑中，路旁有铁链扶手协助游人下潭。约5米高的井底瀑中间被大石阻隔，分成上下两层，四周林荫蔽天，阴暗得像置身井底般，因而得名。

> **专家指点：切勿下水**
>
> 不少游人来到瀑布，都会下水浸脚，甚至游泳。其实此举非常危险！首先，单凭肉眼很难判断潭水的深度；其次，瀑布底水流急、冲力大时，潭底水流会形成旋涡，将人吸住。所以千万不要下水，在潭边洗洗脸就好了。

井底瀑因为光线不足，潭底呈墨绿色，崖石满布青苔，感觉原始。

下行到井底瀑的山径路旁有铁链扶手协助下潭。

中瀑潭底有很多大石，皆奇形怪状，由此可见瀑布的冲力有多猛！

主瀑位于较上游位置，水清见底，游人都喜欢在此洗手泼脸。

中瀑

观赏完井底瀑，原路折返至分岔口，继续游览中瀑。不消 10 分钟便到，约 20 米高的中瀑明显比井底瀑宽阔，微微散开飞泻下来，溅起阵阵水花，故又称"马尾瀑"。其实它正是井底瀑的上游，难怪更有气势。

上行至主瀑的石级迂回，杂草丛生，路旁又布满藤蔓，很难走。

走近主瀑的山径路面湿滑，又崎岖不平，需格外小心。

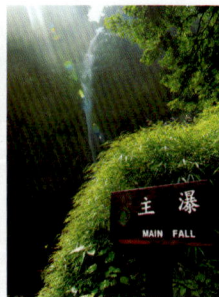

终于见到主瀑的标示牌，但其实还有一小段石级路要走。

主瀑

从中瀑前往主瀑的山径石级非常陡斜，两旁植物遮天蔽日，但绿意盎然，且种类繁多，生长着不少别处难求的稀有植物，如野生兰花等，这里俯拾皆是。爬了近半小时的崎岖的山路，尽管一路林荫密布，也不禁汗流满面。千辛万苦，终于来到闻名已久的主瀑，30 米高的瀑布仿佛从天而降，瀑水中途撞向岩壁，隆隆作响！潭面广阔、潭水清澈见底，是游人小憩午膳的胜地。其实，主瀑潭边有小径通往散发瀑，但因为曾发生泥石流，小径中段被大石阻挡住了，如今潭边竖有警告牌。

51

新界及九龙 高级

梧桐寨碗窑

乌蛟腾—荔枝窝—鹿颈

西湾亭—北潭凹

北潭凹—西湾亭

北潭凹—水浪窝

鹤薮水塘—大美督

Check point ③ **大帽山**

游毕梧桐寨瀑布，原路返回万德径继续往东南方向上大帽山，走到空旷的山坳，草地上有一座木凉亭，面前从左到右的小径便是麦理浩径第8段，沿麦径向右行，可登上大帽山957米的高峰，而我们就沿麦径向左行，随麦径跨越大帽山东北面的山脊下到铅矿坳。

翻越大帽山脊的一段路，为旅程中最艰辛的部分，中间需跨过两座分别有784米和680米高的山头。连绵不绝的黄泥路，四周就只有枯黄的野草随风摆动，有一阵莫名的枯寂感。其实，枯黄野草正是大帽山的特色，由于高地山势无法储水，造成泥土水分不足，除了粗生的野草，其他植物都不能生长。

从大帽山看日落别有一番景致，但不宜久留，以免下山时天色过晚。

只在转上大帽山山坳前，有一小片密林，之后的大帽山山脊沿路都无树木遮挡，只有暴晒！

遍山芦苇是大帽山高峰特有的景致，很多MV的拍摄者都喜欢在此取景，近期的代表作有光良和卫兰的《童梦》。

从山脊遥望，可见雾中的电塔。

专家指点：全球变暖祸延大帽山？

大帽山主峰海拔高达957米，是香港最高的山峰，比第二高的凤凰山高出23米。全球变暖问题有多严重？近年，每到大帽山山峰远足，都不难发现原本属于寒冷带、高海拔的植物愈来愈少，反之，原本属于温带、低海拔的植物却愈来愈多，看来保护环境已刻不容缓。

沿途必看动植物

沼蛙 (Rana guentheri)
体形较瘦长，身长8~10厘米，特点是头部平扁，吻端尖圆。皮肤光滑，上下唇皆白色，额腺也为明显白色。鼓膜大而明显，周围白色。其皮肤能分泌毒液，但只能毒死其他蛙类。多栖息于池沼、引水道或水田中，鸣声像狗吠。

虎斑蝶 (Danaus Genutia)
展翅有80毫米长，翅膀以橙色为底，翅脉、翅缘及翅尖都有黑色，前翅还有白色条纹由前缘伸延至外缘，雄蝶后翅特别有一囊状标记。飞行速度缓慢，喜欢访花，在郊野公园中常见，梧桐寨附近也经常出现。

Check point ④ 铅矿坳

翻山越岭，来到大帽山山腰的铅矿坳时已筋疲力尽，幸好铅矿坳有一片广阔的营地，营内有水龙头、洗手间、凉亭，凉风阵阵，鸟叫虫鸣。立刻坐下大口大口地喝水，马上便暑气全消。休息片刻，时间已经不早，只好继续上路。铅矿坳是麦理浩径和卫奕信径的交会处，从这里转向北行，接回卫奕信径第 7 段经元墩下下行至碗窑。

途中经过数座凉亭，旅程已近尾声，体力不济，不妨每遇一亭便稍作休息。

Check point ⑤ 碗窑

下行至元墩下的卫奕信径是漫长的下坡小径，沿途树木不多，下坡的石级亦崎岖，需特别小心。沿路可遥望大埔市区与吐露港公路一带景色。走过元墩下后便是平坦暗斜的柏油路，一路有林荫，比较好走。走到道观樊仙宫，穿过碗窑村，便是终点。

走完下山的石级，要沿马路前往上碗窑村。

碗窑一带都是古村，农田附近有很多林鸟可看。

位于上碗窑村的樊仙宫，是一处已有一二百年历史的保护古迹。

钩翅眼蛱蝶 (Junonia Iphita)
英文俗名"Chocolate Pansy"，翅面及翅底都呈深褐色，上有淡淡褐色斑纹，状似枯叶。展翅宽 60 毫米，是体形最大的眼蛱蝶，飞行速度不快，喜欢在低处活动。

银线灰蝶 (Spindasis Lohita)
特征是拥有橙斑的后翅臀的两对翅尾，前翅呈三角形，腹面有黄黑银色相间的斑纹。雄蝶翅膀背面有紫蓝色斑；雌蝶则呈深灰色。展翅 30~35 毫米长，大多在树林及灌木丛出现，如梧桐寨瀑布附近树林。更喜爱长时间停在植物上，只有受骚扰才会快速飞走。

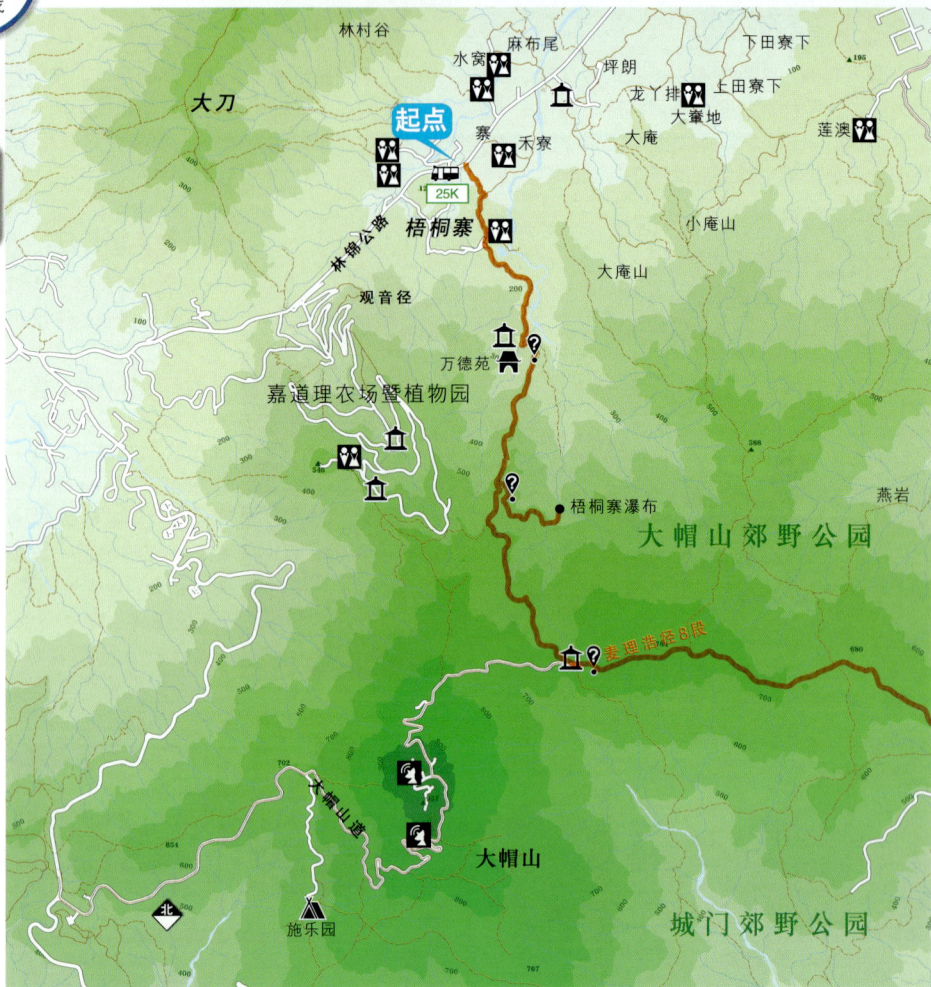

林村谷　　麻布尾　　　　　　下田寮下

水窝　　　　　　坪朗　　　　上田寮下

大刀　　　　　　　　　龙丫排　　莲澳
　　　　　　　　寨　禾寮　　大㟐地

起点

大庵

梧桐寨

25K

小庵山

林锦公路

观音径

大庵山

万德苑

嘉道理农场暨植物园

燕岩

梧桐寨瀑布

大帽山郊野公园

麦理浩径8段

690

大帽山道

大帽山

城门郊野公园

北

施乐园

767

沿途必看动植物

石龙子 (Chinese Skink)

身长可达 35 厘米的大型蜥蜴，身体呈橄榄绿或橄榄啡色，侧身带大量橙色斑点。鳞片平滑带光泽，无脊骨。腹部为奶白或浅黄色。幼蜴则为乌黑或朱古力啡色，并有三条浅色背纹。

主要以大型昆虫如蟋蟀、蚱蜢及蟑螂为食，亦猎食蚯蚓及蜗牛。属白昼活动品种，主要出现于低地，常见于灌木丛、草原、耕地及红树林沼泽边缘，也爱藏匿于石隙及弃置的木板中。在新界、大屿山及长洲的耕地非常常见，梧桐寨村房屋附近也很常见。

后记＋Tips：
攀山涉水路艰辛
大雨洪水勿游

此路线又长坡度又大，中途没有补给又无路可退，途中跨越大帽山山脊一段，更要登上海拔784米高峰，沿途真的是寸草不生，若缺乏足够的耐力和意志力就只能投降了。对体力有一定要求，装备、粮、水更要充足，若和小朋友同行，观赏完主瀑便应该折返。

其实，观赏瀑布的最佳季节是水源充足的夏季，却有山洪暴发的危险，故下雨后一周内都不宜前往。

绿背金鸠
(Chalcophaps indica)

本地留鸟，身长约25厘米，头顶至枕后呈蓝灰褐色，额和眉部呈白色，腰、尾和翼的其余部分呈黑褐色，腰部有一灰白色横斑，嘴、脚为红色。特点是背、翅膀上羽和内侧飞羽呈金绿色，故又名翠翼鸠。栖息于低海拔山区树林或海岸树林，主要以掉落在地上的浆果、种子、植物嫩芽及昆虫为食。

球兰
(Hoya carnosa)

附生攀缘灌木，叶似橄榄形，厚实硬朗，犹如涂了一层光蜡，很匀称地对生在枝蔓之间。花期由春天到秋天，常绽开一簇簇半圆的花序，由二三十朵星状的小花所组成，能吸引蛾蝶采花蜜，在梧桐寨主瀑附近大量可见。

宁静的三桠湾码头，有来往沙头角与三桠村的街渡航线，但前往沙头角需拿禁区证件。

乌蛟腾—荔枝窝—鹿颈
印洲塘生态福地

途经的印洲塘海岸公园，景致醉人，拥有极丰富的生态资源。因为没有交通工具能够直达，因此比海下更宁静。此外，荔枝窝的巨型百花鱼藤、空心树，都是吸引人之处。

旅程由乌蛟腾起步，经九担租和上、下苗田往三桠涌，中途可自行决定离开路线登吊灯笼山。之后经三桠村往荔枝窝，尾程途经分水凹、谷埔、凤坑至鹿颈结束。

资料

路程：约13公里 需时：约7.5小时 最佳时节：秋冬季 中途补给：三桠村、荔枝窝、谷埔均有商店
中途退出：分水凹南下可经亚妈笏返回乌蛟腾 坡度：★★★

交通范例

	交通工具	路线	下／上车位置	车费
起点 乌蛟腾	专线小巴：20C (特别班次)	大埔墟铁路站→乌蛟腾	乌蛟腾总站	HK$8.7
终点 鹿颈	专线小巴：56K	鹿颈→粉岭铁路站	鹿颈总站	HK$7.8

丛林低地的乌蛟腾，有很多清澈的溪流水潭，孕育万千动植物。

今日宁静的乌蛟腾村庄，抗战时期却是游击队的据点，沿着略高于地面的水泥道走便可。

Check point 1 乌蛟腾

由小巴总站下车，立刻可见前往乌蛟腾的路牌，经过凉亭、公厕至新屋下村，此处有多条小径的分岔口，要选通往九担租或三桠涌方向走。沿着水泥路前进，穿梭于村社、丛林、溪涧之间，放眼望去绿意盎然，不久便可见九担租的路牌。九担租村已荒废多年，但仍保存原好，充满田园气息。

再往前走，不远处又见分岔路，其实由地图所见，从乌蛟腾至三桠涌，一路都有多条分支小径，但只要沿水泥路直行，依照路牌指示，便不必担心走错。

专家指点：乌蛟腾解码

旧称乌蛟田，由老围、河背、岭背、新屋家、田心及九担租等数村组成，已有超过四百年历史，群山环抱，环境清幽。其低地丛林是香港原生物种集中地，拥有164种树木、超过30种蜻蜓和超过50种蝴蝶，当年前特首董建华提议发展中药港计划时，曾考虑过选址乌蛟腾。

沿途必看动植物

美眼蛱蝶
(Junonia almana)

在香港是一种常见的蝴蝶，但本身属珍贵品种，曾出现在"中国名蝶"邮资小本明信片上。爱栖息于草原和废田中，乌蛟腾至鹿颈沿途都有发现。展翅长60~65毫米，翅膀背面呈橙色，腹面颜色较淡，特征是前后翅各有一对明显的眼斑。

吕宋灰蜻
(Orthetrum luzonicum)

香港常见的蜻蜓之一，具有很强的领域性，故常在同一位置停留。身长28~30毫米，雌雄颜色不相同，雄性全身呈粉蓝色，外形跟黑尾灰蜻相似，但吕宋灰蜻的复眼为碧绿色，黑尾灰蜻的则是黑色。雌性腹部则呈黄色，有黑斑。

散纹盛蛱蝶
(Symbrenthia Lilaea)

也是乌蛟腾至鹿颈沿途常见的一种蝴蝶，有成群饮水习惯，多停留在同一地方守护领土或晒日光浴。展翅长60~65毫米，特别在翅膀背面有三道橙黑色相间的横纹，并且后翅有尾突。

梧桐寨—碗窑

高级 新界及九龙

乌蛟腾 荔枝窝 鹿颈

西湾亭—北潭涌

北潭凹—西湾亭

北潭凹—水浪窝

鹤薮水塘—大美督

梧桐寨 碗窑

新界及九龙 高级

乌蛟腾
荔枝窝
鹿颈

西湾亭—北潭涌

北潭凹—西湾亭

北潭凹—水浪窝

鹤薮水塘—大美督

站在吊灯笼顶峰，放眼望去是印洲塘、三桠涌、船湾淡水湖那青山碧水的美景。

Check point ② 吊灯笼

由九担租绕吊灯笼山脚而行，经上、下苗田两座荒村，便可达三桠涌，沿路都有山径登上吊灯笼。416 米高的吊灯笼，乃船湾郊野公园内最高的山峰，是欣赏印洲塘海岸的最佳位置。不过登顶的泥径非常陡斜，登上顶峰者没有一个不气喘如牛，这里一向都是拓展训练的远足路线，最好量力而行！但当置身高峰，360 度无遮挡的视野，整个印洲塘、船湾淡水湖以至八仙岭的景色尽收眼底，多辛苦都值！

登上吊灯笼的山径又长又陡，下山时更要小心别崴脚。

上、下苗田两村相距不足 10 分钟路程，皆人去楼空，只剩下被藤蔓覆盖的残垣败瓦。

见路牌入村，留意三桠的英文名是"SAMA"，很有趣。

Check point ③ 三桠涌

从上、下苗田村前往三桠涌的小径，称为苗三古道，沿路都有溪涧相伴，古意盎然、平缓好走，很快便可抵达三桠涌营地。循大路往涌口的三桠湾走，两旁长满红树，从这里开始已经是印洲塘海岸公园范围。涌口有一片浅滩，生机勃勃，每当潮退，泥滩满布小洞，有很多拜佛蟹出来觅食，十分有趣。走到三桠湾码头，眼前海面水平如镜，青山环抱，景致怡人。

三桠村是一座客家村落，居民友善。

印洲塘海岸公园有"小桂林"之称，水清见底，珊瑚、海星等生物丰富。

三桠村

　　离开码头返回大路北上三桠村，村内设有洗手间和商店，提供饮料、面食。附近的基堤种有水杨梅树，每年5月便长满鲜红色的水杨梅，将三桠染成一片红海。

三桠湾湿地拥有丰富的生态资源，每逢退潮可见大量招潮蟹、弹涂鱼。

专家指点：印洲塘海岸公园解码

　　印洲塘是香港4个海岸公园之一，海岸线曲折优美，有香港"小桂林"之称。水域范围一分为二，东面包括湾洲及三桠村之间的海峡，北面则有接近荔枝窝的海域。由于两旁群山环抱，海浪影响较低，故特别有利于动植物的生长，极具生态价值，其中记录有8个品种的真红树，以及全港最大的日本大叶藻床。

褐红色的岩石是这一带沿岸的特色，因为岩石中含铁量高，经氧化所以呈现红色。

沿途必看动植物

鱼鹰 (Pandion haliaetus)

　　亦称"鹗"，属留鸟，全世界只有一科一种。顾名思义，它是一种专门以鱼类为主食的鹰类，捕猎时全身进入水中，会将原来三前一后的爪趾，变成两前两后，能更加稳固地捕捉猎物。由于捕鱼本领了得，故渔夫会饲养它来捉鱼。身长40~60厘米，全身大致呈褐、白两色，头白色，顶有黑褐色细纵斑。常在印洲塘一带飞行觅食。

拜佛蟹 (Tmethyocoelis ceratophora)

　　因雄蟹觅食时会挥舞双螯，动作有如膜拜而得名。当双螯快速收回时，动作又像日本武士切腹，因此又名切腹蟹。体形极小，仅有1厘米宽。甲壳具有极佳保护色，跟沙粒一样。爱掘穴群居于河口、红树林沼泽或泥滩。

专家指点：观蟹Tips

　　每年四五月是最佳观赏期，退潮时要留意沙地的小洞，等待5~10分钟，其间不做大动作，静静等待，蟹会自动爬出来继续活动。

弯弯曲曲的粗藤，纵横交错，如置身原始森林。

Check point ④ 荔枝窝

继续上路，经过山尾坳和荒废的鱼塘，半小时便可来到宁静的客家村庄——荔枝窝，村内商店出售驰名的山水豆腐花和鸡粥，售价不贵，是休整、用午餐的最佳地点。入村前的红树林长有全港独有的巨型百花鱼藤，鱼藤绕银叶树生长，长得像树一样粗壮，东缠西绕、星罗棋布，游人都争相拍照。但荔枝窝的奇树还不止于此，只要沿着木板路前行，可见著名的空心树，村旁的风水林还有五指樟等。

荔枝窝是近年生态旅游的热门地点，但问题也随之而来，鱼藤看似坚硬，其实很脆弱，有些游人爬上藤枝当秋千坐，会令鱼藤折断，谨记郊游时要爱惜树木。

鱼藤其实有毒，不过对人并无害，从前的村民就曾用它来捕鱼。

村前的银叶树林，铺有长长的木板一直通往空心树。

三桠村往荔枝窝的一段，都是新修筑的路。

荔枝窝对面的海岸湿地，长有全港最大的日本大叶藻。

村内建有协天宫和鹤山寺，供奉着关帝，旁边的海岸小径可通往荒村锁罗盆。

鹿颈有很多假日茶座，热闹非常。

Check point ⑤ 谷埔

游毕荔枝窝，取道西南面的小径经分水凹前往谷埔，附近有两座村庄，都设有洗手间和商店，北面提岸对面就是沙头角海，之后循海岸小径前进，经过凤坑、鸡谷树下，便可下鹿颈，然后乘小巴离开。

印洲塘海岸公园

船湾郊野公园

起点

起点

后记＋Tips：景色优美　谨记爱护树木

路线颇长，初段除吊灯笼外几乎是平路，沿途都有补给，不过后段略微崎岖。总体而言，景色优美，辛苦也值得！特别多提醒一次，欣赏荔枝窝鱼藤、奇树之余，也要爱惜它们，尽可能眼看手勿动，让我们的下一代都有机会欣赏。

西湾亭—北潭涌
万宜水库奇岩异石展

雄伟的东坝副堤放满巨型锚石，堤外的破边洲如被神力破开，巍峨陡峭，足见自然力量的伟大。

人工建成的万宜水库风景绝佳，湖光山色尽收眼底。东坝附近的六角柱状流纹岩奇异独特；气势磅礴的破边洲更是鬼斧神工，都是香港以至世界罕见的珍贵地质景观，所以一直是热门的地理考察路线。

本路线沿麦理浩径第1段，及部分第2段走，先由西湾亭出发，经吹风坳上西湾山，下行至浪茄，然后进入万宜水库，从东坝、破边洲至西坝逐一细看，最后沿西贡万宜路到北潭涌。

💬 **专家指点：**
万宜水库解码

万宜水库是本港最大的水塘，储水量多达2.73亿万立方米。与船湾淡水湖一样，万宜水库也在海中兴建。兴建工程于1971年开始，至1979年完成，兴建东、西两条堤坝后，将原是香港第四大岛屿的粮船湾洲与西贡半岛陆地连贯成塘。

🔍 **资料**

路程：约14公里	需时：约6.5小时	最佳时节：秋冬季天凉为佳	中途补给：无
中途退出：西贡万宜路东、西两坝不时有出租车		坡度：★★	

🚆 **交通范例**

起点　西湾亭

交通工具	路线	下/上车位置	车费
旅游巴：29R	西贡大会堂→西湾亭堂	西湾亭总站	HK$15

西湾亭旅游巴士周日及假期每20~30分钟一班，平日班次较少，最好先致电查询：9325-6310（浩名公司）。

终点　北潭涌

交通工具	路线	下/上车位置	车费
九巴：94	黄石码头→西贡	北潭涌鲗鱼湖	HK$6.1
96R (假日线)	黄石码头→钻石山铁路站	北潭涌鲗鱼湖	HK$17.3
城巴：698R (假日线)	黄石码头→小西湾蓝湾半岛	北潭涌鲗鱼湖	HK$27.2
专线小巴：7	海下→西贡	北潭涌度假营	HK$10.7
9	麦里浩夫人度假村→西贡	北潭涌度假营	HK$5.5

Check point ① 西湾山

　　下车后，取道西湾亭旁的水泥小径，向吹风坳进发，夹道翠木繁生，从树丛间看得见湖水呈蓝色的万宜水库，风光旖旎。大约 30 分钟便走到吹风坳的凉亭，此时有多条路线可选，向东直行可至西湾村和大浪西湾，此行则取道南面的麦理浩径第 2 段逆向前往西湾山，此后一直都沿麦径走。

　　一口气走过长长的石级，终于登上 314 米高的西湾山顶峰，虽不算高，但能尽览整个万宜水库，以及大浪湾 4 滩海岸线美景，还能一睹太阳从水面初升的景致。上、下西湾山，全程几乎无遮无挡，烈日当空时十分暴晒，尤其下山路布满碎石，是旅程中最辛苦的一段。

从吹风坳鸟瞰山下的万宜水库一角。

位于吹风坳西北面的西湾亭不是地名，但地处登山要塞，故被郊游爱好者冠上了名字。

西湾亭旁的水泥小径，通往西湾村和西湾山。

沿途必看动植物

白腹山雕 (Hieraaetus fasciatus)
　　本地留鸟，但属国家二级保护动物，身长 65~70 厘米的中型猛禽。上体呈暗褐色，羽毛具有暗褐色羽乾纹，尾羽为灰褐色，具有污白色也缘和黑色。

羊角拗 (Strophanthus divaricatus)
　　属夹竹桃科的常绿灌木，郊区山坡常见，却是香港四大毒草之一，全株有剧毒，中毒症状为心跳紊乱，呕吐腹泻，神经性失调。叶片矩圆形，其花冠黄色，裂片 5 枚延长下垂呈流苏状，其果成对，平生像一对羊角，故得此名。正所谓以毒攻毒，中医会以它来外敷医治风湿关节肿痛和跌打扭伤，西医学则从种子提炼成针剂来治疗充血性心力衰竭及心肌梗死。(注意！羊角拗毒性极强，切勿采集！)

白腹海雕 (Haliaetus leucogaster)
　　香港境内最大型的猛禽，身长约 75 厘米，展翅足有 2.1 米，体形比麻鹰大一倍，飞起来十分威猛。外形独特，黑色的翅膀跟白色的腹部形成强烈对比，振翅缓慢有力，滑翔飞行时双翼呈微 V 形，英姿飒爽。喜爱在离岸的崖壁上或树上筑巢，属国家二级保护动物。

乌蛟腾─荔枝窝─鹿颈　梧桐寨─碗窑
新界及九龙　高级
西湾亭─北潭涌
北潭凹─西湾亭
北潭凹─水浪窝
鹤薮水塘─大美督

Check point ❷ 浪茄

从西湾山沿碎石路和石级走，经过两座凉亭和福音戒毒所，便下降至浪茄。位于独孤山山脚的浪茄湾，由于两旁有高山作屏障，湾内风平浪静，细小的沙粒便得以沉积于此，加上位置偏僻，少受人为污染，所以格外宁静，水清沙白、景色如画，可媲美印尼巴厘。每逢假日都会吸引来大批游艇停泊，热闹非常。

沿着浪茄湾后的小径，轻松登上小山冈，接着绕山腰而行，此处已为麦理浩径的第1段。踏着整齐平缓的石板路，没多久，万宜东坝已在望。

由浪茄往东坝山岗上的凉亭，可以清楚看到浪茄湾及西湾山。

浪茄湾远离繁嚣，水清沙白，完全不像身处香港。

东坝旁的凉亭，是中途歇脚的最佳选择。

沿路铺设着整齐的石板，平坦好走，不过仍然欠缺树荫。

Check point ❸ 东坝

万宜东坝只有490米长，面临广阔无边的太平洋，每遇东风即翻起惊涛骇浪，为保护水坝免受巨浪冲击，于是在坝前建造围堰护堤，并在围堰外堆有7000多个以混凝土制成的T字形弱波锚石，是现今世界上最大型的临海堤坝。

锚石设计似两个不同方向的T字结合，能互相紧扣，防风防浪。更变为人工珊瑚礁，表面覆盖满珊瑚，成为无数海洋生物的栖息地，生活在此的鱼类品种超过60种。因而又吸引了大量猛禽来此觅食，包括白腹山雕和全港最大的白腹海雕。

东坝与防波堤中间形成巨大的人工副塘，东坝中间有石级可下到坝底。

高耸而直插路旁的六角柱状流纹岩，是地理考察的热点地。

在万宜水库建筑过程中，共有5名工程人员和建筑工人不幸殉职，如今在坝侧路旁放置巨型锚石以作纪念。

扭曲的六角柱状流纹岩，是世界罕见的地质现象，怎么能错过。

六角柱状流纹岩

沿坝旁小径走到防波堤的路边，不难发现东坝另一名胜——六角柱状流纹岩，六角形的石柱节理清晰，部分更被扭弯折曲，巨大宏伟，属世界罕见的大型柱状凝灰岩地貌，那种震撼，必须亲历其境才能领略。

专家指点：六角柱成因

万宜东坝一带全属火成岩，传说1.4亿年前，这里火山爆发，岩浆及火山碎屑经历长时间沉淀成凝灰岩，一般称作流纹岩。由于火山灰的温度十分高，冷却成固体时，按其自然的收缩规律，便形成一条条六角形的岩石柱状，紧密而整齐地排列。后来又发生剧烈的地壳活动，压力使部分岩石柱弯曲，甚至变成折曲。

Check point ④ 破边洲

万宜东坝驰名的景色，不止六角柱状流纹岩和锚石，还有位于东坝旁边花山东垂的破边洲，站在东坝已能远眺到它。若要近观，锚石纪念碑侧有阶梯上花山，走至小山冈后循左面小径下山谷，一直走向悬崖尽头便是破边洲。

细看破边洲，像被鬼斧从半岛劈开的小岛。其实破边洲是一种海岸侵蚀地貌，正确学名叫海蚀柱。破边洲与粮船湾原属一体，都由六角柱状流纹岩组成，由于突出海中的岬角长期受海浪冲击及海水侵蚀，形成海蚀洞，最终贯穿，余下的拱形不久亦被海浪侵蚀倒塌，形成破边洲。

破边洲背面可见清晰的六角柱状流纹岩直插海中，继续被汹涌的巨浪拍打、侵蚀。

破边洲气势磅礴，沿路石滩还有大量六角岩柱，虽然路途有点险，但值得一游。

西坝面对牛尾海，中间的创兴水上活动中心可进行风帆、滑浪风帆、独木舟、划艇等活动。

Check point **⑤ 西坝**

　　游毕东坝、破边洲，沿着环绕水库的西贡万宜路走，一路都是平缓的柏油路，没有上、下坡困难，不时有一点树荫，聊胜于无，但要注意不时有车辆来往。没多久便可抵达西坝，全长760米，大过东坝，西坝与围堰形成的人工内湖，面积达15平方公里，曾作为越南难民营，现已发展为创兴水上活动中心。

　　最后从麦理浩径第1段的入口离开，沿大网仔路走10分钟便可到北潭涌度假营。

西坝附近有观景台，远望可见大头洲、滘西洲及花山等美景。

从西坝望出去，湖水湛蓝，水平如镜，中间的小沙洲名叫水径顶。

沿西贡万宜路走，尽头便是北潭涌。

被群山包围的万宜水库，共有两个水塔。

看到这个凉亭，转弯便是麦理浩径第1段的入口。

后记＋Tips：多饮水休息　慎防中暑

　　路程长没有补给，加上有树荫的路段不多，过往常有郊游爱好者中暑。其实，路线本身上、下程坡度不大，大部分路面平缓好走，湖光山色，风景优美。但一定要备足粮水，尤其要定时补充水分，多作停留休息，才可降低中暑风险。更要注意的是切勿攀爬六角柱状的岩石崖，因岩质风化严重，有崩塌危险。

大洲

尖洲

大洲

大浪湾

燕子岩

金角头

长岩湾

曾棚角顶

罾棚角

饭甑洲

梧桐寨—碗窑

嘛鱼岩顶

长岩顶

浪茄仔

浪茄湾

标尖角

敝边洲

西湾

基督教互爱中心

浪茄训练中心

独孤山

纪念碑

乌蚊腾—榕树凹—鹿颈

四达湾

麦理浩径第2段

螺地墩

吹筒坳

蟾蜍石顶

起点

鹿湖

高级

新界及九龙

西贡万宜路

水径顶

崖头

麦理浩径第1段

粮船湾

田尾山

大枕盖

横头墩

西贡东郊野公园

万宜水库

北丫顶

西贡西湾路

西贡东湾路

大蛇顶

西坝

北潭凹—西湾亭

北潭凹—水浪窝

摆头墩

无五坟

创兴水上活动中心

上窑

郊游径

西湾万宜路

深笃

北面角

二浪涧

鲫鱼湖

南风湾

大头洲

北潭凹—水浪窝

鸡洲

大头洲咀

老虎吊排

企人石

北潭路

北潭涌

北潭涌营

北潭涌度假营

终点

西贡郊区护理管

小童群益会白普理营

黄宜洲

鹤薮水塘—大美督

水清沙细的咸田湾是西贡大浪湾的名滩。

梧桐寨—碗窑
弓蚊腾—荔枝窝—鹿颈
西湾亭—北潭涌
新界及九龙 高级
北潭凹 西湾亭
北潭凹—水浪窝
北潭凹—大美督
鹤薮水塘—大美督

北潭凹—西湾亭
香港隐秘美滩

　　山峰尖峭的蚺蛇尖乃西贡著名的险地，与此同时，西贡大浪湾四滩风景醉人，拥有香港罕见的湛蓝色海水，海天一色，令人恍如置身马尔代夫。合并称为"一尖四滩"，为香港四大奇景之一，沿途可尽览西贡美景精华，是登山爱好者梦寐以求的路线。

　　由北潭凹出发，逆向走麦理浩径第 2 段至赤径，经大浪坳攀登蚺蛇尖，再经米粉顶绕过东湾山下坡，然后逐一征服东湾、大湾、咸田湾、西湾四滩。最后经螺地墩抵达西湾路尽头的西湾亭。

🔍 资料

路程：约18公里　　需时：6.5~7小时　　最佳时节：秋冬季阴天较佳　　中途补给：赤径、咸田湾和西湾都有商店
中途退出：于大浪坳沿麦理浩径下到咸田湾，不经蚺蛇尖，可减少1.5小时行程　　坡度：★ ★ ★ ★

🚉 交通范例

	交通工具	路线	下 / 上车位置	车费
起点 北潭凹 	九巴：94	西贡→黄石码头	北潭凹	HK$6.1
	96R (假日线)	钻石山铁路站→黄石码头	北潭凹	HK$17.3
	城巴：698R (假日线)	小西湾蓝湾半岛→黄石码头	北潭凹	HK$27.2
	专线小巴：7	西贡→海下	北潭路北潭凹	HK$10.7
终点 西湾亭 	旅游巴：29R	西湾亭→西贡大会堂	西湾亭总站	HK$15

西湾亭旅游巴士在周日及假期每20~30分钟一班，平日班次较少，最好提前致电查询：9325-6310 (浩名公司)。

起点北潭凹。

Check point ❶ 北潭凹

起点北潭凹是多条路线交会的十字路口，依路牌指示选麦理浩径第2段、往赤径方向走，沿着水泥小径缓缓下坡，两旁树木苍翠，途经小溪和牛湖墩营地的入口，到山脚见荒田草坪上黄牛处处，赤径已经在望。

取道前往赤径、浪茄方向是正确的。

Check point ❷ 赤径

赤径湾畔三面环山，终年风平浪静、海水澄澈，海旁红树满布，风光如画般美。赤径虽未设合法营地，因有多片巨型草坪，村内也提供度假屋出租，还有商店及洗手间，故是宿营和露营的热门地，也是此路线的热门补给点。

离开赤径村，循海岸小径一直向东行，沿途有湖光山色的美景相伴，走得人心旷神怡，不知不觉已登上百多米高的小山冈大浪坳，坳顶的木凉亭附近有分岔路，沿麦理浩径向东南方向走，可直接到咸田湾；欲登蚺蛇尖的，应取道东北方向的登山小径前往蚺蛇坳。

香港共有8种红树，单在赤径浅滩就能找到7种，包括木榄、水笔仔等，还有招潮蟹及弹涂鱼等动物。

如今的赤径村民都已弃耕搬出，只剩下寥寥几户人家，更显宁静。

走到大浪坳，眼前随即出现延绵不断的山岭。

赤径湾畔东面的码头，有渡轮来往黄石码头和赤门，码头对岸的白普理堂青年旅舍（白色小屋），一向以景色美闻名。

沿途必看动植物

八声杜鹃 (Cuculus merulinus)

季节性候鸟，每年3至6月较为常见。顾名思义，叫声有八个音，头四声长而慢，音调渐高；后四声短而轻。身长约22厘米，成鸟头灰，背及尾褐，胸腹为橙褐色，嘴部上黑下黄，绯红色虹膜；幼鸟主要为红褐色。

69

梧桐寨－碗窑
荔枝窝－鹿颈
乌蛟腾
西湾亭－北潭涌
新界及九龙 高级
北潭凹 西湾亭
北潭凹－水浪窝
鹤薮水塘－大美督

Check point ③ 蚺蛇尖

由大浪坳走至蚺蛇坳，起初尚且易行，但越接近山坳便越崎岖难行，幸好沿途风景秀丽，清风送爽，可鸟瞰蚺蛇湾及大浪四滩美景。沿路左手边都有分岔路，只管直走，大概半小时，便可抵达蚺蛇尖的登山入口——蚺蛇坳。抬头望，蚺蛇尖山形高耸尖削，登山路陡直，颇为吓人。

循蚺蛇尖南面山脊登顶，泥径崎岖陡峭，碎石、黄沙满途，容易崴脚，要格外小心。近山顶一段最难行，山势陡直，路面泥沙更加松散，非手脚并用才行，与其说"行"，不如说是"爬"更为贴切。

几经艰苦终于攀上蚺蛇尖顶峰，居高临下环视四周视野无阻，大浪湾、蚺蛇湾、长咀以至塔门都尽入眼帘，一阵凉风拂面，十分痛快。

从蚺蛇坳仰望蚺蛇尖，尖削的山峰直插云霄。

专家指点：蚺蛇尖解码

蚺蛇尖是西贡最突出的山峰，尖削的顶峰外形独特，海拔468米高，与清水湾半岛的钓鱼翁，以及罾棚角半岛的睇鱼岩顶，同属山形尖削，被称为"香港三尖"，而蚺蛇尖更是三尖之首。

连绵的山岭层峦叠嶂，浓雾弥漫，犹如天外仙境。

大浪坳登山路口竖有警告牌，警示游人蚺蛇尖山路极为崎岖，呼吁不要再前行。

从大浪坳一段的登山石级已能远远望见蚺蛇尖。

由于蚺蛇尖长年被阳光直晒，寸草不生，所以路面充满碎石沙泥，这正是它的危险之处。

翻完一个又一个山头，已精疲力竭，但面前还有很多路要走！

又长又陡的登山路，游人依然络绎不绝！

蚺蛇坳北面有小径通往蚺蛇湾，海水非常清澈。

东湾山视野广阔，置身其中，由左至右望去：长咀、东湾、大湾，以至咸田湾都一览无遗。

Check point ④ 米粉顶

　　蚺蛇尖顶峰山势实在太陡直险峻，沿路下山极为危险，故取道东面脊径，横越米粉顶、经东湾山西面山腰下山。下山脊的小径路面依旧崎岖不平，但无须上坡，有登山杖随身尚且能应付。若此时你仍然精力旺盛，走至东湾山山坳，大可先到长咀一游再返回东湾。

由米粉顶步行前往东湾山，崇山峻岭起伏不定，颇有气势。

咸田湾的独木桥以多块狭长的木板组成，简单却富有原始气息。

Check point ⑤ 大浪湾

　　香港有很多以大浪湾命名的沙滩，而西贡的大浪湾，是由东湾、大湾、咸田湾和西湾4滩组成长达3公里长的海滩。海水湛蓝，水清沙细，景色绝美，被誉为西贡半岛的明珠。又因为面向太平洋，每当有东风袭来，巨浪滔天，波澜壮阔，非常壮观。沿岸山径蝶恋花开，鸟叫虫鸣，更是观鸟赏蝶的好去处。

梧桐寨－碗窑　乌蛟腾－荔枝窝－鹿颈　西湾亭－北潭涌　新界及九龙 高级　北潭凹 西湾亭　北潭凹－水浪窝　鹤薮水塘－大美督　北潭凹－水浪窝

水清沙白的大浪西湾。

从咸田湾回望已征服的蚺蛇尖一带连绵的山岭。

由于麦理浩径第2段路经咸田湾，故每逢假日，商店、茶座都很多人。

东湾

位于大浪湾最北端，滩后有小溪流经，水源充足，每逢假日都有很多游艇驶来停泊。

大湾

沿东湾山径通往大湾，途中会遇见多条分岔路，只要沿海岸而下便可。大湾是大浪四滩当中海岸线最长的沙滩，风浪较大，故深受冲浪爱好者的喜爱。

咸田湾

大湾沙滩尽头，跨过望鱼角后再接回麦理浩径，沿路而下便是咸田湾，村内设有洗手间和商店。沙滩的小溪上有一座简陋的独木桥，是咸田湾的地标。

西湾

离开咸田湾，翻越山坳和四叠潭，便抵达最后的大浪西湾，沙滩中间被长长的岩嘴分隔，两旁均有清溪流下，名为双鹿石涧，溪水长年不干涸，游鱼无数。沙滩外有商店，故是露营热门地。最后，循滩后小径上坡，经螺地墩或吹筒坳抵达西湾亭，便可乘旅游巴士离开。

后记＋Tips：蚺蛇路险　雨后勿行

以陡峭闻名的蚺蛇尖果然名不虚传，上山路陡得要命，全程不停上山下山，可谓历尽艰辛。不过，完成旅程后的成就感非常大，沿途风光也非常秀丽。路程长且艰辛，需有一定体能和经验，登山装备更要齐全。部分路段颇为崎岖，路面布满沙泥，雨季或下雨过后都不宜前往。

沿途必看动植物

蛇眼蛱蝶
(Junonia Lemonias)

在西湾亭附近极为常见，经常停留在低处享受日光浴，飞行速度亦不快，故很容易被发现。展翅60~65毫米，翅膀背面呈深褐色，腹面颜色较浅，特征是前后翅都有大小不同的橙色眼睛。

凤头鹰 (Accipiter trivirgatus)

虽然是留鸟，但全港数量只有50至100只，不容易被察觉，属国家二级保护动物。身长40~46厘米，头部前额至后颈为灰色，具有显著的同色冠羽，与其他鹰类不同，上体为褐色，尾羽具有4道宽阔的暗色横斑，特点是尾下腹为羽白色。喜欢于高树上筑巢，领域性很强，常躲藏在树枝丛间，发现猎物时才突然出击。

发冠卷尾 (Dicrurus hottentottus)

本地留鸟，但春、秋二季也有过境鸟。身长约32厘米，全身黑色，阳光下散发金属光泽，头部具有细长羽冠，尾长而阔，外侧羽端钝而上翘。多见于林区，一般喜欢站在高处。

绿灰蝶 (Artipe eryx/Green Flash)

同样是西湾亭附近常见的蝶类，飞行快速。雄蝶展翅长约35毫米；雌蝶长约45毫米。雄蝶翅膀腹面呈绿色，背面呈金属蓝色，雌蝶呈深褐色，各长有一对翅尾（雄蝶为黑色，雌蝶为白色）。

高级
释界及九龙

北潭凹
西湾亭

西湾亭—北潭涌　西湾亭—北潭涌　乌蛟腾—荔枝窝—鹿颈　梧桐寨—碗窑
北潭凹—水浪窝　北潭凹—西湾亭
鹤薮水塘—大美督

跨越嶂上、画眉山、鸡公山延绵
起伏的山岭，极为考验体能！

北潭凹—水浪窝
嶂上高原挑战耐力

　　被群山围绕的嶂上高原，上下山路崎岖艰辛，极为挑战体力和意志，但景色很美。这边崇山峻岭气势磅礴，那边末尾站的企岭下海，泥滩满载生物，秀丽多姿，一次看尽崇山碧海景致。

　　本路线主要行走麦理浩径的第3段，由北潭凹出发，经牛耳石山、岩头山登上嶂上高原，然后南下，途经画眉山、雷打石、鸡公山多座起伏山峦。尾段不走麦理浩径，改为沿企岭下海岸车路到水浪窝。

资料

路程：约10.5公里	需时：约5小时	最佳时节：夏季虽热，但泥滩可观蟹	中途补给：嶂上有商店
中途退出：走至嶂上可沿嶂上郊游径走，经榕树澳往深涌码头离开，路短但较辛苦			坡度：★ ★ ★ ★

交通范例

	交通工具		路线	下／上车位置	车费
起点 北潭凹 	九巴：	94	西贡→黄石码头	北潭凹	HK$6.1
		96R (假日线)	钻石山铁路站→黄石码头	北潭凹	HK$17.3
	城巴：	698R (假日线)	小西湾蓝湾半岛→黄石码头	北潭凹	HK$27.2
	专线小巴：	7	西贡→海下	北潭路北潭凹	HK$10.7
终点 西沙路 水浪窝 	九巴：	99	西贡→乌溪沙铁路站	水浪窝	HK$5
		299	西贡→沙田市中心	水浪窝	HK$9.3
	专线小巴：	807B (循环线)	大学铁路站←→黄竹湾	水浪窝	HK$7.5

Check point ❶ 北潭凹

　　北潭凹是热门的远足起步点，下车巴士站斜对面便是登山口，马路旁竖有路牌，应选择往嶂上、企岭下的麦理浩径第3段。开始时是密林石级，但没多久便变成空旷的泥径，由140米的北潭凹急上410米的牛耳石山，走至双腿发软，尽管沿路放眼望去峰峦雄伟，景色秀丽，都无暇欣赏。之后绕过岩头山腰往嶂上，泥径坡度缓缓下降，终于能走得轻松一点。

牛耳石山一段是泥径，都挺辛苦！

巴士站附近有洗手间，之后一直到嶂上才有第二个。

Check point ❷ 嶂上

　　嶂上位于西贡半岛中部海拔300米的高原，四面环山，翠木繁生。昔日是阡陌纵横的农村，盛产茶叶和蓝靛，如今只剩下一户许姓人家经营商店，驰名冰冻的山水豆花(HK\$6)，为疲倦的郊游爱好者降温。由岩头山腰往嶂上，进入丛林不久便抵达绿草如茵的嶂上营地，数头黄牛在悠闲食草。前面是多条远足径的交会点，但重要的只有西、南两路，西面是著名的嶂上郊游径，由于下山石级非常陡斜，被登山爱好者冠以"天梯"之名。之前急上牛耳石山已几近虚脱，还是走南路继续走麦理浩径为妙，虽然路程较长，但坡度小较容易应付。

嶂上唯一补给站许林商店，除了豆花，冰冻豆浆及五花茶都是HK\$10一杯。

从嶂上远眺的西贡半岛及海岸。

沿途必看动植物

红梅花雀 (*Amandava amandava*)

　　属文鸟科，全世界17种当中仅有一种分布于我国，但并非香港本土雀，应是被人放生至此。羽色艳丽，雄鸟在繁殖期全身染红色，带白色点斑；雌鸟和非繁殖期雄鸟上体淡褐，是有名的观赏鸟。主要取食草籽，也啄食稻谷和小量甲虫、蚂蚁等，在榕树密林中可发现。

游隼 (*Falco peregrinus*)

　　全世界飞行速度最快的猛禽，时速高达300~400公里，比法拉利还快！属本地留鸟，也有冬候鸟。身长38~48厘米，上体呈蓝灰色，腹部是白色或黄色，上有黑色的条纹。栖息在靠近水边的岩石高山上，在悬崖峭壁上筑窝，以小型雀鸟为食，能从高空像闪电般俯冲着地觅食。要观赏它，应留意松树等较高树的树顶，常有游隼站于树枝上。

梧桐寨—碗窑

乌蛟腾—荔枝窝—鹿颈

西湾亭—北潭涌

北潭凹—西湾亭

新界及九龙 高级

北潭凹 水浪窝

鹤薮水塘—大美督

Check point ❸ 鸡公山

　　下山路漫长，眼前是起伏的巍峨峻岭，山径两旁野草枯黄，更显孤寂。沿画眉山山脊路下坡，不久便抵达山坳位置，是榕北走廊与麦理浩径的交会点，所谓榕北走廊，是指由榕树澳通往北潭涌的小径。接着上雷打石山，然后循北面山腰下山，本以为下到谷底便结束，怎料立刻又攀上高耸的鸡公山，幸好山上景色不俗，能远眺马鞍山以至海下风光。

从嶂上前往鸡公山的山头，野草枯黄，岩石显露，更觉崎岖！

迂回的山径沿着山势起伏而建。

下山后回望已经征服的巍峨山岭，相当有成就感。

沿岸设有小码头，可坐街渡前往对面企岭下。

走近企岭下海岸，四周景物变得充满生机。

循车路走，到水浪窝西沙路口，可乘小巴离开。

浅滩红树林经常有鹭鸟飞来觅食，记得带望远镜。

再往前走不远便是麦理浩径第 3 段的入口和第 4 段的出口。

Check point ❹ 企岭下海

　　从 399 米高的鸡公山下坡，只剩下半条命。当下行至 260 米左右，会出现一个分岔路口，由此脱离麦理浩径，选北面的山径继续下山，半小时内便可抵达企岭下海岸的车路，沿岸尽是泥滩及红树林，拥有大量海洋生物寄居，泥滩上不难发现弹涂鱼、招潮蟹。最后沿着笔直的车路向南行，当嗅到浓浓的烧烤味，很快便能抵达终点水浪窝西沙路。

企岭下海岸的泥滩，很容易看到弹涂鱼和大额蟹。

沿途必看动植物

广东弹涂鱼 (Perio- phthalmus cantonensis)

香港有两种弹涂鱼，这是最常见的一种，体形较小，另一种为薄氏大弹涂鱼。属虾虎鱼科两栖鱼类，身长约 10 厘米，全身呈灰褐色，满布深色斑纹，头顶有一双突出的大眼睛。因为其鳃腔能贮藏大量空气，皮肤亦能辅助呼吸，因此能长时间离开水源活动。

能用胸鳍爬行，其腹鳍更演化成吸盘，能依附于石头上。栖息于河口、沼泽及泥滩，主要以螃蟹、昆虫等节肢动物为食，多留守于近岸红树林内。习惯于涨潮至刚退潮之间爬到堤岸、泥滩边缘或水面的树枝、石头上休息，此时是观赏的好时机。

大额蟹 (Metopograpsus thukuhar)

又称方形大额蟹，头胸甲呈方形，甲面扁平呈黄土色，杂有黑青色斑点，甲宽 2～4 厘米。最大特征是有一双大大的紫色螯足。栖息于海岸潮间带的岩礁、河口或红树林沼泽的石块间。杂食性，主要吃鱼类或甲壳类动物腐尸，上图的大额蟹就正在吃死蟹。

后记＋Tips：敬请量力而为

路程甚长，沿途不断上山下山，非常陡峭，需要有一定的登山经验和体力才能驾驭，需量力而为。不过全程有山有水，景色多变怡人，难怪尽管走来辛苦，仍深受登山爱好者喜爱。

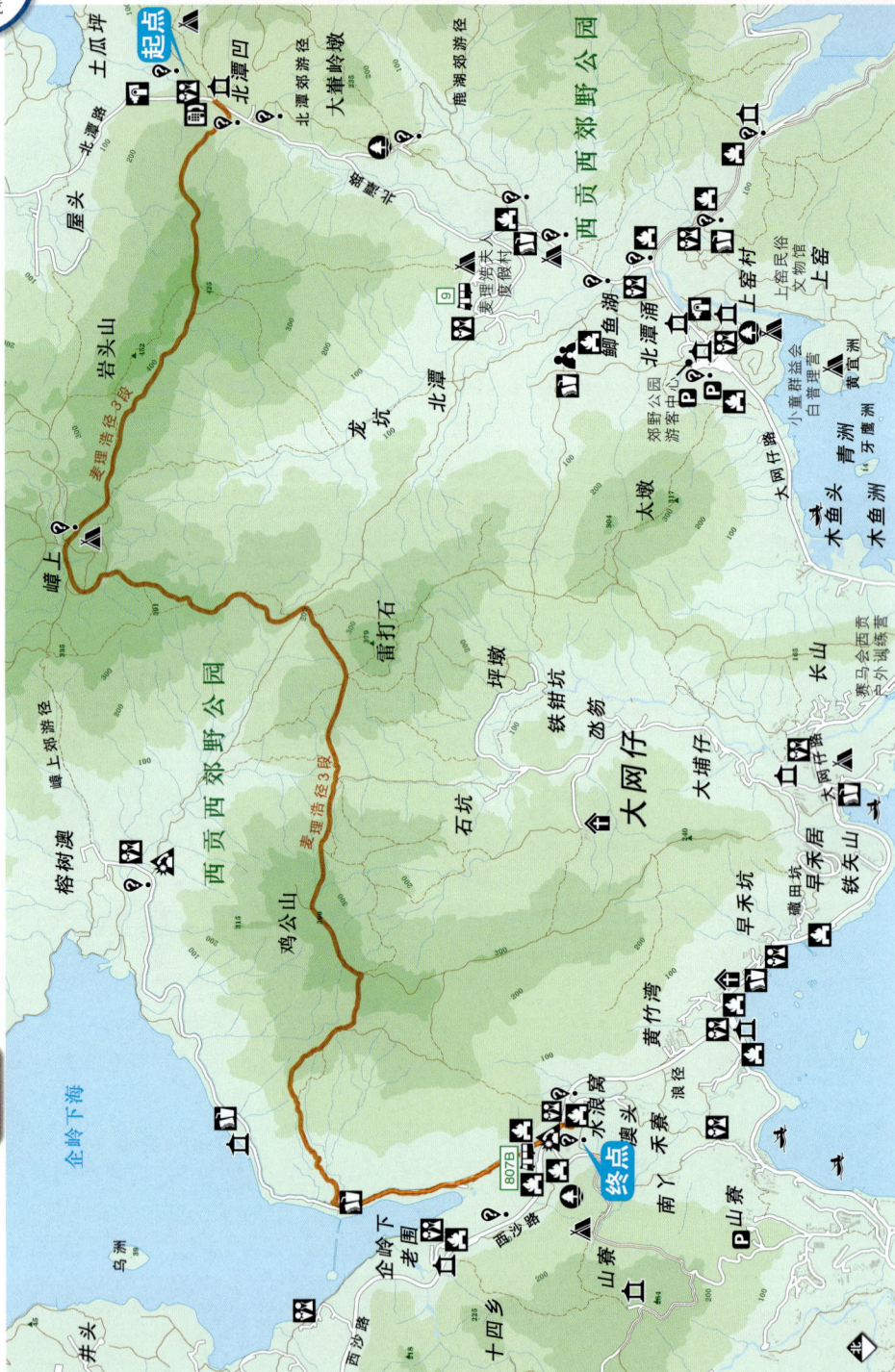

梧桐寨—碗窑　鹿颈　荔枝窝—鹿颈　乌蛟腾　荔枝窝　北潭凹—西湾亭　西湾亭—北潭涌　北潭凹—水浪窝　鹤薮水塘—大美督

新界及九龙　高级　北潭凹　水浪窝

起点

土瓜坪　北潭凹　北潭郊游径　大�岭坳墩

屋头　北潭路

西贡西郊野公园

鹿湖郊游径

麦理浩夫人度假村

麦理浩径3段

嶂上

岩头山

龙坑

北潭

鲫鱼湖　北潭　北潭涌

郊野公园游客中心　大网仔路

上窑村　上窑民俗文物馆　上窑

小童群益会　白普理营　黄宜洲　木鱼头　青洲　牙鹰洲　木鱼洲

大墩

太墩

雷打石

坪墩

铁钉坑　企岭

长山　赛马会西贡户外训练营

大网仔　大网仔山

嶂上郊游径

西贡西郊野公园

石坑

大网仔　大浦仔

榕树澳

麦理浩径3段

鸡公山

早禾坑　藏田坑　早禾居　铁矢山

金岭下海

黄竹湾

水浪窝　807B　水浪窝　澳头　禾寮

终点

南丫　禾寮　山寨

企岭下海

企岭下　老围　西沙路　水浪窝郊游径

十四乡　西沙路　山寨

乌洲　井头

78

站在500多米高的山峰上，眺望群峰迭起的八仙山岭，气势浩瀚，恍似高不可攀！

鹤薮水塘—大美督
八仙岭脊大长征

　　攀越备受登山爱好者爱戴的八仙岭，从西到东踏遍各座山峰，每座都是海拔 500 米以上的高峰，群峦峻岳连绵不断，走在脊岭有如腾云驾雾。居高临下，整个大埔、三门仔，以至船湾景致一览无遗。

　　此外，鹤薮水塘一带风光如画，百鸟争鸣、蝴蝶飞舞，大美督船湾淡水湖亦风光无限。路线以鹤薮水塘为起点，登上屏风山后，一口气横渡黄岭、犁壁山以及八仙山岭，最后沿八仙岭自然教育径下到大美督结束。

专家指点：八仙岭解码

　　八仙岭是位于大埔区吐露港以北的一条山脉，全长约 1 公里，由 8 座山峰组成，群峰并列，恍如天上八仙降临人间，故有八仙岭之称。从东至西依次分别为仙姑峰（海拔 514 米）、湘子峰（海拔 510 米）、采和峰（海拔 490 米）、国舅峰（海拔 510 米）、拐李峰（海拔 530 米）、果老峰（海拔 530 米）、钟离峰（海拔 543 米）以及纯阳峰（海拔 590 米）。

资料

| 路程：约12公里 | 需时：约5小时 | 最佳时节：秋、冬季天凉为佳 | 中途补给：无 |
| 中途退出：无 | 坡度：★★★★★ | | |

交通范例

起点 鹤薮水塘

交通工具	路线	下车位置	车费
专线小巴：52B	粉岭铁路站→鹤薮	鹤薮围总站	HK$5.2

终点 大美督

交通工具	路线	上车位置	车费
九巴：75K	大美督→大埔墟铁路站	大美督总站	HK$5.2
275R (假日线)	新娘潭→大埔墟铁路站*	船湾郊野公园	HK$9.6
专线小巴：20C	大美督→大埔墟铁路站	大美督总站	HK$6.6

*只在周日及公众假期8:45~18:00行驶。

梧桐寨—碗窰
乌蛟腾—荔枝窝—鹿颈
西湾亭—北潭涌
北潭凹—西湾亭
北潭凹—水浪窝

高级
新界及九龙

鹤薮水塘
大美督

原是丹山河的源头，为灌溉用的小型水塘，树林茂密。附近设有多处烧烤、野餐设施及露营地点，为热门露营地。

Check point ① 鹤薮水塘

　　从有机农场绿田园附近的鹤薮围总站下车，沿稍有坡度的鹤薮道车路而行，约15分钟即抵达水塘堤坝，再沿西面的石级拾级而上，便到达鹤薮水塘。位于屏风山山脚的鹤薮水塘，四面环山，百木争妍，景色怡人。因车路不能直达，故格外宁静。

　　循鹤薮水塘郊游径绕水塘边走，路径由大石块砌成，一路鸟声啾啾响个不停，抬头一看，就见色彩鲜艳的冬候鸟在树梢盘旋。走过烧烤场凉亭，才到达郊游径的正式入口，继续沿郊游径走可南下往沙罗洞，左边山路旁竖着石碑，正是通往屏风山、直指八仙岭的登山路。路线与卫奕信径重叠，其实直至仙姑峰为止，全程皆循卫奕信径9段走。

绿田园为有机耕作农场，提供出租耕地给"假日农夫"，不妨顺道参观，参观费HK$10，还可以买些有机蔬菜回家。

🔍 **资料**

开放时间：10:00~17:00
网址：**www.producegreen.org.hk**

上屏风山初段的石径，路面颇破旧，但两旁树林遮天蔽日，尚算清凉。

隐藏林中的漫长石级路阶，任谁也走至气喘如牛。

穿出树林后，景观立刻豁然开朗，可回望石坳山，但坡度也渐大。

Check point ② 屏风山

　　向屏风山进发，初段黄泥小径一片苍翠，路径弯曲但尚算平坦。穿出丛林后，山路愈加陡斜，先是石径，然后是长长的石级笔直地指向山岭，仿佛没完没了。途中回望，视野辽阔，可见群山环抱的鹤薮水塘，渺小如雨点大，另一边的平山寨及沙罗洞则有绿油油的农田，美不胜收。

沿途林间山径高树参天，结蕨蔓延，大自然气息很浓。

80

从屏风山上远看大埔、吐露港市区楼宇的景色，也不及眼前的延绵山脊有气势。

由屏风山至黄岭一列山脊，起伏不大，远望像一道天然屏障，故得名屏风山。

屏风山岭石级小径旁便是绝崖陡坡，但都有惊无险，安全通过。

顶峰在望

登山近1小时，屏风山顶峰已在望，山势变得陡峭，路面有碎石沙泥。到达脊顶西北面的山峡，衣服已湿透，放眼望去，脊岭尽头是吐露港及大埔一带的美景。再往上走至500米高的脊顶，路渐平顺，路旁却竖立着"危险"的警告牌，往南面俯身一看，脚下是乱石突出的直崖陡壁，真是步步惊心。

站在黄岭峰顶，鸟瞰船湾海峡的盐田仔、马屎洲，中间细小的是洋洲。

Check point ❸ 黄岭

继续沿山脊小径向黄岭进发，山岭连绵，前路变得平顺好走。走至黄岭主峰前，暂时离开卫奕信径，沿脊径登上639米高的顶峰。为整条路线的最高点，比八仙岭的纯阳峰还高，站在巅峰处，视野无阻，由南面的吐露港以至马屎洲，一直到北面的南涌、沙头角那个大好河山的景色都尽收眼底。

离开峰顶，继续走卫奕信径，缓缓下坡，阵阵凉风拂面，吹干汗水，立刻神清气爽！下坡路忽然急升，原来已到达犁壁山550米的顶峰，峰顶遍布碎石沙泥，可率先一睹前面巍峨的纯阳峰。

远处的大埔工业村跟面前的翠绿山头，形成强烈对比。

由黄岭行至犁壁山，虽然下坡好走，但路面多沙，容易崴脚。

梧桐寨－碗窑　乌蛟腾－荔枝窝－鹿颈　西湾亭－北潭涌　北潭凹－西湾亭　北潭凹－水浪窝　高级　新界及九龙　鹤薮水塘　大美督

梧桐寨—碗窑

荔枝窝—鹿颈

乌蛟腾

西湾亭—北潭涌

北潭凹—西湾亭

北潭凹—水浪窝

连接八仙山岭的长长山径，由西向东连绵伸延，两旁绿意盎然。

Check point ④ 八仙岭

八仙岭上横列八座山峰，每座都以仙人名字命名。沿着起起伏伏的卫奕信径前行约半小时，踏过新建的石级登上纯阳峰。590米高的纯阳峰是八仙岭上第一高峰，故一般被称作主峰，峰顶设有测量墩，向前望可见其余七座连绵起伏的八仙山峰。其实纯阳峰南面有山径通往山寮，是最快的下山路，但极为陡峭，政府已在路旁竖立警告牌。

仙姑峰

过纯阳峰后沿小径继续前往其余各峰，沿山脊上上下下，走起来并不轻松，气喘吁吁，体力已明显大减。拐李峰西坡有一尖石突出，指向天空，被称为葫芦嘴，很有趣，而湘子峰顶则设有观景台。最后终于登上八仙岭最东面的仙姑峰，这里也是卫奕信径第9段的终点，一口气征服八座山峰，成就感涌上心头。站在八仙最外侧的这座山峰，视野辽阔，极目远望，整个船湾淡水湖、吐露港以至马鞍山都可清楚看到，景致无懈可击。

拐李峰的铁拐李葫芦嘴。

湘子峰高518米。

群峰之首的纯阳峰。

东面的船湾淡水湖，水平如镜。

从511米高的仙姑峰，回望走过的纯阳峰，感觉苍凉。

春风亭虽小，但意义重大，当年由末代港督彭定康主持揭幕。

Check point **⑤ 春风亭**

由仙姑峰下到大美督一共有两条路，首先是南面有山径可直通教育径起点附近，但要穿越密林，攀过崎岖的马骝崖，当年八仙岭发生山火意外，事发地点就在马骝崖下，缺乏登山经验者请勿尝试。第二条是由仙姑峰北面绕山背下山，然后接上教育径。旅程至此人已筋疲力尽，当然选择较安全的后者。

专家指点：八仙岭山火解码

1996 年 2 月 10 日，八仙岭发生五级山火，刚巧冯尧敬纪念中学的师生在此地理考察，突然被山火围困，最终导致 3 名学生及 2 名老师丧生，13 名学生受伤。其中 2 名老师更不惜舍身相救被困学生，现场建有春风亭以作纪念。山火害人影响深远，各位读者郊游时谨记小心火种，尤其不要乱扔烟头。

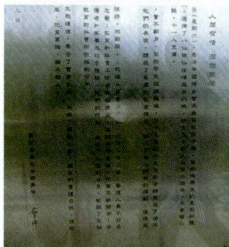

亭内镶有三块碑刻，当中一块题为"春风化雨，润物无声"，特别为纪念两名奋不顾身救人的老师。

前往春风亭，需先登上长长的石级，历尽艰辛。

八仙岭自然教育径第 3 站前行不久，便是著名的马骝崖。

沿途必看动植物

北红尾鸲 (Phoenicurus auroreus)

又名灰顶红尾鸲，属冬候鸟，只在每年 10 月至次年 3 月在港出现。身长约 15 厘米，特征是尾羽两侧红色，停下时喜欢上下振动尾巴。雄性色彩较艳丽以便求偶，其头部呈银白色，腹部呈特别的橙黄色，黑色翅膀上有两点白斑；雌性则没有耀眼的银白头。通常一只雄鸟附近可找到两只或更多雌鸟。

灰背鸫 (Tudus hortulorum)

冬候鸟，原产于西伯利亚东部及我国东北，身长约 23 厘米，特点是腹部为黄棕色。雄鸟上全体灰，喉及腹灰白。雌鸟上体褐色较重，喉及胸白，胸侧及两胁有黑点斑。叫声优美悦耳，遇危险时会发出类似轻笑声及似喘息的警告声。

位于大美督巴士站旁的碧绿鱼塘。

大美督

　　顺着八仙岭自然教育径的石级而下，不停地走台阶，双脚已走至发软，幸好一路枝叶扶疏，船湾景色也风光无限。走至新娘潭路出口前，右手边有登山石级通往纪念八仙岭山火的春风亭，尽管疲惫，仍值得登亭向当年的死难者致意。最后沿新娘潭路下坡，10分钟左右便可见终点的大美督巴士总站。

从大美督巴士站仰望刚刚征服完的八仙岭。

沿新娘潭路下山，便到大美督。

八仙岭自然教育径沿路都铺设有石级。

沿途必看动植物

红胁蓝尾鸲
(Tarsiger cyanurus)

　　冬候鸟，身长约15厘米，雌雄均有显眼的白色喉部，红棕橙色胁部及蓝尾。雄性上体呈鲜蓝色，雌鸟及幼鸟则为橄榄棕色，下体白色沾褐色。叫声沙哑，每年11月至次年3月于鹤薮水塘附近时有发现。

后记＋Tips：挑战自我　量力而为

　　全程攀山越岭，由地面走至最高650米巅峰，中途无补给也无路可退，几近6小时的路程极为辛苦，特别是犁壁山一段路上寸草不生，对体力和耐力都是极大的挑战，一定要量力而为！

　　出发前，一定要准备好装备和粮水，登山杖不可少，途中也要留意同伴的身体状况。尾程下山梯石级路长，加上疲劳，很容易出现抽筋或扭伤，要格外小心。若打算顺道参观绿田园，由大美督出发前往鹤薮水塘，反方向走为佳。

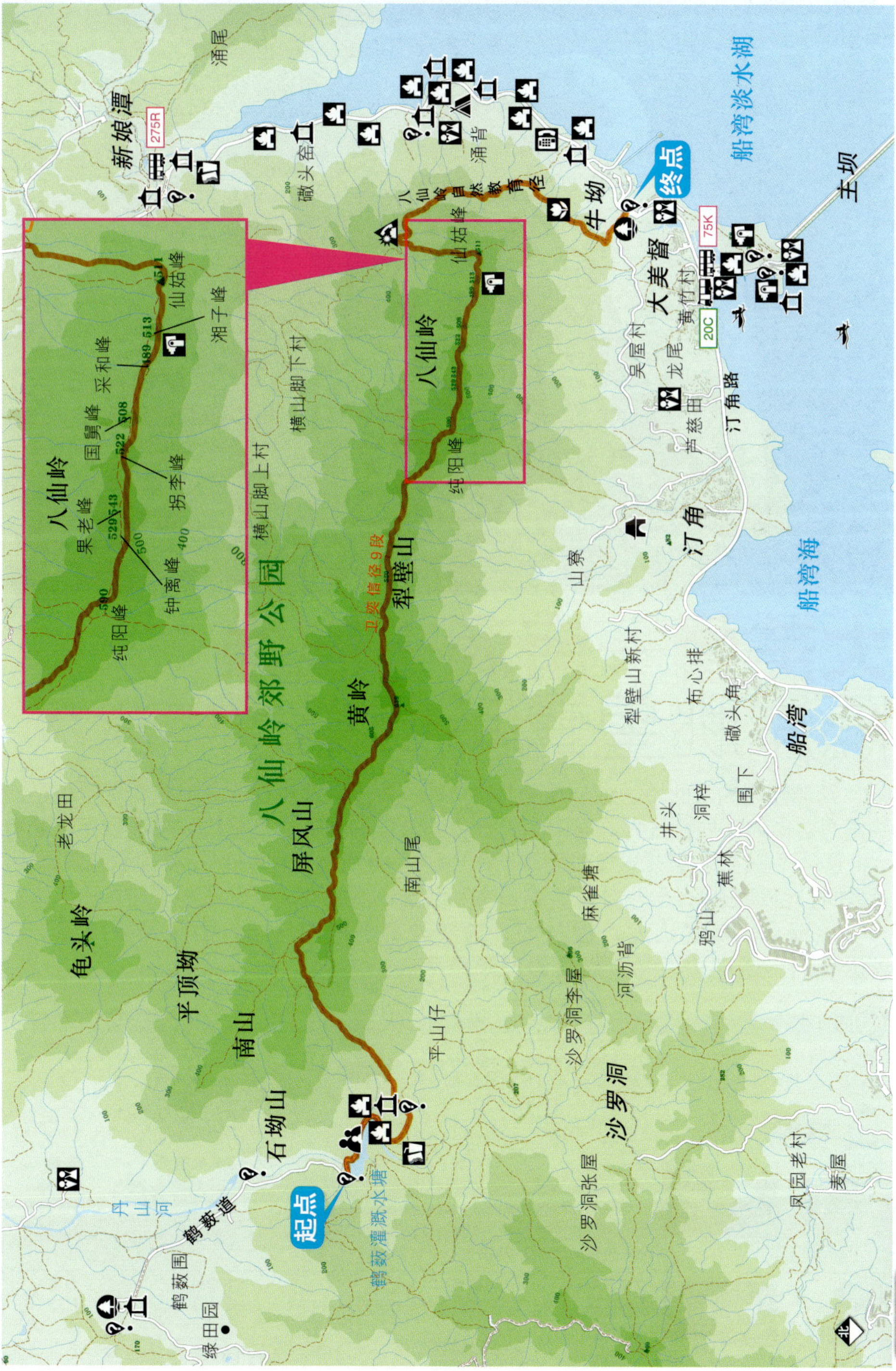

新娘潭
涌尾
船湾淡水湖
主坝

终点

起点

八仙岭郊野公园

八仙岭

纯阳峰
犁壁山
黄岭
屏风山
平顶坳
南山
龟头岭
老龙田
石坳山
鹤薮灌溉水塘
绿田园
丹山河
鹤薮道

大美督
吴屋村
龙尾
慈田
芦慈田
汀角路
汀角
山寮
犁壁山新村
布心排
墩头角
井头
洞梓
蕉林
鸦山角
河沥背
麻雀塘
沙罗洞
沙罗洞张屋
沙罗洞李屋
平山仔
平山尾
南山尾
横山脚上村
横山脚下村

八仙岭
仙姑峰 511
湘子峰
采和峰
国舅峰 522 508
曹李峰
钟离峰
果老峰 520 513
纯阳峰

船湾海
凤园老村
麦屋

高级
新界及九龙

鹤薮水塘
大美督

北潭凹—水浪窝
西湾亭—西湾亭
北潭凹—北潭涌
乌蛟腾—荔枝窝
梧桐寨—碗窑

新界及九龙 中级

大美督 南涌 鹿颈

大美督—新娘潭

大美督—新娘潭

大和—凤园

大埔滘林径（红路）

大埔滘林径（蓝路）

青衣

全白的大白鹭，飞行时缓慢优雅。

大美督—南涌—鹿颈
隔岸眺望鹭鸟归巢

　　跨越巍峨的八仙岭，走至香港北部边缘的南涌、鹿颈，能鸟瞰整个新界以至沙头角海对岸的深圳特区大好河山。更是香港最佳的观赏鹭鸟路线，每逢秋冬，都有大批鹭鸟飞来过冬，喜爱聚集在鹿颈一带，其中南涌海岸对面的鸦洲，更是鹭鸟聚居地，黄昏时分百鸟归巢，异常壮观，连日本和我国台湾的观鸟爱好者都不惜远道而来。

　　旅程从大美督出发，沿八仙岭自然教育径跨过八仙岭山腰至横山脚，接着沿横七古道直达南涌，最后过鹿颈结束。

🔍 资料

路程：约11.5公里	需时：约4.5小时	最佳时节：深秋至冬季是赏鹭佳期	中途补给：无
中途退出：可从尤德爵士纪念亭过鹿颈，或行至南涌鹿颈路乘56K离开			坡度：★★★

🚆 交通范例

起点 大美督		交通工具	路线	上车位置	车费
		九巴：75K	大埔墟铁路站→大美督	大美督总站	HK$5.2
		275R (假日线)	大埔墟铁路站→新娘潭*	船湾郊野公园	HK$9.6
		专线小巴：20C	大埔墟铁路站→大美督	大美督总站	HK$6.6
		*只在周日及公众假期8:45~18:00行驶。			

终点 鹿颈		交通工具	路线	下车位置	车费
		专线小巴：56K	鹿颈→粉岭铁路站	鹿颈路总站	HK$7.8

Check point ① 大美督

抵达大美督巴士总站后，不妨先游览香港第二大的船湾淡水湖水塘，这里也是全球第一个在海中兴建的水塘，一向是踏单车郊游的热门地，湖内还有水上活动中心，湖岸亦设有大型烧烤场地。除了2公里长的堤坝驰名外，湖内还饲养了超过20万条淡水鱼，每年9至次年3月会开放给具有钓鱼执照的爱好者垂钓。

从巴士总站出发，沿新娘潭道马路上坡而行，约10分钟便可至船湾郊野公园游客中心，对面便是八仙岭自然教育径的入口。

船湾淡水湖主坝长达2.1公里，全港最长，其高度相当于9层高的大厦。

🗨 专家指点：船湾淡水湖解码

船湾淡水湖原址是吐露港北面的一个海湾，20世纪60年代香港饮用水短缺，但可供兴建水塘的山谷已用尽，当时的香港水务局局长在船湾游船河时，发觉船湾三面环山，于是灵机一动，想到只要在湾口兴建堤坝，然后把海水抽干，便能建成水塘。工程于1960年动工，于1968年建成。

位于船湾淡水湖主坝一端的白普理赛马会青年旅舍，沿旅舍旁的坡路便可上堤坝。

大美督有两个烧烤场，均设施齐备。

船湾郊野公园游客中心只在周六、周日及假期开放，展出许多体现新界乡村习俗的珍贵展品、照片及动物标本。

Check point ② 八仙岭

八仙岭自然教育径是香港最长的教育径，起步便可沿石级登上山腰，再由引水道口的石级上行即可达春风亭。接着，沿教育径绕仙姑峰山背上山，可俯览山下宏伟的船湾淡水湖。虽然一路是漫长的泥黄石级，但沿途树荫浓密，还有很多有趣的地质现象，如陡崖、砾岩层、石英脉等，都设有介绍，边走边看不太辛苦。由起步开始，已登了近1小时台阶，小径转入山背有分岔路口，上山可登511米高的仙姑峰顶。如无意登顶，继续沿教育径直行，即可抵横山脚。

自然教育径全长4公里，入口旁设有地图指示牌。

林荫石级径旁结蕨垂蔓，富有原始感。

新界及九龙 中级
大美督 南涌 鹿颈
大美督—新娘潭
太和—凤园
大埔滘林径（红路）
大埔滘林径（蓝路）
青衣

古道途中有不少山径交会点，路径四通八达，进入横山脚下村前有小径通往新娘潭及乌蛟腾。

今日毁坏不堪的荒村，20世纪四五十年代却盛极一时，残垣中有庙宇、宗祠的建筑部分。

横七古道约2公里长，茂林幽谷，路径坡度起伏不大。

Check point ③ 横七古道

从这里开始是卫奕信径的第10段，通往横山脚的山路蜿蜒崎岖，不一会儿再遇分岔路，右边可前往新娘潭，左边便是横山脚下村。由于八仙岭北面的山林谷地其地势平坦、溪流如网，故很早已有人聚居于此，开垦耕地，并发展成横山脚上、下村，以及上、下七木桥4座村庄。村落已荒废近50年，现在只剩下破屋残垣，以及山坡上隐约可见的梯田轮廓，古桥杂草丛生，感觉阴森荒凉。

横山脚上、下村有一条用大石块铺盖成的原始乡间通道，连接上、下七木桥村，通往南涌，称之为"横七古道"，是昔日村民去往南涌的路径，均为平缓泥径，并有多条分岔路通往八仙岭或新娘潭。

从尤德爵士纪念亭远眺鹿颈与沙头角两岸景致。

为纪念前港督尤德爵士而建的尤德亭，为双亭设计，建亭位置就是当时尤德爵士郊游时所到之处。

Check point ④ 尤德亭

走出七木桥荒村，古道缓缓向下倾斜。不久便穿出树林，前方景色豁然开朗，向前望就是南涌、鹿颈。不久又有分岔路，左转后即见远远矗立于山冈边缘的尤德亭，这里是全程景色中最美之处。站在亭中，尽览新界东北方景色，远至沙头角、深圳亦尽收眼底，美不胜收。亭上凉风拂面，一洗旅程劳累，连烦恼也尽数消除。

分岔路转弯后即可见尤德亭，附近还有观景台。

尤德亭旁有石级下山路直达鹿颈，可缩减至少30分钟路程。

从直升机坪远眺鹿颈鱼塘。

直升机坪已荒废多时，近几年才再次投入使用，四周杂草也已修剪。

Check point ⑤ 南涌

离开尤德亭，继续沿卫奕信径西面山脊向下走，路径弯弯曲曲，途经著名的屏嘉石涧，涧上建有一座宽阔的混凝土石桥，名为桥山桥。从前该山径常被石涧淹没，故20世纪90年代政府建桥以方便游人，并以昔日的桥山小学之名为该桥命名。

跨过桥山桥，再向下走一会儿便是柏油路，沿路下山风急路陡，途经郊野公园管理站及直升机坪，视野比尤德亭更广阔，新界东北边方向、鹿颈鱼塘，以至沙头角对岸清山秀水尽收眼底。

继续沿车路而行，经过南涌郊游径的入口，车路变得笔直平坦，马路两旁，一边是破旧村屋，草丛间蜂飞蝶舞；另一边是鱼塘、沼泽，青山碧水，充满大自然气息。忽然，天边一只小白鹭飞过，姿态优美，鱼塘中又见一大白鹭在散步，非常赏心悦目。

屏嘉石涧，源于屏风山，下流于南涌之嘉龙潭，图为桥山桥旁引水道。

沿途必看动植物

黑斑伞弄蝶
(Bibasis Oedipodae)

在南涌树林常见，飞行速度快，喜欢在地面低飞及访花，黄昏或阴天时会较活跃。展翅约40毫米，身体及翅腹面呈橙棕色，翅背面呈深褐色，翅基部及身体有金属蓝色长毛。

桥山桥是以昔日七木桥村的桥山小学命名的。

通往南涌集水区的桥。

通往南涌的路都是宽阔、平坦的行车路，但急弯颇多，要小心留意车辆。

途经郑屋古村时，有一座名为协天宫的庙宇。

中级
新界及九龙

大美督
南涌
鹿颈

大美督—新娘潭

大和—凤园

大埔滘林径（红路）

大埔滘林径（蓝路）

青衣

新界及九龙
中级

大美督
南涌
鹿颈

大美督－新娘潭

太和－凤园

大埔滘林径（红路）

大埔滘林径（蓝路）

青衣

Check point ❻ 鹿颈

走至鹿颈路，旅程已近尾声，但精彩处陆续而来。鹿颈由于接近沙头角边境禁区，位置偏远，故能保留良好的自然生态，其淡水沼泽乃香港最大，而附近的鸦洲更是多种雀鸟，包括大、小白鹭、苍鹭等鸟类的繁殖地，也是观看湿地鸟类如鹭鸟等的最佳地点。走在鹿颈路上，不但能眺望沙头角海，路边的浅滩灌木丛生，各式鹭鸟云集觅食或晒太阳，每当日落，成群的鹭鸟在眼前飞翔，甚为壮观。

从鹿颈路远望对岸的鸦洲，冬天整个岛都满是苍鹭，仿佛把绿岛染成了灰色。

见到指向郑屋、杨屋等多座村庄的路牌，便抵达鹿颈路的出口。

沿途必看动植物

小白鹭 (Egretta garzetta)

本地留鸟，属香港极常见的野生水鸟，与大白鹭外形相似，同样全身雪白，但体形较小，即使成年后，也只有 60 厘米左右，大白鹭身长可达 90 厘米。繁殖期头后会有两条长冠羽，面颊的黄色表露皮肤会变鲜艳并带红。主要在河边及水边觅食，部分也会吃苍蝇，那又尖又长的嘴，更是方便它们捉鱼。

苍鹭 (Ardea cinerea)

体形最大的鹭科鸟类之一，成年身长可达 102 厘米，每年秋天会从北方飞到香港过冬，但亦有本地繁殖的留鸟。拥有灰、白、黑三色体羽，但主要是灰白色。常栖息于池塘、沼泽浅水处，以捕食各种小鱼为生。捕到大鱼时，会先在岸上摔死才吞食，而且总是让鱼头先入口，以免被鱼鳍刺伤。

后记＋Tips：
先苦后甜　黄昏赏鹭

占旅程最大部分的横七古道，全程走在密林中，没有景色可言，略微沉闷，纯粹登山锻炼身体。直至后段南涌、鹿颈景观才见开阔，清山秀水，更有百鸟齐飞。

总而言之，路程虽长，亦要上上下下，但坡度并不大，不难应付。特别留意黄昏时，鸦洲有大量鹭鸟归巢，南涌树林亦有黑斑伞弄蝶出现，经过前程的辛苦后，尾程更显精彩。

鸦洲 沙头角海
海背岭
信义会南涌鹿颈路
大湾 青少年动活中心
南涌杨屋
南涌李屋
南涌张屋
南涌 鹿颈黄屋
南涌郑屋
南涌罗屋 鹿颈
鹿颈陈屋
南涌郊游径 鹿颈林屋
石板潭
尤德爵士纪念亭
老龙田
下七木桥
上七木桥
卫奕信径10段
八仙岭郊野公园
横山脚上村
横山脚下村
屏风山
八仙自然教育径
黄岭
卫奕信径9段
犁壁山
纯阳峰 八仙岭
仙姑峰
涌背
489·513
629·543
522·508
山寮
牛坳
春风亭
汀角
大美督
吴屋村
芦慈田
洞梓
龙尾 黄竹村
起点
汀角路 白普理赛马会
船湾 青年旅舍
北 船湾海 船湾淡水湖

终点

鸡谷树下
马鞍腾郊游径
新娘潭路
三担箩
新娘潭
275R
75K
20C

中级 新界及九龙
大美督 南涌 鹿颈
大美督—新娘潭
大和—凤园
大埔滘林径（红路）
大埔滘林径（蓝路）
青衣

新娘潭崖上布满原始热带植物，都挂着泪珠般的水花。

大美督—新娘潭
凄美动人新娘瀑布

此路线重点是终点新娘潭及照镜潭，它们位列新界五大名潭，如婚纱般透彻的瀑布更是闻名，景色优美，如世外桃园。沿八仙岭山麓迂回而行，一路山清水秀，景观开阔，还有许多独特而有趣的地质景观和动植物可供观赏。

旅程由大美督出发，沿八仙岭自然教育径北上，经横山脚下村至新娘潭，再走新娘潭自然教育径，游历新娘潭、照镜潭及涌尾，最后返回新娘潭巴士站结束。

专家指点：
大美督抑或大尾笃？

古时，八仙岭东南沿岸便被称作大尾笃，意思是大埔的"笃笃"（最尾）。鉴于尾笃隐含最尾，最近地政总署就将大尾笃正名为"大美督"，取其美丽之意，并在 2007 年版的地图中以此名标示。不过，新名称却遭乡议局和登山爱好者大力反对，认为大尾笃名字源远流长，有其历史价值，至今两个名称一样通行。

🔍 资料

路程：约7公里	需时：约3小时*	最佳时节：四季皆宜	中途补给：无
中途退出：无	坡度：★★★		*若只游新娘潭自然教育径，需时约45分钟

🚆 交通范例

起点 大美督	交通工具	路线	上车位置	车费
	九巴：75K	大埔墟铁路站→大美督	大美督总站	HK$5.2
	275R(假日线)	大埔墟铁路站→新娘潭*	船湾郊野公园	HK$9.6
	专线小巴：20C	大埔墟铁路站→大美督	大美督总站	HK$6.6

终点 新娘潭	交通工具	路线	下车位置	车费
	九巴：275R(假日线)	新娘潭→大埔墟铁路站*	新娘潭总站	HK$9.6
	专线小巴：20C	乌蛟腾→大埔墟铁路站(每日特别班次)	新娘潭路	HK$8.7

*只在周日及公众假期9:40~18:45行驶

大美督—南涌—鹿颈

大美督—新娘潭

新界及九龙 中级

大和—凤园

大埔滘林径（红路）

大埔滘林径（蓝路）

青衣

Check point ① 大美督

从大美督巴士总站下车，即见巍峨的八仙岭屹立面前，沿汀角路上坡走至郊野公园游客中心，不远处便见八仙岭自然教育径入口。若是假日，乘275R九巴直接在游客中心下车即可，这样能省却这段10分钟的路程。

八仙岭自然教育径全长4公里，走完全程约2小时，全径由八仙岭山麓一直伸延至横山脚，先踏上林荫石级登上山腰，至引水道后再登上百多级石级，即可到达为纪念八仙岭山火牺牲师生而修建的"春风亭"。

水平如镜的船湾淡水湖，设有水上和户外活动中心。

出春风亭后小路转入密林，坡度渐高，一连两段石级路，双脚已走至发软，不过居高临下，船湾淡水湖的湖光山色一览无遗，沿途还有很多有趣的地质现象，如陡崖、砾岩层、石英脉等。走至一分岔路口，左边路旁的指示牌写着"往八仙岭"，由此山径可登上511米高的仙姑峰。继续直上教育径，由此便进入了卫奕信径第10段，蜿蜒的山路也变得崎岖不平。

大美督背后的连绵山峦便是八仙岭。

八仙岭自然教育径的入口，就在船湾郊野公园游客中心斜对面。

从教育径眺望广阔的船湾淡水湖。

Check point ② 横山脚下村

继续走教育径，不一会儿再遇分岔路，向左可前往横山脚下村和上村，向右边则通往新娘潭。跨过小桥，只见残垣败瓦，杂草丛生，村落已荒废多年，感觉阴森、不宜久留。

离开横山脚，转为下山路，步履自然变得轻盈，没多久便走完八仙岭自然教育径，出口对面马路便是另一条新娘潭自然教育径的入口。

横山脚下村现址只有数间荒废破烂的石屋坐落在路旁。

沿途必看动植物
蛤蚧
(Tokay Gecko)

学名叫大壁虎，是香港境内最大的蜥蜴品种，身长可达35厘米。背部为带灰的橄榄绿色，全身布满暗橙色的斑点，并有一行行小瘤，足趾底部带黏性。主要靠捕食昆虫及小蜥蜴为生，爱藏匿于石隙或卵石堆中，在横七古道的树隆中很容易发现。爱夜间活动，受威胁时会张嘴袭击，鸣叫声颇大。

中级
新界及九龙

大美督
新娘潭

大美督—南涌—鹿颈

太和—凤园

大埔滘林径（红路）

大埔滘林径（蓝路）

青衣

中级路线

大美督－南涌－鹿颈
新界及九龙 中级
大美督 新娘潭
大和一凤园
大埔滘林径（红路）
大埔滘林径（蓝路）
青衣

自然教育径入口附近有一六角凉亭，名为狮子亭。

古旧的新娘潭石桥，建于清光绪三十二年（1906），又称"三渡桥"，分三段，前两段石板仍在，第三段则改用三合土修建。

Check point ❸ 新娘潭自然教育径

　　新娘潭自然教育径全长只有 0.7 公里，沿途设有大量指示牌介绍新娘潭特有的地理知识，如板岩、砾岩等。由夹道绿林的下坡路开始，沿石级下到小石桥，鸟语花香，绿意盎然。

　　石桥下方的溪涧便是新娘潭瀑顶，关于新娘潭名字的由来，相传古时有一位新娘，乘坐花轿前往夫家途中，不幸连轿一起跌落瀑布而死，因而得名。沿溪涧走至上游，可见河床岩面有一个个圆形的窟窿，正是新娘潭有名的地质现象——壶穴。

新娘潭桥位于自然教育径起点附近，桥下是新娘潭瀑布顶，在这里可远眺新娘潭峡谷。

💬 专家指点：壶穴解码

　　在河流中出现的一种地理特征。由于雨水令河水流量增加，带动上游的石块向下移动，当石块遇上河床表面的凹处，无法前进时便会被水流带动而打转，经历长时间钻蚀便会钻出圆形的洞穴。

　　由于新娘潭的河床岩石凹凸不平，这一带岩石又都是板岩、砾岩等抗蚀性极弱的岩质，长年累月受猛烈的瀑布冲击，故形成了特别多的壶穴。

气势非凡的照镜潭瀑布，两旁古树参天。

Check point ④ 照镜潭

　　旅程先游照镜潭，经过烧烤场地，跨过峡谷底的新娘潭石桥，便见有石级山径通往照镜潭。照镜潭的名字相传与新娘潭有关，传说中的新娘死后，灵魂常在照镜潭出现，并以潭水作镜梳洗，因而得名。

　　照镜潭原名灶颈潭，此潭比新娘潭高，足足有 35 米，四周林木遮天蔽日，水流集中，气势更盛，难怪被誉为全港最壮观瀑布。

教育径内设有烧烤场地和儿童游乐设施，故此处一直是亲子游乐路线。

过新娘潭石桥后有分岔路，要选择通往新娘潭或照镜潭的路走。

要近观照镜潭，必先攀上十多分钟的林荫石级路，饱眼福前先要付出体力。

35米高的照镜潭在近潭位置出现断层，可见水力有多猛。

大美督—南涌—鹿颈

中级
新界及九龙

大美督
新娘潭

太和—凤园

大埔滘林径（红路）

大埔滘林径（蓝路）

青衣

大美督－南涌－鹿颈

新界及九龙
中级

大美督
新娘潭

太和－凤园

大埔碗窑林径（红路）

大埔碗窑林径（蓝路）

青衣

雨季时的新娘潭，瀑水恍如披散婚纱，甚为壮观。

一路小桥流水、鸟叫蝉鸣。

Check point 5 新娘潭

　　游毕照镜潭瀑布，沿路返回新娘潭石桥。循桥右侧的石涧步行约20分钟便到达新娘潭。新娘潭瀑布高约15米，共有两叠，上叠岩石受水流长期冲击，形成一个3米高的石孔，瀑水从石孔中流往下叠。瀑水徐徐流下，形成半透明的水帘，恍如披散的婚纱，水气扑面，令人暑气全消。而瀑布下的新娘潭宽约10.6米，像一个大泳池，近瀑布处潭底颇深，但水清见底。

　　新娘潭和照镜潭一样，近瀑布处的潭底都特别深，地理学上称为跌水潭，是由于瀑布由高处冲下，强劲水力侵蚀瀑底而形成的，潭底随时有漩涡，故切忌下水。正因为瀑布下水流急，水中含氧量高，自然多鱼，不过并非每一种鱼都适合在急流中生活，只有异鱲、七星为多，石缝间还能发现绒螯蟹。

水流冲穿岩石成石孔，很是有趣。

石缝石底有大量游鱼生物。

从新娘潭隔着丛山，眺望八仙岭，气势不凡。

清澈的新娘潭是船湾淡水湖的主要水源，游览请保持河道清洁。

涌尾除了是河流入船湾淡水湖的下游，还可远观东面马头峰的赤马头山峰。

Check point ⑥ 涌尾

离开教育径南下涌尾，路面由石块铺成，经过小溪，最后抵达一度大桥，凭栏放眼望去便是船湾淡水湖，桥下就是两瀑汇聚的下游。过桥后前行便是新娘潭路，沿路北上可返回自然径的出入口。

专家指点：泥板岩解码

是页岩的一种，因为经历变质作用而形成的变质岩。有一层层分明的层理，颗粒较粗，因含有不同的氧化物，故岩石显现出多种颜色，例如含氢氧化铁时，会呈黄色；若含氧化铁时，便呈红色。若泥板岩再变质，便会变成颗粒更细小的板岩 (slate)。

沿途广设指示牌，介绍地理和生态知识，获益良多。

前往涌尾的石板路上，尽是大自然气息。

新娘潭自然教育径的出口。

大美督—南涌—鹿颈

大美督—新娘潭

中级 新界及九龙

大美督—新娘潭

太和—凤园

大埔滘林径（红路）

大埔滘林径（蓝路）

青衣

中
级路线

新界及九龙

大美督—南涌—鹿颈

新界及九龙
中级

大美督
新娘潭

大和—同园

大埔滘林径（红路）

大埔滘林径（蓝路）

青衣

沿途必看动植物

绒螯蟹 (Eriocheir Sinensis)
是大闸蟹的近亲。身体呈圆形，腹部扁平，雌蟹呈卵圆形，雄蟹呈细长钟状，但幼蟹为三角形，不易分辨。特征是掌部内外缘密生绒毛，因此而得名。栖息于淡水湖泊河流，但在河口半咸淡水域繁殖。以水生植物、有机碎屑及动物尸体为食。喜掘穴而居，常藏匿于石砾间，但在新娘潭观赏时，要小心石缝中有红脖游蛇。

杂色剑尾鱼 (Xiphophorus Variatus)
是香港热门的淡水饲养鱼，极容易饲养，在旺角金鱼街一般将它称为满鱼或米奇，又因为雄鱼和雌鱼的体色纹不同，故又称鸳鸯。体形呈长纺锤形、侧扁。有多种颜色，雄鱼一般较鲜艳。爱栖身水道、河溪，属杂食性，如昆虫、植物、甲壳类动物皆是其食物。

七星 (Puntius semi fasciolatus)
又名条纹刺鲃、花鲫，香港本地溪涧常见的淡水鱼，身体偏长，两侧扁平，头尖眼大，唇上颌有一对触须。特征是体侧有4~9条垂直且长短不一的黑条纹，身长7~9厘米。杂食性，身手敏捷，但泳速较慢，警戒心重，一有异样，便会沉底或躲藏于石缝之中。

异鱲 (Parazacco spilurus)
在清澈的溪涧中常见，体长而侧扁，腹部较窄，头小唇尖。身长10~15厘米，体背灰褐色，腹部白色，特征是体侧中央、由鳃至尾部有一道黑色斑纹。主要猎食浮游生物或小鱼，泳速可以很快，遇险时可以飞快地流窜，令人难以捉摸。

丹顶斑蟌 (Pseudagrion rubriceps rubriceps)
属香港少见的品种，主要在水源附近的野草丛出没。身长29~31毫米，颜色丰富，拥有鲜橙色的头部，橄榄绿色的胸部和黑色的腹部。

中环蛱蝶 (Neptis Hylas)

展翅 50~60 毫米，翅膀腹面呈橙色，背面则呈深褐色，上有三道白色横斑。主要在灌木丛和林间出现，爱滑行般飞翔，静止时会把翅膀打开。

晓褐蜻 (Trithemis aurora)

别名紫红蜻蜓，是香港极常见的蜻蜓品种，市区公园中便很易找到，几乎有静水的地方便可以看到。身长 30 毫米，翅展 62 毫米，全身连翅膀均呈紫红色，每年从初春一直活跃至深秋。

新月带蛱蝶 (Athyma Selenophora)

常停留在山径或植物上守卫领土，但飞行能力也很强。展翅有 55 毫米长，雌蝶黑色的翅膀背面有三道白色纹，腹面则为淡橙褐色。雄蝶特征是中间有一大片白斑，外形和双色带蛱蝶的雄蝶相似，但这种蝶并没有橙斑。喜欢吸食花蜜和食腐果。

红脖游蛇 (Red-necked Keelback)

拥有后毒牙，受惊吓或骚扰时会从颈槽分泌毒液，如被咬伤足以致命。一般身长 70~90 厘米，最长可达 110 厘米，蛇身底色为橄榄绿，并有大量黑点及黄点散布，特征是颈部有明显大片红色，部分还有黑色边缘。幼蛇头部则为灰色，并有黑及黄的条纹。主要捕食两栖类及鱼类，至爱蟾蜍。栖息于山区森林、灌木丛，尤爱溪涧河边，在新娘潭溪边石缝时有出没。

波纹眼蛱蝶 (Junonia Atlites)

香港并不常见，常在水源、荒废水田或湿地中出现，新娘潭是其中著名观赏地。爱在接近地面的矮灌木林飞行与访花，展翅有 60~65 毫米长，翅膀背面为淡褐色，并有一列橙色眼斑。

赤褐灰蜻 (Orthetrum pruinosum neglectum)

又称红腹灰蜻，广泛分布于香港的溪流、池塘、雨水洼和灌溉用的水沟中。腹部长 28~36 毫米，后翅长 33~39 毫米。复眼为暗褐色，翅痣黑色。雄性胸部呈暗灰蓝色、蓝紫色或紫褐色；腹部则呈红色。雌性胸腹部均为黄褐色。幼虫生活于溪池底层，成虫则生活于岸边植物附近。

大美督—南涌—鹿颈

中级 新界及九龙

大美督 新娘潭

大和—凤园

大埔滘林径（红路）

大埔滘林径（蓝路）

青衣

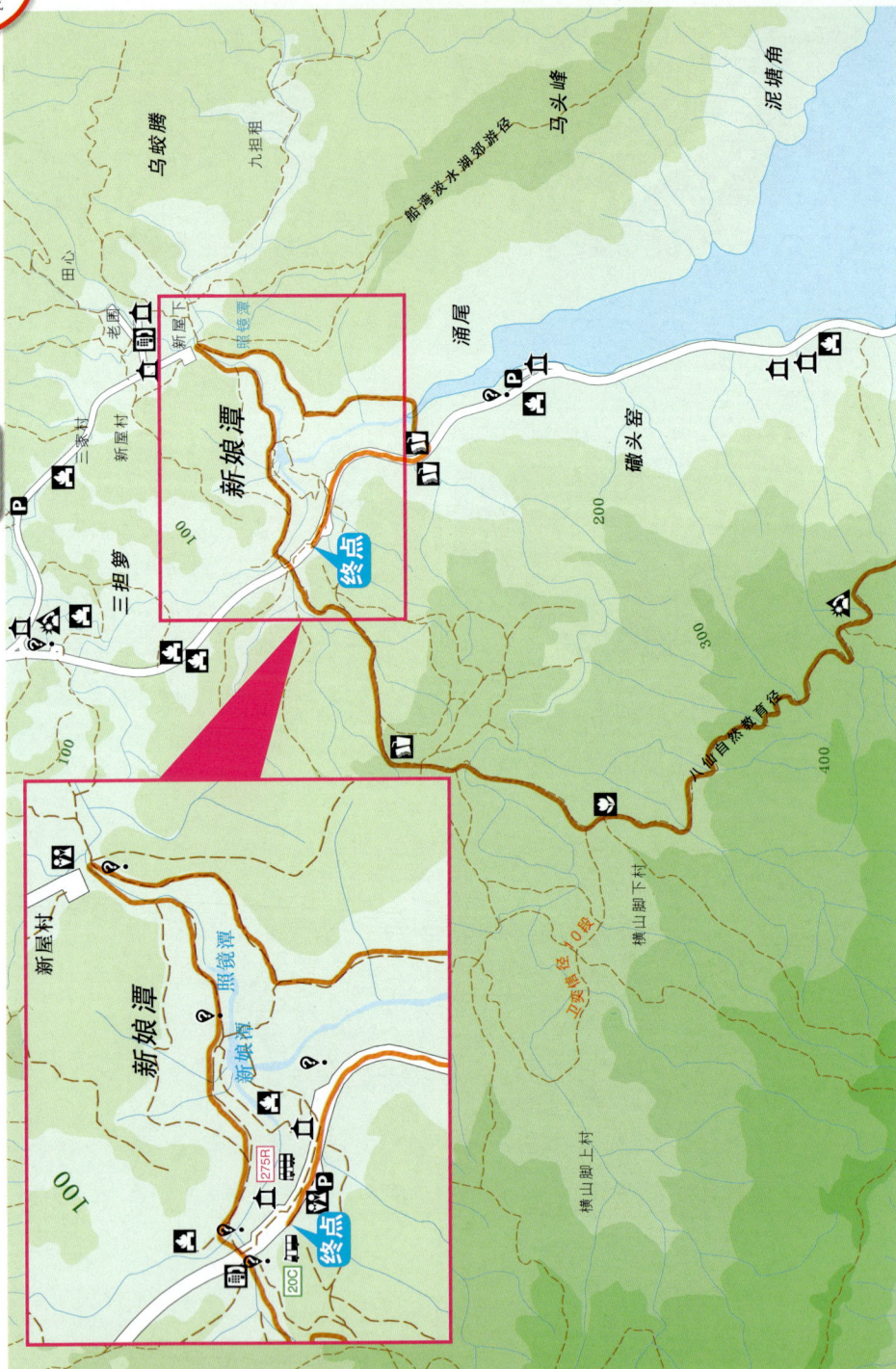

中
级路线

新界及九龙
中级

大美督
新娘潭

大和—凤园

大埔滘林径（红路）

大埔滘林径（蓝路）

青衣

乌蛟腾

九担租

田心

老围

三家村

新屋村

新屋下

新娘潭

眼镜潭

昭涝农木湖郊游径

乌头峰

泥塘角

涌尾

磡头窖

200

300

300

400

400

三担箩

100

100

终点

仰自然教育径

横山脚下村

横山脚上村

卫奕信径10段

卫奕信径10段

新屋村

新娘潭

照镜潭

新娘潭

275R

275R

20C

100

终点

100

八仙嶺

青竹村

大美督村

黄竹村

吳屋村

沈尾

芦慈田

船湾淡水湖

船湾海

青涌

牛坳

仙姑峰

春风亭

行角路

起点

75K

20C

纯阳峰

卫奕信空9客

大美督

后记＋Tips：雨后一周勿游

除了初段上山比较费力，整体并不难行，景色多变而秀丽，拍照景色一流，若同行有老人、儿童，可考虑只游新娘潭。夏季多雨，瀑布景观最美，不过有洪水泛滥的危险，安全起见，每当大雨后一星期内都不宜前往。走近瀑布或跌水潭时，也要保持警觉，当水流湍急时，应立即离开溪涧。游览时要留意溪涧石缝，随时可发现绒螯蟹，但也要提防有蛇。如欲拍摄瀑布，要提前备好三脚架。

中级
新界及九龙
大美督
新娘潭
大美督—南涌—鹿颈
大和—凤园
大埔滘林径（红路）
大埔滘林径（蓝路）
青衣

全世界体形最小的凤蝶——燕凤蝶。

太和—凤园
蝶恋花开

　　卖点是赏蝶、赏蜻蜓。沙罗洞和凤园都是驰名的蜻蜓和蝴蝶聚居地，属香港十个重点自然保护区，生态价值极高。其中全球体形最小的凤蝶——燕凤蝶，全港凤园独有，还有大量罕有品种；而沙罗洞除了蜻蜓多之外，也拥有四五个独有品种。

　　路线由大埔头上九龙坑山，经鹤薮水塘下到沙罗洞，然后南下凤园，最后抵达汀角路（大埔工业村）结束。

沿途必看动植物

燕凤蝶 (Lamproptera curius)

　　是世上体形最小的凤蝶，展翅只有35~40毫米，2000年更被列作国家级保护动物，香港并不常见，凤园是其著名观赏点。外形独特，拥有透明的翅膀斑纹和特长的翅尾。喜欢访花，亦会在溪边汲水。特征是近似蜻蜓的独特飞行方法，快速而敏捷。

资料

路程：约9公里	需时：约3.5小时	最佳时节：夏季清晨或黄昏观蝶赏蜻蜓最佳	中途补给：无
中途退出：可从九龙坑山山顶右转前往沙罗洞；或至鹤薮水塘，沿鹤薮道前往鹤薮围乘小巴离开			坡度：★ ★ ★

交通范例

	交通工具		路线	下／上车位置	车费
起点 **太和**	港铁		东铁线	太和站	/
	九巴：	72	长沙湾广场→大埔太和村	太和总站	HK$8.7
		74A	观塘码头→大埔太和村	太和总站	HK$9.5
		273P	荃湾西铁路站→大埔太和村	太和总站	HK$9.1
	交通工具		路线	下／上车位置	车费
终点 **汀角路** (大埔工业村)	九巴：74K		大埔三门仔→大埔墟铁路站	汀角路(大发街口)	HK$4.4
	专线小巴：	20C	大美督→大埔墟铁路站	汀角路	HK$6.6
		20K	三门仔→大埔墟铁路站	汀角路	HK$5.4

沿大埔头径前行，经过大埔头村后，要继续沿大华企业旁的小路走。

见到左手边的太湖山庄粉红色村屋，便可看到指示九龙坑山的路牌。

Check point ① 大埔头

从太和港铁站下车后，沿着宝雅路向粉岭港铁站方向走，后接大埔公路，穿过火车桥过马路，依照路口的指示，大概15分钟，便抵达大埔头村，站在村口已看得见远方翠绿的九龙坑山。沿大埔头径往前走，经过"大华企业"工厂后，即有九龙坑山的路牌，前面不远处的石级就是登山路。

直走便见指示牌（卫奕信径第8段），沿山径而上，经康乐园后山接山径及石级直登九龙坑山。

Check point ② 九龙坑山

九龙坑山取名于山下的九龙坑，因山上设有发射站，故有柏油路和水泥石级直通山顶，此段山径也是卫奕信径第8段的后半部分。踏着整齐的红色石级拾级而上，沿路翠木茂繁充满生气，景观也开阔，向脚下看，左边是康乐园，右边则是大埔市中心。

初段的登山路较为迂回，但有树荫。

上山的石级都涂成粉红色，加上绿色扶手及两旁青翠的植物衬托，更美！

从凉亭放眼望去，是繁华的大埔市中心楼群。

山下是排列整齐的大埔康乐园。

太和—南涌—鹿颈

大美督—新娘潭

大美督

新界及九龙

中级

太和 凤园

大埔滘林径（红路）

大埔滘林径（蓝路）

青衣

103

中
级路线

新界及九龙

大美督—南涌—鹿颈

大美督—新娘潭

新界及九龙 中级

太和 凤园

大埔滘林径(红路)

大埔滘林径(蓝路)

青衣

绵延起伏的九龙坑山山岭,漫长的粉红色石级异常抢眼。

每个山头都设有凉亭,故视野无阻。

漫长石级

途中会经过 3 座凉亭,一路也经常碰到晨练的人。走到设有测量墩的 288 米高的山冈后,石级换成泥径及碎石路,略带崎岖,但不算难走。气喘吁吁,终抵达 350 米高的九龙坑山顶,视野辽阔,绵延的八仙岭山脉,以至大埔吐露港的风光,即刻尽收眼底。山上设有休憩处及多个发射站,并有多条下山小径,其中东面的是直通沙罗洞的捷径,此行则继续沿北面的卫奕信径下山,往流水响、鹤薮水塘方向进发。

Check point 3 鹤薮水塘

下山路径蜿蜒,部分路段路面破烂,之前一口气登山,气力已大减,宜放慢脚步,以免绊倒。不久,见一木质小凉亭,为卫奕信径及流水响郊游径的交会点。再继续前行,路径弯弯曲曲,过了山火瞭望台后又有多条山径的分岔路,向左可至流水响,右边小路是前往鹤薮水塘的捷径,但不明确,还是沿卫奕信径直行,直至近石坳山山顶才右转下到鹤薮水塘。

经过迂回弯曲的下坡梯级,来到 S 形的鹤薮水塘。从此不再走卫奕信径,改绕塘边郊游径南下,往沙罗洞走。

鹤薮水塘为灌溉水塘,环境宁静,塘畔设有多个烧烤及野餐地点。

沿九龙坑山石级下山,往西走石级通往流水响;往东则通向鹤薮。

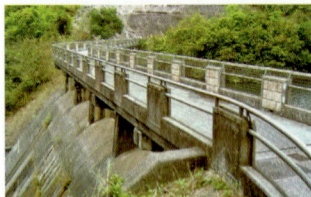

经过弯曲的下坡梯级,即可下行至鹤薮水塘的堤坝。

专家指点:沙罗洞树林为何特别茂盛?

平日登山,常见山坳分岔位置的河谷,树木生长特别茂盛,沙罗洞正是河谷的代表。这是因为下雨时,泥土随雨水冲往低地,雨水连带泥土中的养分一起在此大量积累,土壤水分、养分高,自然有助植物生长。

沙罗洞有多个客家村落，其中张屋已有 300 多年历史，但依旧保存良好。

Check point ④ 沙罗洞

　　沙罗洞原名沙螺洞，因从前盛产沙螺之故。往沙罗洞的下山小径沿路一片密林，连天的树荫几乎密不透风，所以十分闷热。到达路口可选择先左转入村一游，然后返回右边的道路南下凤园。

　　沙罗洞最大的是张屋和李屋两村，皆荒废多年，杂草丛生，但拥有丰富的生态资源，有许多未被污染的溪涧、沼泽及茂密的风水林，为多种罕见蜻蜓、淡水鱼及两栖动物提供栖息地，单是蜻蜓品种至少有 70 种，包括罕见的纹蓝小蜻。是继米埔后最具生态价值的地方，已被政府列为"具特殊科学价值地点"。

沙罗洞有很多清澈的溪涧，为蜻蜓提供了极佳的产卵地，故孕育出繁盛的蜻蜓品种。

穿出丛林，便是沙罗洞。

沙罗洞除了蜻蜓，蝴蝶至少有 84 种，雀鸟亦有过百种。

往沙罗洞的绿林小径密不透风，走来比起九龙坑山的登山石级还辛苦。

沿沙罗洞路步行至车路尽头，有名为大炮亭的凉亭，沿亭侧小径即可前往张屋及李屋。

沿途必看动植物

华丽宽腹蜻 *(Lyriothemis elegantissima)*
　　又名广腹蜻蜓，皆因它不但体形巨大，腹部还很宽阔，其中雄性身长可达 39~40 毫米。雌雄性外形有明显分别，雄性尾部呈橙红色，颜色鲜艳，复眼上褐下黄，黄色的胸部侧视有 3 条黑色斑纹。雌性腹部呈黄褐色，有 5 条黑色条纹，从正面看十分特别。生活于低海拔山区的池塘、沼泽等静水流域，在香港分布极广，其中以沙罗洞为最佳观赏点。

雄性

雌性

大美督—南涌—鹿颈

大美督—新娘潭

新界及九龙　中级

太和　凤园

大埔滘林径（红路）

大埔滘林径（蓝路）

青衣　大埔滘林径

沿途必看动植物

六斑曲缘蜻 (Palpopleura Sexmaculata)

香港常见种类，特点是前后翅具有褐色斑纹，后翅金黄色，翅前缘绞纹状弯曲，腹部扁宽。体形细小，身长 13~16 毫米，其中以雄性较大，活跃于林间空地，特别常见于沼泽，飞行快速敏捷，但只可短距离飞行，飞行形态有点像蜜蜂。

截斑脉蜻 (Neurothemis tullia)

属体形较小的蜻科，广泛分布于香港的湿地和沼泽，由初夏直至深秋都可见其踪影。雄性腹部长 16~20 毫米，后翅长 19~23 毫米，身体呈黑褐色，前后翅向外依次序为黑色、白色和半透明，黑色部分比例约占翅膀的 2/3。雌性和雄性体形相似，但雌性翅膀颜色明显较淡，相当容易辨认。

沿凤园路下山，两旁长满高高的草丛，前面是大埔工业村。

沙罗洞车路尽头，右侧有指示前往凤园的路牌及石级。

Check point **5** 凤园

离开沙罗洞，沿着平缓的车路南下，没多久便看到右侧有通往凤园的石级。只有 42 公顷的凤园，自 1980 年被列入"具特殊科学价值地点"，整体生态评级排名全港第四，因为前身是果园的关系，故特别盛产蝴蝶，这里有记录的蝴蝶物种就占全港 240 种的一半以上，包括稀有的燕凤蝶。游毕凤园，沿凤园路缓缓下坡便可抵达汀角路。

从凤园路往右望，可见之前走过的九龙坑山。

沿途必看动植物

莱灰蝶 (Remelana jangala)

常在灌木丛或树林边缘出现，喜爱日光浴，飞行速度快，喜欢访花，秋季较易见。展翅约 35 毫米，翅膀腹面呈褐色，背面则呈深褐色，中央有一道金属紫色斑，并有两对尾。

蚜灰蝶 (Taraka haimada)

属香港少见的蝶种，展翅只有 20~25 毫米，翅膀背面为黑褐色，腹面则为白色，各散布 20 余个黑斑，跟豹灰蝶外形相似。因其幼虫会吸食蚜虫，成虫后亦多在有蚜虫的竹林出现而得名。

统帅青凤蝶 (Graphium agamemnon)

香港常见品种，非常活跃，飞行速度极快，甚少停留。体形中等，展翅 70~80 毫米，黑褐色的翅膀上布满绿斑，有翅尾，但雄蝶的翅尾较短，后翅内缘反卷，并长有白毛。

后记＋Tips：初段登山吃力　沙罗洞小心山贼

　　一开始登上九龙坑山的一段山路颇费力，沿途无补给，一定要备好大量食水以防中暑。沙罗洞一带都是密林，特别多恶蚊，防蚊措施也要做足。另外，沙罗洞荒村还是闻名的多山贼地区，除了要结伴同行，勿带大量现金和贵重物品外，一旦发现荒屋中有可疑的煮食痕迹，很可能是贼人剩下的，应迅速离开现场。

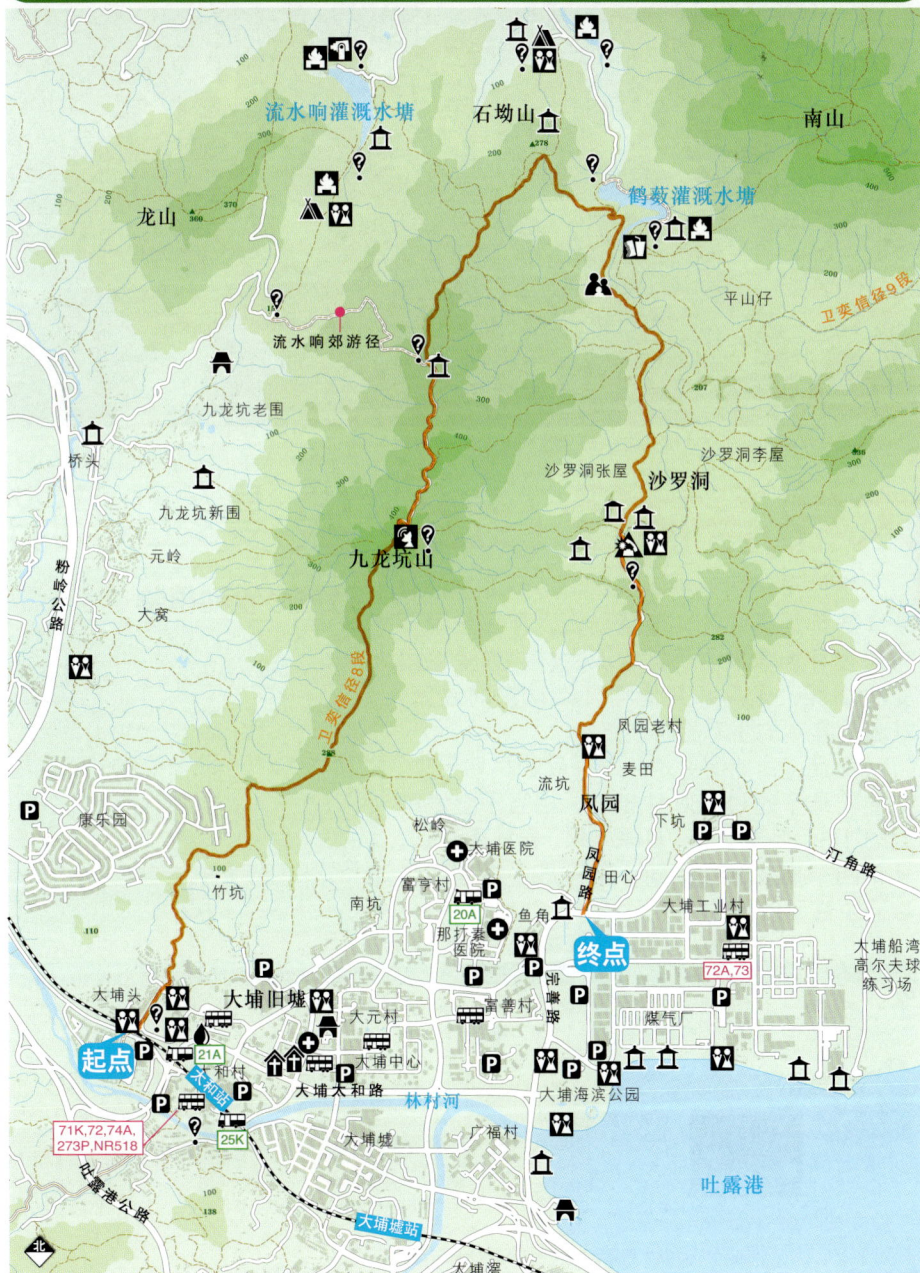

石坳山

南山

流水响灌溉水塘

龙山

鹤薮灌溉水塘

南涌—鹿颈

大美督—南涌—鹿颈

新浪潭

大美督—新浪潭

卫奕信径9段

平山仔

流水响郊游径

九龙坑老围

桥头

九龙坑新围

沙罗洞张屋

沙罗洞

沙罗洞李屋

元岭

大窝

九龙坑山

卫奕信径8段

新界及九龙

中级

太和 凤园

粉岭公路

康乐园

凤园老村

麦田

竹坑

流坑

凤园

大埔滘林径（红路）

松岭

大埔医院

下坑

大美督—南涌—鹿颈

南坑

富亨村

20A

那打素医院

鱼角

凤园田心

大埔工业村

汀角路

72A,73

大埔船湾高尔夫球练习场

终点

煤气厂

大埔头

大埔旧墟

21A

大元村

大埔中心

富善村

大埔滘林径（蓝路）

起点

太和站

和平路

大埔太和路

林村河

大埔海滨公园

71K,72,74A,
273P,NR518

25K

大埔城

广福村

吐露港

青衣

北

大埔墟站

大埔滘

路线 环绕大埔滘林径红路一周。

大埔滘林径沿路种满枫树，特别是红路，每到冬季夹道染成一片红霞。

大埔滘林径 (红路) 浪漫红叶路

　　林径沿路两旁种满枫树，每到冬季，整条红路都铺满红叶，浪漫动人，身在香港却有如置身加拿大。茂盛的次生林，亦令这里变成蝴蝶、雀鸟和其他哺乳类动物的温床，是名副其实的生态旅游线路。

　　而且，大埔滘更是色彩夺目的林鸟天堂，在此记录了超过160种雀鸟，相当于全港种数的1/3。冬季赏枫、夏季赏蝶、春秋季观鸟，一年四季景观截然不同，难怪是大埔滘四色林径中最受欢迎的一条。

沿途必看动植物

枫香树
(Liquidambar formosana)

　　树姿笔直高雅、叶形美丽，约8厘米阔的叶为三裂，幼叶有时五裂，秋冬时树叶会变成红色，相当美丽，大埔滘自然教育径4条路线皆有大量种植。因其叶子具有特殊香味，且四季造型各异，故甚得人喜爱。直径约2.5厘米的球状果实上布满软刺针，更像小绒球。据说用枫香树干培养的香菇，具有特殊香味，其树叶更能养天蚕。

🔍 资料

路程：约3公里	需时：约1.5小时	最佳时节：冬季赏枫、夏季赏蝶、春秋季观鸟
中途补给：无	中途退出：无	坡度：★

🚇 交通范例

起点/终点
松仔园

交通工具	路线		下车位置	车费
九巴：	72	长沙湾广场→大埔太和村	松仔园	HK$8.7
	73A	沙田愉翠苑→上水彩园村	松仔园	HK$9.5
	74A	观塘码头→大埔太和村	松仔园	HK$9.5
专线小巴：	28K (循环线)	大埔墟铁路站←→沙田市中心	松仔园	HK$8

从大埔墟乘出租车，车费约HK$25。

早于1926年，大埔滘已大量植树，植树品种以马尾松为主，所以又称为松仔园，现在建有一名为松仔园的公园，内有凉亭，环境清幽。

Check point ❶ 松仔园

大埔滘自然保护区是香港历史悠久的植林区，成立于 1977 年，面积达四百多公顷。区内树林茂密，巨木参天，树木品种达百余种，香港原生树植很多。加上有多条溪涧流经，优越而多样化的生态环境，为昆虫、雀鸟和野生动物提供了最佳的生态环境。

四色林径

位于自然保护区的林径共有 4 条，分别是红路、蓝路、啡路和黄路。4 色林路都是环线设计，各线起点终点相同，并互有重叠，四通八达，其中红路最短，黄路最长。

在松仔园下车后，沿车路直上进入自然保护区，路旁就有好几棵高耸入云的枫树，叶呈三裂，冬天变成艳红色，红叶铺满地，且香气扑鼻。先通过大埔滘自然保护区入口，在溪涧附近设有观鸟地图和传声柱，按掣后会发出不同雀鸟的声音，声声悦耳。再往前走即见 4 色林径的入口，路旁竖有地图和指示牌，附近还设有洗手间及健身设施。

起步不久，即见指示及地图，然后便登上石级小径。

沿途的山溪小径，小桥流水，令人放松。

初段为水泥路，平坦好走，并会路经一处集水区。

大美督—南涌—鹿颈

大美督—新娘潭

大和—凤园

初级 新界及九龙

大埔滘林径（红路）

大埔滘林径（蓝路）

青衣

沿途的溪流常有蝾螈、蜻蜓和淡水鱼，要细心观察缝的阴暗处，随时有惊喜发现。

Check point ② 野外研习园

走过清溪上的小桥，登上夹道树荫的石级，好不容易终于来到红路起点，取右路而行，小径蜿蜒曲折，高树蔽天，地上铺满落叶，远处传来阵阵鸟语蝉鸣，像置身亚热带原始森林。走过野外研习园后，途经多条石涧，溪水皆清澈见底，偶尔还会发现蝾螈。

沿途设有无数指示牌，但4色路径实在复杂，故有"迷踪林径"之称。

每遇雨后，沿路山溪都有泛滥的危险，要尽量远离，不要随便下水。

通往野外研习园的小径，是一片坦途。

红路与啡路的交会位置。

大美督—南涌—鹿颈

大美督—新娘潭

大和—凤园

新界及九龙 初级

大埔滘林径 (红路)

大埔滘林径 (蓝路)

青衣

110

4色林径皆位于繁盛的次生林中。

Check point ❸ 野餐区

走至红路最南端有一片空地，上有郊游及儿童游乐设施，可在此稍作休息。红路已接近尾声，不一会儿又见分岔口，路旁有告示牌，在此向右转进入自然教育径。先要上石级，然后便是平缓小径，沿途有大量解说牌，介绍植物和生态知识。最后沿林荫石级拾级而下，便可返回原来的自然保护区车路。

野餐区附近的分岔路可通往蓝路。

自然保护区内常见各式野果和野菇，看似平日超市所卖，但很可能只是外形相似的品种，可能有毒，千万不要采摘进食。

💬 专家指点：什么是次生林？

次生林（secondary forest），指的是天然林或人工绿林，在遭受人为或自然因素破坏后，单靠自然力量而恢复起来的森林。又或是曾经游耕或放弃耕作后，被原生树种侵占覆盖的森林，都能为动物禽鸟提供极佳的生长环境。

大美督—南涌—鹿颈

大美督—新娘潭

大和—凤园

初级 新界东北龙

大埔滘林径（红路）

大埔滘林径（蓝路）

青衣

大美督－南涌－鹿颈

大美督－新娘潭

大和－凤园

新界及九龙

大埔滘林径（红级）

大埔滘林径（蓝路）

青衣

沿途必看动植物

琉璃蛱蝶 (Kaniska canace)

　　研习园中常见，展翅65~75毫米，黑褐色的翅膀上有一条淡蓝色的条纹纵贯前后翅，腹面有如枯叶的黑褐色斑纹，有助隐藏于树林中，保护自己免遭捕食。特征是翅缘外边不规则。多在平地及低海拔山区林径出现，喜欢访花吸蜜，飞行快速，具强烈的领域性。

绒额鸭 (Sitta frontalis)

　　一种有趣的本地留鸟，能垂直走动，经常在树干上上上下下，有时甚至会头下脚上倒立过来，很是有趣。身长只有10~12厘米，由头顶、上体至尾部为浅紫蓝色，腹部则呈灰白色，特点是有红色的嘴，黄色虹膜及前额有黑斑。观赏时，要留意高树干。

灰喉山椒鸟 (Pericrocotus solaris)

　　大埔滘常见的留鸟，也有冬候鸟。身长约17厘米，羽毛色彩鲜艳，头部和喉部均为石板灰色，雄性胸腹呈艳丽的橘红色，背和翼则为黑色，特别在翼上有橙红色倒"7"字图案；雌性的胸腹部则为黄色。常成对或成群出现于中低海拔的阔叶树林，喜爱在空中以定点鼓翼的方式，啄食停栖在枝叶上的小虫。

黄颊山雀 (Parus spilonotus)

　　同样是大埔滘常见的留鸟，身长13~15厘米，身体呈灰黑色，喉部至腹部有一条黑纹，特征是面颊黄色，并拥有黑色的小冠羽。叫声清脆，通常成对或小群觅食，筑巢于树洞中，以昆虫、蔬果为食，不太怕人。

后记＋Tips：安静上路

　　路径平缓轻松易走，长短适中，确实老幼皆宜。不过，4色路线纵横交错，分岔路口很多，虽有路牌指引，也最好带上郊游地图，林径入口处竖有4色林径地图，可先拍下，途中便可以此作指引。如只为观鸟，行走时要保持肃静，然后通过雀鸟叫声判断雀鸟位置，再用望远镜追踪。

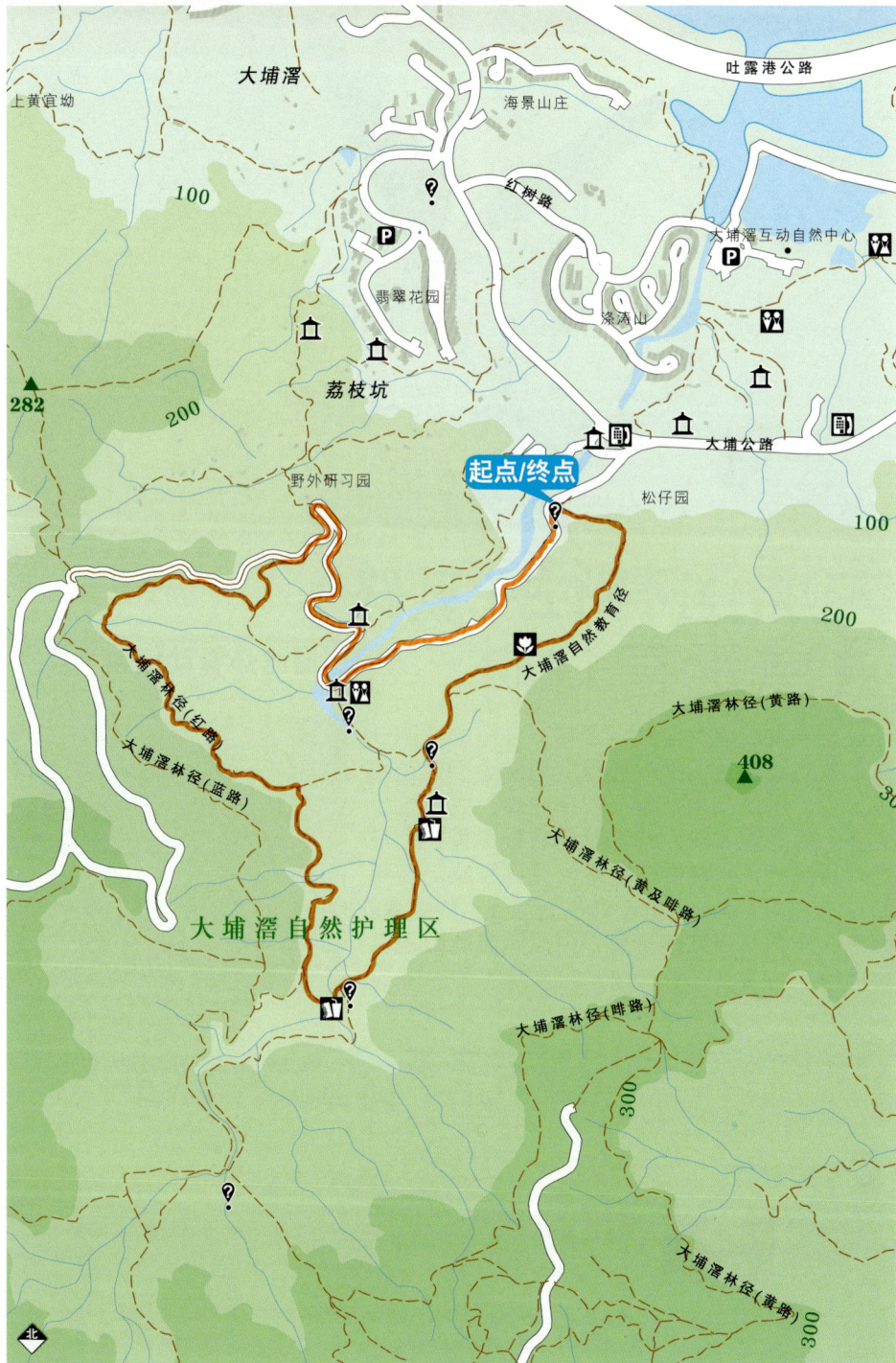

大埔滘

上黄宜坳

吐露港公路

海景山庄

红树路

大埔滘互动自然中心

P

翡翠花园

涤涛山

100

282

200

荔枝坑

野外研习园

大埔公路

松仔园

起点/终点

100

200

大埔滘自然教育径

大埔滘林径(红路)

大埔滘林径(蓝路)

大埔滘林径(黄路)

408

大埔滘林径(黄及啡路)

大埔滘自然护理区

大埔滘林径(啡路)

300

大埔滘林径(黄路)

300

北

大美督—南涌—鹿颈

大美督—新娘潭

太和—凤园

初级

新界及九龙

大埔滘林径（红路）

大埔滘林径(蓝路)

青衣

路线 大埔滘自然教育径 —1小时→ 蓝路 —2小时→ 野外研习园

在途经的大埔滘野外研习园内，能一睹香港唯一受法律保护的蝴蝶——裳凤蝶。

大埔滘林径（蓝路）
飞禽走兽森林

全长4公里的蓝路，跟前文介绍的红路一样是生态路线，但受欢迎程度稍逊。不过正因为人少，所以飞禽走兽、雀鸟蝴蝶、蛇虫鼠蚁更多。除非没收获，有就一定满载惊喜，尤其是黄昏时分，丛林中随时可以见到野猪、箭猪和蛇虫，甚至是一大群雀鸟在上空飞过的鸟浪。路线头尾两段跟红路重叠，中段则转向山上密林而行。

沿途必看动植物

裳凤蝶 (Troides Helena)

香港唯一受法律保护的蝴蝶，被列入《保护濒危动植物物种条例》中，亦是香港体形最大的蝴蝶，展翅长105~125毫米，雌蝶体形更大。没有翅尾，前翅黑色，翅脉边有灰色。后翅呈金黄色，上有黑色翅脉。雄蝶的后翅翅室有黑色斑点，内缘反卷。常在印度马兜铃 (Aristolochia tagala) 附近出没，这种植物是雌性裳凤蝶的产卵地，也是幼虫的食物，大埔滘有大量印度马兜铃。

资料

路程：约4.7公里　　需时：约3小时　　最佳时节：四季皆宜，黄昏蚊虫多，清晨较佳。
中途补给：无　　中途退出：无　　坡度：★★

交通范例

起点/终点 松仔园

交通工具	路线		上／下车位置	车费
九巴：	72	长沙湾广场→大埔太和村	松仔园	HK$8.7
	73A	沙田愉翠苑→上水彩园村	松仔园	HK$9.5
	74A	观塘码头→大埔太和村	松仔园	HK$9.5
专线小巴：28K(循环线)		大埔墟铁路站↔沙田市中心	松仔园	HK$8

*从大埔墟乘出租车，车费约HK$25。

Check point ❶ 大埔滘自然教育径

　　在松仔园站下车后，沿大埔公路走至避车处，就是大埔滘自然保护区的入口。沿车路上行约 5 分钟，便见左边的教育径入口。其实 4 色林路的正确起点应是再前行 5 分钟的郊野公园管理员值班亭旁，但本次旅程选择先走大埔滘自然教育径，然后接回红、蓝路，顺时针绕圈而行。

　　一起步便是连绵不断的石级路，沿山丘的西北侧林地蜿蜒而行，沿路种满各式亚热带植物，枝繁叶茂，苍翠挺拔，几乎每十步便设置有标牌，介绍各类植物的特性及生长过程。边走边看，才 700 米的路程，若全看下来，要近 1 小时才能走完。

树根粗壮，长遍整条山径，一看便知树龄不短。

沿宽阔的车路上坡，便是大埔滘自然保护区的入口。

循此柏油大道直行，就是大埔滘自然教育径。

出自然教育径后，路径并不明显，要绕山腰前进。

走在山林中，潮湿的土坡长满苔藓及地衣，令人产生沐浴于大自然中的强烈感觉。

大美督—南涌—鹿颈

大美督—新娘潭

太和—凤园

大埔滘林径（红路）

中级　新界及九龙

大埔滘林径（蓝路）

青衣

● **115**

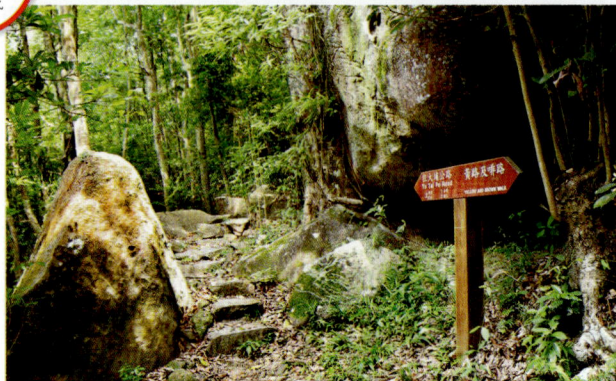

初转入红、蓝路，路上常有大石阻挡，但不算崎岖难行。

Check point ❷ 蓝路

教育径出口是分岔路，左转是黄路及啡路，往前走不几步，又见分岔口，路旁竖有告示牌，左转就是重叠的红、蓝路。走至一广阔野餐空地后，循左路绕山腰而行便是蓝路，踏着黄泥小径，路径变得迂回，铺满厚厚的枯叶，偶有石级。沿途林荫遮天，树冠密不透光，潮湿阴暗，石头表面都长满苔

沿途必看动植物

野猪 (Sus Scrofa)

又名山猪，毛色主要为灰黑色，四蹄和嘴尖长有灰白色的毛，雄性口部更长有外突的弯曲长牙，身长90~200厘米，最重可达350公斤。野猪属杂食性动物，植物、昆虫和动物腐肉都是其食物。雄性习惯独居，雌性则喜爱与其幼崽成群出现。在香港分布极广，常见于农郊地区，大埔滘自然教育径就常有野猪突然出现。

💬 专家指点：观赏野猪要注意

野猪的攻击性其实没人们想象中大。一旦遇上，应停止不动，待它们走了再活动，别用石头投掷它们，野猪就不会主动来攻击你。但要留意，雌性野猪对自己的幼崽保护性极强，一定不能触摸幼猪。当然，拍摄时更要关掉闪光灯，否则野猪受惊会失控！

针毛鼠 (Niviventer fulvescens)

香港极为普遍的小型野生鼠，身长7~16厘米，拥有夺目的栗褐色毛，并有深棕色的刺状针毛，是鼠类中少有的特征，亦因而得名。尾长，通常为身长的1.5倍。习惯夜间活动，爬树能力极强，部分甚至栖息于树上。经常在大埔滘自然教育径的草丛或引水道出没。

乌灰鸫 (Turdus cardis)

原产于日本及中国东部，俗名日本乌鸫，每年11月至翌年4月南迁至香港过冬。
雌雄异色，雄鸟上体灰黑，腹部及两胁灰白带黑色点斑，嘴为黄色。雌鸟上胸有偏灰色的横斑，胸侧及两胁带赤褐色，嘴近黑色。以快走或跳跃方式活动于树林底层或平地阴暗处，觅食技巧高超，以小灰蝶及昆虫为主要食物。

薜及附生植物，比红路更原始。奇怪的是一路都没碰见其他游人，周围只有鸟声，感觉更阴森。

走在密不透风的森林中，感觉闷热，即使沿路坡度不大，也不禁汗流满面。走至与红路会合的路口，便是大埔滘野外研习园所在。

红、蓝路的分岔口。

野餐空地前的分岔路口，设有4条线路的清晰地图。

紫沙蛇 (Mock Viper)

有后毒牙，但毒性温和，一般不会袭击人类，对人类无害。属较罕见品种，蛇身长 40~45 厘米，部分可长达 62 厘米。蛇身主要为紫色、红色或深啡色，三角形的蛇头则带茅状纹。腹部为灰啡色或啡色，并带苍白色斑及条纹，亦有两条红线，而幼蛇色泽中可较深或较浅。

以蛙类、壁虎及小蜥蜴为主要食物，偶尔也会猎食小蛇。常栖息于山岭的次生林、灌木林或草园中。属白昼活动品种，会于日光下捕食，晚间多栖息于溪流旁的灌木丛中。

灰鼠蛇 (Indo-Chinese Rat Snake)

无毒，学名过树榕，身长 120~150 厘米，部分甚至可达 180 厘米，蛇身为橄榄啡色或啡色，鳞片带黑色纵向条纹，下颚及腹部为黄色或奶白色，蛇尾细长如鞭子状。幼蛇为橄榄绿色，蛇身带白色横向排列色点，白点会随蛇龄淡化。

主要捕食青蛙、啮齿类动物及蜥蜴。爱栖息于河流或水库旁的草丛、耕地或池塘边缘。属活跃日间品种，如受到惊吓，能潜入水中游走。被捕捉时，会将蛇身卷曲并不断反击。

北灰鹟 (Muscicapa dauurica)

冬候鸟，原繁殖于中国东北及喜马拉雅山脉，冬季才南迁至香港，羽色大致为灰白色，上体灰褐色，下体偏白，胸侧及两肋褐灰。眼圈污白色，但不甚明显。身长约 13 厘米，鸣叫声尖而短促，于颤音间夹杂短哨音。

方尾鹟 (Culicicapa ceylonensis)

体形较小的冬候鸟，身长只 11~13 厘米，通体黄色但头部为灰色。活泼好动，常在树林跳跃，或于空中捕食昆虫。

绿意盎然的研习园，隐藏无限生机，成为地理生物的考察热点。

穿过丛林便是出路，谨记沿途不要乱扔垃圾，要爱护大自然。

Check point ❸ 野外研习园

野外研习园从前是废弃的农田，渐渐变成茂盛的次生林，后来香港渔农署在园内种满原始植物，又加建湿地，吸引大量昆虫，雀鸟以及爬虫类动物，沿路广设解说牌，介绍植物品种和生态常识，如树林更新的过程，或是湿度和温度对植物的影响等。园内还种有大量印度马兜铃，故吸引昆虫如蝴蝶等前来采蜜，每逢夏季便蝴蝶"乱舞"，连香港唯一受法律保护的裳凤蝶都可以看到，是香港经典的赏蝶区。

此后的路段为4线重叠，踏着迂回小径，不久便可抵达保护区的车路出口。

如果觉得过近想挑战难度的话，可选最长的黄路来走，全长10公里，途中大量上山路。

野外研习园入口。

途经多条溪涧，长年流水不断。

后记+Tips：严禁生火

在密林泥路上漫游，颇为闷热，路程较长，整条林径都有上上下下的石级，对体力有一定要求，故一定要准备充足的粮水，途中可视情况而另觅路线。大埔滘是自然保护区，为保护林木，区内严禁一切生火活动，包括吸烟，故区内不设任何烧烤炉，只有野餐设施。林内有时有猴子出没，请多加留意，并切勿骚扰及饲喂猴子。

大美督—南涌—鹿颈

大美督—新娘潭

大和—凤园

大埔滘林径（红路）

大埔滘林径（蓝路）

青衣

新界及九龙
中级

大埔滘

上黄宜坳

海景山庄

吐露港公路

红树路

翡翠花园

涤涛山

大埔滘互动
自然中心

P

282

200

100

100

荔枝坑

野外研习园

大埔滘林径(红路)

起点

松仔园

大埔公路

终点

大埔滘自然教育径

200

100

大埔滘林径(蓝路)

大埔滘林径(黄路)

408

大埔滘林径(黄路)

大埔滘林径(黄及啡路)

大埔滘自然护理区

大埔滘林径(啡路)

大埔滘林径(黄路)

300

300

北

大美督—南涌—鹿颈

大美督—新娘潭

大和—凤园

大埔滘林径(红路)

新界及九龙

中级

大埔滘林径(蓝路)

青衣

日落后的青马大桥，配合彩色的灯光效果，景色更加醉人！

青衣 青马桥畔寻香港新蝶

　　旅程所走的青衣自然径，又名回归纪念径，环绕青衣岛西北边缘而建，平坦易行，风光明媚。沿途多个山头分别建有 4 座纪念亭，各有特色，是观赏青马大桥和汀九桥的最佳位置，每逢假日黄昏，都吸引大批摄影爱好者来猎摄青马桥亮灯的一刻。

　　此外，沿途更有大量蝴蝶出现，品种极多。最近，连 2007 年才首次在香港发现的芒蛱蝶，也在此出现，令青衣自然教育径更加具有吸引力。

资料

路程：约3.5公里	需时：约1.5小时	最佳时节：四季皆宜，黄昏时青马大桥最美
中途补给：无	中途退出：中途有多条支路可下至寮肚、晓峰园	坡度：★★

交通范例

	交通工具	路线	上／下车位置	车费
起点 青衣西路	九巴：264M	天水围天恩村→青衣铁路站	青衣西路青华苑	HK$10
	279X	粉岭联和墟→青衣铁路站	青衣西路青华苑	HK$13.7
	城巴：E21	亚洲国际博览馆→大角咀维港湾	青衣西路青华苑/青屿干线收费广场	HK$8/HK$14
	*另有多条前往各区的机场巴士，行走青衣西路。			
终点 长宏村	九巴：42M	长宏村→荃湾愉景新城	长宏村总站	HK$4.3
	43A	长宏村→石篱大陇街	长宏村总站	HK$4.3
	248M	长宏村→青衣铁路站	长宏村总站	HK$3.6
	专线小巴：407	长宏村→玛嘉烈医院	长宏村总站	HK$8.4
	407B	长宏村→葵盛围	长宏村总站	HK$5.6

沿途必看动植物

红嘴蓝鹊 *(Urocissa erythrorhyncha)*

即中国蓝鹊，属本地大型留鸟，身长65~68厘米，头部黑色但顶冠白色、上体蓝色，腹部及臀部白色，特征是猩红色的嘴和脚，以及长长的淡蓝色尾羽。叫声喧闹，喜爱结小群活动。以果实、小型鸟类、昆虫和动物尸体为食，常在地面取食。

Check point ❶ 青衣西路

于青衣西路巴士站下车，行至长青公路前，即见青衣自然教育径的入口。脚踏雪白的水泥路前进，一开始已是郁郁葱葱的绿林山径，迂回且缓缓上坡，偶有石级，但都设有扶手，相当好走。途经多处荒废的果园农田，以及为晨练者设置的小花园，四周不断传来悦耳的鸟声，犹如合奏。随意抬头一看，即发现一只色彩斑斓的雀鸟在叶面轻跳，原来是红嘴蓝鹊，此段为整段旅程中雀鸟最多的一段。

刚起步便是绿树成荫的小径，鸟语花香。

位于青衣西路的青衣自然径入口。

Check point ❷ 青衣自然径

没多久，便见到此次旅程的第一座凉亭，与其说是凉亭，倒更像两个建于平台上的有盖"巴士站"，但平台上观景一流，远至南丫岛的连绵山峦都清晰可见。由于此行最大的景点是青马大桥，故不宜在此花太多时间，随便拍两张照片便继续上路。

"1号"凉亭是一片广阔的平台，平台上还设有晨练设施。

大美督－南涌－鹿颈
大美督－新娘潭
太和－凤园
大埔滘林径（红路）
大埔滘林径（蓝路）
新界及九龙 初级
青衣

121

穿出丛林，攀至山脊，放眼望去右手边是青衣和荃湾两岸的高楼大厦。

360 度景观

接着的登山石级换成沿脊岭而建的水泥小径，两旁只有矮小草丛，但起伏不大，更加平缓好走，两旁视野全无遮挡，尽览 360 度景观。经过第二座凉亭，再前行不远有一野餐区，是拍摄青马大桥正面的最佳位置，摄影爱好者便多数在此守候日落的一刻。

途中经过分岔路口，可选择走寮肚的晓峰园。

"1 号"凉亭至野餐区之间的脊岭小风很大，把人吹得精神爽利!

从野餐区拍摄的青马大桥，比较远。

大美督－南涌－鹿颈

大美督 新娘潭

大和一凤园

大埔滘林径（红路）

大埔滘林径（蓝路）

新界及九龙
初级

青衣

青马大桥正面

若嫌拍摄角度太低，向北前行，即可登上全径最高点的 218 米山冈，360 度视野无阻，凉风扑面。尽管拍摄当日略有烟霞，仍然不减青马大桥的雄伟，配合后方相连的汲水门大桥，更仿佛永无尽头。

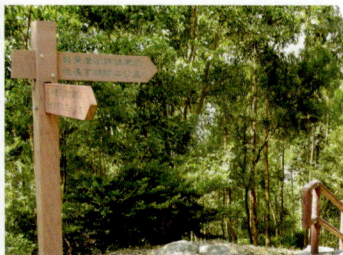

由 218 米最高点转向东行，隔着丛林可远眺汀九桥，其实在最高点另有小径可通向西北面山岗上的"3 号"凉亭，才是观赏汀九桥的理想位置。

位于 218 米高的山顶指示牌，右转便可下至长宏村、长亨村。

沿途必看动植物

姜弄蝶 (Udaspes Folus)

展翅有 40~50 毫米长，属于体形较大的弄蝶，翅膀背面呈深褐色，翅腹为棕色。前翅有大小不一的白斑，而后翅则只在中央有一大片。幼虫时以各种姜科类植物的叶片为食，成虫后的姜弄蝶亦爱在姜花丛中出没。

中国水龙 (Chinese Water Dragon)

学名叫长鬣蜥，成年雄性最大可达 90 厘米，雌性则有 60 厘米，尾巴的长度占身长的 70%~75%。身体呈深至浅绿色，背鳍较长，腹部呈白色或浅黄色，雄性头部较大而阔。属偏肉食性的杂食动物，主要捕食蟋蟀、蚱蜢、蚯蚓、蜘蛛及蜗牛等小昆虫。属日间活动品种，树栖性及半水栖性，常见于潮湿的树林之中，像青衣的树林山径都有发现。

此蜥并非香港原有品种，只是近年人为野放的。其实，野放生物会为香港的生态带来不良后果，请勿随意放生，以免破坏生态。

123

沿途必看动植物

**芒蛱蝶
(Euripus Nyctelius)**

2007 年 7 月才首次在香港嘉道理农场观音山发现的新品种，当时连报刊都有大事报道，至今仍是"蝶迷"间的热门话题，想不到青衣都有发现。芒蛱蝶很易辨认，拥有一对黄色大眼睛，十足的"咸蛋超人"。翅膀满布白斑，凹凸不平如碎花裙。

Check point ❸ 长宏村

拍罢青马大桥，跟着路牌指示循东面的梯级拾级而下，夹道树林青翠欲滴，由于附近有蝴蝶园，这里必定多蝶，却想不到近两年才首次在港被发现的芒蛱蝶，忽然在我们眼前出现，一对大大的黄眼睛异常抢眼，众人大喜，纷纷举起照相机拍个不停，真是不枉此行。

下坡不久又见凉亭，古典式四角亭的设计，名为"庆回归纪念亭"，此亭与附近一段平缓步行径，都是葵青区为庆祝香港回归而建。尾段为下坡石级路，部分更是别致木板梯级，微微沿山脊向东延伸，沿途可远眺荃湾西沿岸景致。

走至配水库，终于到达青衣自然径的出口，接寮肚路继续走，便可抵长宏村离开，意犹未尽的话，结束后还可乘车到青衣城吃晚餐，甚或逛逛商场。

照庆回归纪念亭的亭上碑文所讲，此亭建于1998 年。

尾段下山路坡度大，但都建有栏杆，景色更是无敌！一片大厦中间最高的一座是荃湾新地标如心广场。

寮肚路尽头的青衣自然径出口，路口有形状独特的石雕。

后记＋Tips：
雀多蝶多　风凉水冷

路程短，虽然不停有石级上下行，但全是水泥石级，并不难行，沿途亦广设凉亭以供休息，每亭风景略有不同，都风凉水冷。雀多蝶更多，本来 1.5 小时的行程，由于边走边拍，近 3 小时才结束。若打算拍摄黄昏时分的青马大桥，便要带上手电筒，不然回程时天色已黑，行路不便。

至荃湾方向

长安村

长发村

青荃路

青衣村

枫树窝

青衣墟

青衣东路

青衣西路

长亨村

蔡肚路

蔡肚

枫树头

樟树头

油柑头

牛角湾

青衣北岸公路

晓峰园

长亨路

终点 42M, 43A, 248M

42A, 42C, 43X, N241
405, 405A, 402S

43, 43C

起点

200

青衣自然径

214

青衣自然径

金竹角

100

218

石环

长青隧道

青华苑

涌美路

长康路

长宏村

200

100

西草湾

油库

长青公路

青马大桥

马湾海峡

镜底湾

联合船坞

青山湾

P

桥塔

青屿干线访客
中心及观景点

青马大桥
青山湾-青衣
海事及救援中心

大埔滘林径（红路）

大埔滘林径（蓝路）

大和-凤园

大美督　新浪潭

大美督－南涌－鹿颈

初级

新界及九龙

青衣

元荃古道—深井
一次看尽香港3座大桥

　　此路线乃香港康民署推荐的 40 条登山路线之一，卖点是可一次饱览青屿干线 3 连桥：青马大桥、汲水门大桥及汀九桥的宏伟。而且，沿途鸟语花香，茂林修竹，景色非常怡人。先由荃湾的柴湾角半山进入"元荃古道"，绕过石龙拱山，经上塘、田夫仔，最后南下清快塘至深井村结束。

专家指点：
元荃古道
昔日十八乡丝路

　　连接荃湾至元朗的古老山径，乃昔日十八乡居民将农作物运往荃湾市集贩卖的主要通道。

　　由下花山开始，经石龙拱、大榄田夫仔，再过吉庆桥经东白虎凹出大棠为止。全长 12.5 公里，行毕全程约 5.5 小时。

🔍 资料

路程：8公里	需时：约4.5小时	最佳时节：四季皆宜
中途补给：清快塘村商店	中途退出位置：无	难度：★★★

🚆 交通范例

起点
港安医院

交通工具	路线	下车位置	车费
九巴：30	长沙湾巴士总站→荃威花园	港安医院	HK$5.7
39A (循环线)	荃湾西铁路站↔荃威花园	港安医院	HK$3.9
39M (循环线)	荃湾铁路站↔荃威花园	港安医院	HK$3.3

终点
深井村

交通工具	路线	上车位置	车费
九巴：234A、234B	浪翠园→荃湾西铁路站(经荃湾铁路站)	深井村口	HK$5.4、HK$4.6
52X	屯门市中心→深水埗(经美孚铁路站)	深井村口	HK$11.7
小巴：96、96M	青龙头→荃湾铁路站	深井村口	HK$5.5

*另有公共小巴往来深井至旺角、佐敦道，车费HK$16。

中级
新界及九龙
元荃古道
深井
良景—下白泥
屯门—黄金海岸
城门台
碗窑—城门水塘
九龙水塘—城门水塘

走在元荃古道，从荃湾到青衣、马湾，以至大屿山都尽收眼底。

港安医院对面的梅园旁边有小路上山。

一路都是长命石级路，起步不久会经过一座窄窄的引水道石桥。

经过两个凉亭，不久便会见到告示牌，正是元荃古道的入口。

Check point ❶ 元荃古道

起点位于荃湾柴湾角半山港安医院对面的山坡，下车后，沿梅园旁边坡路的石级上山，跟着引水道走，一路都是山林石级，真有点喘不过气来，但中间会经过两座石亭，可供休息之用，更可远眺荃湾、青衣以至中环一带港岛景色。大约50分钟后，便到达下花山山坳的告示牌，这里便是元荃古道的起点。

从下花山眺望荃湾、青衣海峡一带市区景色，天晴时甚至可以看见中环IFC。

127

石龙拱四周绿意盎然！

石龙拱山上的菜田，大可直接向农家买新鲜蔬菜回家。

Check point ② 石龙拱

初段的元荃古道是水泥路，沿途有农田，部分仍有人耕种，很好走。可是一走到石龙拱山腰便变成四周空旷的山路，虽然绿草如茵，沿途还有漫山吃草的黄牛相伴，但烈日当空又缺乏林荫，且要不停上山下坡，弄得汗流浃背，乃旅程中最辛苦的一段。幸好抵达石龙拱山最高点后有苍翠绿林，青屿干线3连桥的无敌景色亦立刻映入眼帘，尽管辛苦也值得！

石龙拱山头有很多黄牛吃草。

沿途必看动植物

黄牛 (Domestic Ox)

栖息于农地、草原、灌木林，甚至市区的流浪牛群，每群有几头到百头不等，都由一头强壮的公牛带领，是香港最常见的牛种，唯独港岛区没有。一头成年的黄牛可达2米长，重500公斤，毛色为黑色或棕色，而幼牛则为淡棕色，成年的公牛除了体形大，肩上还有驼。主要吃草、植物枝茎或小型草本植物，性格温驯，故一般不会袭击人类。

石龙拱位于高地，四周空旷，故是欣赏日落景色的理想地点。

新界及九龙
中级

元荃古道
深井

良景—下白泥

屯门—黄金海岸

城门谷

城门水塘

碗窑—城门水塘

九龙水塘—城门水塘

上塘的分岔路口有大树为记，从此处往莲花山只须45分钟。

Check point ③ 田夫仔

从石龙拱山来到上塘附近，会有一条分岔路，右边通往莲花山，继续向前走便是田夫仔、清快塘方向。这段路是迂回曲折的林荫石级，很容易看到各式留鸟和蝴蝶。山径坡度不大，鸟声叽叽，还有流水淙淙的山涧，很有与世隔绝的意境。

沿山路往下走，穿过一片树林和竹林，便是田夫仔露营地，旱厕、凉亭、烧烤炉、紧急求助公用电话等设施一应俱全，如早上出发，这里是最佳的午餐地点。营内还有一座木桥，名为田清桥，这里也是麦理浩径第9、10段的交接点。

横跨溪流的田清桥长14米，桥下的溪涧是田夫仔露营地的唯一水源，但水不算清澈。

林荫下的山涧很清凉。

田夫仔营地是新界西的主要露营地，面积极大。

沿途必看动植物

斑文鸟 (Scaly-breasted Munia)

头、背为褐色、胸部呈白色，圆锥形的嘴部为黑色，身长只有11厘米。属于香港常见的留鸟，一般栖息于湿地、灌木林、草被或耕地，爱成群结队活动，叫声轻柔。

上塘山坡的树林特别翠绿，乃千禧年时由慈善团体栽种，现场留有纪念牌。

清快塘村有农田、荷花池，上空经常有飞机飞过，构成一幅特别的美景。

通往清快塘村的路上有大树遮阴。

Check point ④ 清快塘

　　继续往南走，不久便可到达清快塘村。这里景色实在优美，村内有多个平静的荷花池，开遍莲花，田间插满稻草人，恍如世外桃源！现在村民已经很少，很多废田，但还有商店，提供冰冻饮品和简单面食。继续沿山路拾级而下，穿过屯门公路便是这次旅程的终点站——深井村，大可一尝深井驰名的烧鹅和发记甜品再离去。

下深井村的路上会经过两座凉亭，都很凉快！

清快塘村南下深井村的路很陡，又没有扶手，需格外留神，但看得见深井和青马桥景色。

穿过屯门公路便是食肆林立的深井村。

后记＋Tips：先苦后甜　小心认路

　　路线相当长，特别是初段上石龙拱山全是上坡路，缺乏树木遮阴，颇为吃力。过了此路段，大部分时间都行走于水泥小径，穿插于苍翠绿林中，又有清溪、水塘，美不胜收，一定要带上照相机留影。沿途支线甚多，一定要备好地图。若有识路人带路，其实此路线对新手也适合。

元荃古道 深井
良景—下白泥
屯门—黄金海岸
城门径
碗窑—城门水塘
九龙水塘—城门水塘
新界及九龙 中级

元荃古道—深井

起点

終点

荃湾

柴湾角

港安医院

半山村

油柑头

30、30X、39A、39M

48X

下花山

315

391

300

400

上花山

339

莲花山

石龙拱

青山公路

屯门公路

麦理浩径10段

400

汀九湾泳滩

近水湾泳滩

汀九

上塘

451

元荃古道

丽都湾泳滩

更生湾泳滩

汀九桥

300

300

200

259

100

深井东村

清快塘新村

田夫仔

机场核心计划

机场展览中心

清快塘

303

深井新村

深井村

麦理浩径10段

26J

深井商业新村

清快塘

青山公路

96C

200

226

200

200

深井

元荃古道—深井

新界及九龙
中级

良景
下白泥

屯门—黄金海岸

城门谷

碗窑—城门水塘

九龙水塘—城门水塘

良景—下白泥
"香港十景"之白泥夕照

下白泥夕阳余晖耀眼，无限好风光！

本路线景点众多，始段走在青山练靶场内，能一睹素有"香港大峡谷"之称的风化地貌。终站的下白泥，除了有"香港十景"美誉的下白泥日落外，每年冬季，都有数以万计来香港过冬的候鸟飞来下白泥觅食，是继米埔和南生围后，又一观鸟区。

行程由屯门良景村进入青山练靶场，初段沿车路而行，后接山路行至深湾路至下白泥，最后前往泥滩观赏日落。

资料

路程：约2公里　　需时：约2小时　　最佳时节：冬季，可观候鸟，下午出发方便看日落。
中途补给：无(终点下白泥有商店)　　中途退出：无　　坡度：★★

交通范例

	交通工具	路线	下／上车位置	车费
起点 屯门良景村	九巴：58M	葵芳铁路站→屯门良景村	良景村总站	HK$8.5
	58X	旺角东铁路站→屯门良景村	良景村总站	HK$11.7

	交通工具	路线	下／上车位置	车费
终点 下白泥	专线小巴：33	下白泥→元朗泰丰街	下白泥总站(菜田附近)	HK$9.5

Check point ❶ 良景村

　　良景村巴士总站下车，穿过田景路，向良景村最西面走，从基良学校对面马路上的水泥路上山，路口两旁筑有铁丝网围栏，并立有军事禁区警告牌，严禁违法闯入。起步后缓缓上坡，夹道绿树成荫，走来并不太辛苦。不久，到达山坡上操炮区闸门，闸旁建有中式凉亭，周围高树参天，凉风送爽。由于面前还有很长的登山路，不妨先登亭歇脚休息片刻。

操炮区闸前的凉亭，名为菠萝山凉亭。

登山入口就位于基良学校对面马路。

登山路两旁筑有高高铁丝网围栏，其实围栏内还有一条石级小径，地图亦有标示，但属禁区范围。

上山初段夹道铁丝网长满藤蔓，如一堵长长的围墙。

Check point ❷ 青山练靶场

　　休息完再上路，沿着蜿蜒的大路而上，山路渐变陡斜，两旁树木也变成矮树草丛，回头一看，可见繁华的屯门市区景色。初段的登山水泥路有不少分岔路口，但只要沿水泥路走，也不会走错。走至山坳位置，循东面较明确的山径继续上山，水泥路面突然变成沙泥碎石，崎岖不平，眼前是一片黄沙浩翰，感觉荒凉。

又直又陡的上山路，看似永无尽头，颇有登天之感。

部分路段风化严重，路面两旁岩石已裂开，且寸草不生。

登山初段，回望屯门市区高耸的大厦群。

路旁沙石裸露，且有山火痕迹，特别萧条。前面是深圳蛇口货柜码头。

元荃古道—深井

新界西九龙 中级

良景 下白泥

屯门—黄金海岸

城门谷

碗窑—城门水塘

九龙水塘—城门水塘

元朗古道—深井

新界及九龙 中级

良景 下白泥

屯门—黄金海岸

城门谷

碗窑—城门水塘

九龙水塘—城门水塘

岩石表面如砂纸般，正是风化的痕迹，大自然的力量相当厉害。

青山练靶场常有的裂谷景观，岩石风化成月形山谷。

饱经风化

由于青山腹地从前是练炮区，使这里的花岗岩土质特别松散易碎，加上地理位置正受着西北风，故风化侵蚀特别严重，形成不少崩石裂谷，怪石林立。喘着气登上 394 米高的山岗，视野广阔，脚下是荒凉的丘陵，看得见曾受山火摧残的痕迹。极目远望，后海湾以至深圳蛇口的风光都可尽收眼底。

下山的路风化严重，碎石沙路很易崴脚，要放慢脚步、小心地下山，以免滑倒。再往前走，路径变得较平缓。不一会儿，下白泥的鱼塘菜田已展现在眼前。

漫长的登山路，沿途有连绵浩瀚的山岭和怪石相伴，总算值得！

💬 **专家指点：青山练靶场解码**

青山操炮区是香港面积最大的军事用地，根据《军事设施禁区令》条例，青山练靶场为军事禁区，按照《公安条例》，任何没有许可证人士，擅自进入禁区均属违法，最高可被罚款 HK$5000 及监禁两年。

从整条路线中 394 米的最高点远眺，可清楚见到最近通车的深广西部通道大桥。

菜田旁边便是小巴站。

Check point ③ 下白泥

下白泥面临后海湾，拥有蚝田、泥滩、湿地等，都是重要的生态地点，1980 年更被香港政府列为特殊科学价值地点。沿岸泥滩水平线低，除了能远眺深圳蛇口之外，更被喻为香港最佳日落观赏地，尤其落日前的一抹云彩，姹紫嫣红，千变万化，景致醉人。

沿车路往前走，经过解放军军营，从左边小径入下白泥村，山路幽僻，阡陌交错，竹篱瓦舍。穿过果园、菜田，即抵达深湾路的下白泥乡公所。沿村内通道能直达下白泥泥滩，夹道种满黄皮树，不时传来深巷狗吠，充满田园风光。

驰名的下白泥夕阳，景色变化无穷，美不胜收！

昔日蚝田变雀鸟天堂

　　下白泥泥滩从前是一片蚝田，虽然今日蚝场不再，但现场还留有许多蚝桩和蚝壳，都是摄影的好题材。下白泥以多鱼闻名，泥滩更是生机勃勃，每年冬季，都吸引来港度冬的候鸟，飞来下白泥觅食。其中尤以鸬鹚数量最多，话说每年由北方来港度冬的鸬鹚有四万只，其中四千只每天都会飞来下白泥泥滩觅食，四千只鸬鹚一齐拍翼飞翔，场面十分震撼。

潮退的泥滩蕴藏大量湿地动植物，可找到大弹涂鱼和招潮蟹等。

昔日遗留下来的蚝桩，是下白泥的独特景色。

一堆空蚝壳，几支蚝壳木头，见证着白泥过去的历史，这些题材都是摄影发烧友的至爱。

泥滩对岸那片密密麻麻的高楼大厦，是深圳蛇口区。

下白泥村村民仍以旧式拉网的方式捕鱼，渔人在夕照下满载而归，好一幅渔乡景致。

元荃古道—深井

新界双九龙

中级

良景
下白泥

屯门—黄金海岸

城门谷

碗窑—城门水塘

九龙水塘—城门水塘

● **135**

日落西山，泥滩上红树处处，何其美丽！

每逢冬天，栖息于米埔、后海湾一带的四千多只鸬鹚，每天都会飞来下白泥泥滩对面的海面觅食，一只只浮于水面的鸬鹚，远看像一条长长的黑色堤坝。

沿途必看动植物

白腰杓鹬 *(Numenius arquate)*

冬候鸟，体形庞大，身长可达60厘米，特点是嘴极长而向下弯，上体呈浅褐色，有黑褐色纵纹，腰白，飞行时明显可见翅下覆及腹部为白色。常在沿海一带飞行，喜欢单独活动，有时会结成小群或与其他种类混群。

白鹡鸰 *(Motacilla alba)*

冬候鸟，身长约19厘米，上身灰色，面颊白色，头顶和鸟嘴呈黑色，下身白色，翼黑色。通常栖息在水边，常于水面走动觅食，停栖时不停地摆动尾羽，飞行时呈波浪状，并发出"叽叽"的叫声。

蓝翡翠 *(Halcyon pileata)*

俗称蓝鱼狗、鱼腥，属候鸟，小部分为留鸟，以小鱼小虾为食。身长约30厘米，羽色鲜艳夺目，上体宝蓝色，下体浅棕色，翅膀黑底带白点。最大特征是黑头，以及与身体不成比例的红色大喙。

136

元荃古道—深井

新界及九龙 中级

良景 下白泥

屯门—黄金海岸

城门谷

碗窑—城门水塘

九龙水塘—城门水塘

手榴弹练靶场

深湾路

终点

下白泥

33

青山练靶场

堆填区

大水坑

394

北

251

200

良景村

48S

起点

田景村

58M, 58X

新围苑

基良学校

菠萝山

121

配水库

配水库

青山

137

元荃古道·深井

新界及九龙

中级

良景
下白泥

屯门—黄金海岸

城门谷

饭堂—城门水塘

九龙水塘—城门水塘

后记＋Tips：下午出发赏日落　遇靶场勿四处乱闯

　　中段沙路要上上下下，但上下落差不大，路途尚不算辛苦。如想观看日落，宜午餐后再出发，不过走时天色已黑，可准备好手电筒。此外，青山练靶场一带风化严重，路面多沙石，下雨后不宜前往。更不应随便离开主路闯进有围栏的禁区，过去就曾有登山人士不顾警告乱闯，结果不幸失足滚下山坡致死。一旦发现炮弹残骸，更不要随便捡拾。

由屯门健身径隔着草丛鸟瞰屯门至黄金海岸沿岸风光，背后连绵的山岭，正是大屿山。

屯门—黄金海岸
美景健身径

　　本路线为麦理浩径第10段的最后部分，走在屯门健身径上，沿途设有多处健身设施及野餐场地，是当地居民的热门晨练路径。山坡上可近距离饱览屯门新市镇，以至远眺大屿山山脉，风光无限，大可顺道一游尾程的黄金海岸。沿路还遍布香港原生动植物，有白头鹎、玉带凤蝶等。

　　本路线由青山公路的何福堂夜中学开始，然后循屯门健身径，即麦理浩径第10段逆向行走，最后沿扫管笏路下至黄金海岸结束。

资料

路程：约3.2公里	需时：约1.5小时	最佳时节：四季皆宜	中途补给：无
中途退出：无	坡度：★		

交通范例

起点
青山公路何福堂夜中学

交通工具	路线	下车位置	车费
九巴：53	荃湾如心广场→元朗东朗日路	何福堂夜中学	HK$9.7
67M	葵芳铁路站→屯门兆康苑	何福堂夜中学	HK$8.5
67X	旺角东铁路站→屯门兆康苑	何福堂夜中学	HK$11.7

终点
黄金海岸

交通工具	路线	上车位置	车费
九巴：52X	屯门市中心→旺角(柏景湾)	黄金海岸	HK$11.7
53	元朗东朗日路→荃湾如心广场	黄金海岸	HK$9.7
962	屯门龙门居→铜锣湾摩顿台	黄金海岸	HK$18.8
962B	屯门置乐花园→金钟西	黄金海岸	HK$18.8

另有前往旺角、佐敦的公共小巴，途经青山公路的何福堂及黄金海岸，车费HK$17。

井头上村的公共信箱架，密密麻麻的旧式信箱，如今市区已很少见。

不仅有醒目的黄色栏杆，连路面都有黄字引路，不可能走错。

登上这段小石级，便见引水道。

Check point ❶ 井头上村

从青山公路下车，沿何福堂夜中学旁边前往井头上村的小路上山，沿路都有抢眼的黄色栏杆，很容易辨认！上坡路不太陡，夹道树荫，不时传来鸟语蝉鸣，很快便走到山坡的引水道，正是麦理浩径第 10 段的终点兼大榄郊野公园的入口，路旁设有地图指示，右转沿引水道走便是屯门健身径。

大榄郊野公园的入口，右转是屯门健身径；左转则是屯门径。

入口附近的引水道，黄昏时可能有蛇。

沿途必看动植物

巴黎翠凤蝶
(Papilio paris)

　　这种蝶拥有美丽的名字，由于后翅有一块蓝绿色斑，欧洲人习惯称其为"巴黎翠"，因而得名。属于体形巨大的凤蝶，展翅有 85~105 毫米长，并有翅尾。在香港并不罕见，受惊后起飞会再返回原地，喜欢访花吸蜜，雄蝶还有汲水习性。

白头鹎
(Pycnonotus sinensis)

　　又名白头翁，特点是头顶后部为白色，背部橄榄绿色；幼鸟全身橄榄绿色，头顶后部没有白色。身长约 19 厘米，比麻雀大一点，很喜欢与人亲近，可近距离观察。爱成群活动，栖息于低山和平原林地、庭园、灌丛中。本地有留鸟，但春、秋有过境鸟，冬季亦有候鸟，故一年只在夏季较不常见。

大红花
(Chinese Hibiscus)

　　又名朱槿、扶桑。因花朵颜色鲜艳，大多为深红色，在香港被广泛种植于花园、庭院用来美化环境。其实还有粉红色、橙色、黄色、白色等颜色，由 5 片大花瓣组成，雄蕊能分泌花蜜吸引昆虫来访。原产于中国、印度，故又名"中国蔷薇"，更是马来西亚国花。

元荃古道—深井

良景—下白泥

初级 新界及九龙

屯门 黄金海岸

城门谷

碗窑—城门水塘

九龙水塘—城门水塘

中段途经的山涧，俨如瀑布，一洗旅途的暑气。

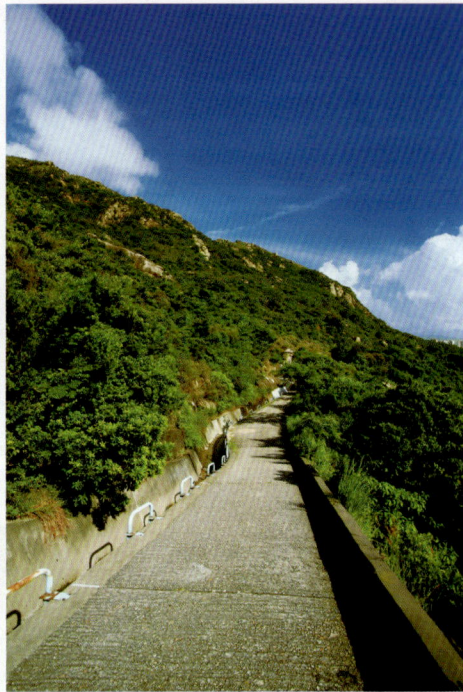

一路跟着引水道绕山腰走，前半程几乎是直路。

Check point ❷ 屯门健身径

屯门健身径位于大榄郊野公园，全程 3.1 公里，沿途设有 14 处健身设施，如梅花桩、横梯、平衡木、引体向上架等，亦设有烧烤及野餐场地。一路沿山腰引水道走，全程都是平缓坦途，路旁时而林荫蔽天，时而是矮小草丛，视野无阻，极目远望，是屯门市中心至青山公路沿途的高楼大厦。走至中段，还可隐约看到远远的大屿山山脉。

路经多条山涧的集水区，其中一条水流特别急，猛如瀑布，带来阵阵凉意，不少晨练的人都会特意来此盛山水回家（注意，饮用未经消毒或煮沸的山水，可致腹泻）。

屯门市区楼景，密密麻麻。

途经凉亭众多，但部分受大树阻挡，没什么风，景观不错。

走至尾段近扫管笏，可俯瞰黄金海岸酒店及游艇湾。

路旁的树林带层次分明，可发现大量白头鹎、巴黎翠凤蝶等动物和昆虫。

沿途健身设施众多，如平衡木、引体向上架、健身组合等，都很好玩。

黄金海岸的游艇湾，一片休闲，是情侣的约会热点。

Check point ③ 黄金海岸

　　走至一急弯处，出现分岔路，下行路指示牌写着"往扫管滩"，循着弯弯的车路缓缓下坡，接上扫管笏路继续下坡，穿过数间村屋，跨过青山公路，经过爱琴海岸便抵达黄金海岸。那里种植了不少热带植物，设人造沙滩，海堤的茎艺街每逢周六、周日等公众假期还有各式工艺品摊位摆卖，好不热闹。玩倦了，还可在酒店品尝下午茶，吃饱喝足再离开。

这道跨过青山公路的天桥，设计成圆拱形，很特别。

前往扫管笏路的路口。

青山公路的黄金海岸入口。

黄金海岸商场旁的海堤，每逢假期都很热闹。

沿途必看动植物

蜘蛛兰
(Hymenocallis littoralis)

　　属草本植物，夏季开花，6枚花瓣细长，且分得很开，酷似蜘蛛的长腿，故被叫作蜘蛛兰。具有芳香，且很吸引蝴蝶蜜蜂。但鳞茎部位有毒，若误食会引起呕吐、腹痛、腹泻、头痛等症状。

后记+Tips：
一片坦途　一家大小都适合

　　沿山腰而行，风景优美，尤其尾站的黄金海岸，除了景色美之外，还有很多休闲游玩的地方。晨练径一片坦途，上下坡度小，简单易行、交通方便，最适合一家大小登山、新手锻炼身心。但与此同时，登山常客可能会嫌闷、没挑战可言。部分路段没有树荫遮挡，会比较晒，要准备充足的饮用水及太阳帽。

141

起点

屯门新墟
轻铁
马礼逊楼
井头村中村
屯门站
屯门径
环渡路
井头村上村
屯门市广场
大会堂
青山公路
52X,60M
屯门公园
屯门
恒顺园
麦理浩径10段
置乐花园
友爱村
兆安村
安定村
皇珠路
翠宁花园
兆麟苑
女童军锺紫度假营
三圣庙
三圣村
三圣墟
大榄郊野公园
屯门公路
屯门健身径
400
400
300
200
100

屯门避风塘
青山湾泳滩
海景花园
加多利湾泳滩
旧咖啡湾泳滩
新咖啡湾泳滩
青山公路
扫管滩
青山湾
扫管滩
白鹭多路
终点
香港黄金海岸
嘉和里
小秀
游艇湾
龙珠岛
小榄新村
浪涛湾

北

新界及九龙
初级
屯门
黄金海岸
元荃古道-深井
良景-下白泥
城门谷
大榄涌-城门水塘
九龙水塘-城门水塘

水浸白千层的城门水塘景色怡人，很多电视剧、电影都爱到此取景，近年来的代表作是港产片《黑社会》，任达华和梁家辉两位老大，就在这里钓鱼兼厮杀。

城门谷
市区最佳观鸟赏蝶路线

　　路线环绕城门水塘一周，简单易走。水塘碧波涟漪，溪涧纵横，景色醉人。水塘所在的城门郊野公园广种植物，沿路枝繁叶茂，鸟语花香，绿意盎然。这里曾被选为"香港最佳观蝶路线"，拥有超过 140 个蝴蝶品种，占全港品种的一半。既可观鸟又能赏蝶，夹道林荫蔽天，郊游设施充足，难怪一直是香港最热门的郊游路线之一。

专家指点：城门之名的由来

　　在唐代以前，城门水塘已有人聚居。话说清初，一名明代遗臣逃亡至此，就在现在的城门谷地建城立寨，当山大王，附近村民于是称此地为城门。

资料

路程：约9.5公里	需时：约3小时	最佳时节：四季皆宜
中途补给：无	中途退出：无	坡度：★★★

交通范例

起点/终点	交通工具		路线	上/下车位置	车费
城门水塘	专线小巴：	82	城门水塘→荃湾兆和街	城门水塘总站	HK$4.1
		94S（假日线）	城门水塘→荃湾运输大楼	城门水塘总站	HK$4.2

143

Check point ① 菠萝坝

小巴总站一下车，便是城门水塘的菠萝坝，沿站旁的楼梯拾级而上，先参观城门郊野公园游客中心，里面除了展出有关城门的历史、地质之外，还有很多古时候的农具和采矿工具，都是不错的留影位置。从游客中心门前的路口起步，左边是菠萝坝自然教育径；往右边烧烤场，沿马路前行，大概 15 分钟便抵达主坝。但要留意，由于城门水塘乃郊游热点，前往主坝的马路上弯多、车更多，要小心过马路。

菠萝坝是一座长满植物草皮的堤坝，高 27 米，因从前盛产菠萝而得名。

由菠萝坝过主坝，途经多个面积不小的烧烤场地，附设洗手间、茶水凉亭、避雨亭，还有护理员站岗。

游客中心门前有两条路线选择，记住前往主坝要走马路。

📍 资料

城门郊野公园游客中心
电话：2489-1362
开放时间：逢周六、周日及公众假期9:00~17:00

游客中心除了从前的采矿和耕种工具，还有展出城门堡垒的地势模型。而且属期间限定，只在周六、周日及公众假期开放。

沿途必看动植物

虎甲虫 (Cicindelidae)
　　又叫斑蝥，特征是一双突出的复眼，比胸部还要宽的头，以及纤细的足节。上翅尤如硬鞘，叫作"鞘翅"，膜质的下翅就折收在鞘翅下。拥有发达的咀嚼式口器，是肉食性昆虫。跑得很快，也会飞行，但都是短距离。

白尾螟 (Agriomorpha fusca)
　　其实蜻蜓主要分为蜻蜓和豆娘，豆娘一般体形较小，而白尾螟属体形较大的豆娘，雌性身长约 32 毫米，雄性身长可达 37~40 毫米，长长的身体呈黑色，腹部有白色斑纹，末端呈白色。爱在有水的地方活动，喜欢接近溪流，每年只在春末至夏季活跃。

元荃古道－深井

良景－下白泥

屯门－黄金海岸

新界及九龙

初级

城门谷

碗窑－城门水塘

九龙水塘－城门水塘

Check point ② 主坝

水塘主坝的圆形溅水塔，放洪时会形成有趣的圆形瀑布。

水塘主坝高 85 米，为当年英联邦地区之冠，其溢洪道被接至下城门水塘，每当排洪，便形成一条 30 米长的大瀑布，极为壮观。主坝中间有石级通往下城门水塘，但极为险要，被登山爱好者封为"城门三百级"，新手切勿探险。

一路走至坝端尽头，便进入城门缓跑径，也是卫奕信径第 7 段的前半部分。绕塘畔东岸而建的小径蜿蜒曲折，且靠近水面，风光旖旎。缓跑半径全长 5 公里，走完 1 小时多，路面铺设有减震材料，平缓好走，夹道两旁树林茂密，清风徐来，烦恼也尽消！大量雀鸟在树梢引吭高歌，虽然多是本地留鸟，但只要抬头一望，必定有所发现。

走完缓跑径，会有一小段林荫石级，上攀不久又是平路。

沿途必看动植物

红顶鹛
(Timalia pileata)

冬候鸟，身长约 17 厘米，特点是红栗色的头顶。上体红褐色，胸呈白色，羽轴黑色呈纵纹，腹部是灰褐色，两侧及臀尖茶褐色。叫声极富变化、抑扬顿挫。

蛇雕 (Spilornis cheela)

本地留鸟，身长 60~75 厘米，属于中等身形的鹰科。形象威武，雌雄同色，上体呈暗黄色，下体呈土黄色，颊、喉有暗褐色细横纹，腹部有黑白两色虫眼斑，尾黑色，中间有一宽阔的淡褐色带斑。栖息于中、低海拔山区，通常依靠热气流飞翔，以爬虫类、鼠类为食，是蛇的克星，因而得名，属于国家二级保护动物。

棕颈钩嘴鹛
(Pomatorhinus ruficollis)

同样是本地留鸟，体形比画眉稍小，身长 17~19 厘米，全身主要呈栗褐色，特征是拥有明显白色的长眉纹，一直延伸至后颈。多栖息于山地或平原阔叶林、林缘灌木丛或竹林间，也常出现在公园或路边丛林。常结小群活动，鸣声嘹亮而富变化，以昆虫和植物果实为食。

● **145**

初
级路线

新界及九龙

元荃古道－深井

良景－下白泥

屯门－黄金海岸

新界及九龙
初级

城门谷

碗窑－城门水塘

九龙水塘－城门水塘

虽说石涧落差不大，但用慢快门拍摄，一样有人间仙境的效果。

话说20世纪80年代，中国园景大师陈从周到城门水塘郊游，被这里优美的景色慑服，于是即兴题书"林壑春风闻鸟语，午阴嘉树看清圆"。

标本林收集的植物，包括不同品种的竹、在香港首次发现的植物、本土野生的茶花，以及大量千奇百怪的水果，全都附有介绍。

平坦宽阔的城门林道马路。

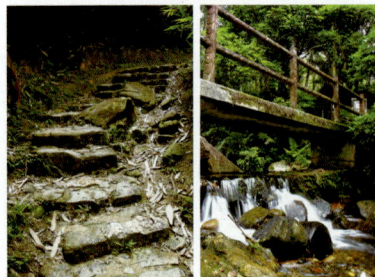

Check point ③ 半闲亭

缓跑径尾段与林务车路相接，途经多条石涧溪流，虽然落差不大，但溅起的水花仍能一洗旅程的暑气，洗手泼面降温一流。溪涧更蕴藏大量淡水鱼虾，如七星、异鱲、沼虾等，数量之多，可媲美旺角金鱼街。

走至水塘最北端，是昔日城门的老围村，现在原址是一大片绿油油的草坪，草坪尽头靠近塘边建有一座凉亭，名字优雅，叫作"半闲亭"，连同亭上的对联，乃出自中国著名园景大师陈从周的手笔，乃中途休息午膳的不二之选。

离开雅致的半闲亭，路上告示牌后有一分岔路，向北面往铅矿坳方向走，可通往城门标本林，占地4公顷，原为荒废的梯田，现在种有近300个香港或华南地区的植物品种，共计七千多株。保存了不少濒危及稀有的植物，包括一株被称为"活化石"的史前树"水杉"及已消失一百多年的香港巴豆，很值得参观。

部分石级依地势而建，有些崎岖，幸好上坡比较安全。

沿路水源充足，难怪植物都特别茂盛。

Check point ④ 大城石涧

继续环绕水塘漫步，不一会儿便来到被誉为香港九大石涧之首的大城石涧。水源始于大帽山，水源清澈，是城门水塘的主石涧。下游涧面宽阔，还有数个小潭，涧旁树林苍翠，又满布巨石，加上水面的倒影，构成一幅不可多得的风景画。是热门的攀涧路线，不过水流变化难测，过往也曾多次发生意外，若无资深攀涧专家同行，还是在下游拍拍照吧！

水浸白千层

其实，城门水塘最有名的景致是水浸白千层。顺着塘畔林道进发，夹道密密麻麻种满数百棵，形成长长的白千层步道，雨季过后，当水塘满溢时，便形成水淹白千层的奇景。

来到旅程尾声的菠萝坝自然教育径，沿林泉幽径走，不久便到达蝴蝶园和赏蝶园，园内种有很多蜜源植物，吸引大量蝴蝶。环境鸟语花香，虽罕有品种不多，但蝴蝶品种和数量惊人，特别是夏季，蝴蝶乱舞多如雨下！根据"绿色力量"的调查，城门水塘更被香港市民选为"本港最佳观蝶路线"。

第二次世界大战时期，城门水塘一带林木被大量砍伐，战后政府便在此设立植林区，在塘边大量种植能被水淹的白千层。

沿途必看动植物

白千层 (Melaleuca quinquenervia)

常绿乔木，可达25米高。由于耐力强，能忍受潮湿或干燥的环境，所以被广泛种植于植林区。特征是树皮具有薄层海绵质，柔软而富有弹性，呈灰白色或褐白色片状，会一层一层地自然脱落，故又名剥皮树、纸皮树。

水浸白千层，是很多摄影爱好者的至爱。

大城石涧的巨型怪石。

大城石涧下游水流较慢，水面平静。

涧旁绿树浓密，有很多两栖动物，曾经有香港蛱蝶在此出没的记录。

赏蝶园面积比蝴蝶园大，种植的物种类繁多。

专家指点：赏蝶最佳时机！

部分蝴蝶与季候鸟一样有到南方过冬的习性，例如斑蝶，香港正是它们越冬的中途站。每年9月下旬秋分至11月上旬，是斑蝶聚集的高峰时期，也是赏蝶的最佳时机。

147

沿途必看动植物

沼虾 (Macrobrachium)

　　生活在池沼或河流等淡水中的虾，小部分也会生活于河口咸淡水交汇处。全世界共有100多种，香港较常见的是海南沼虾（见图）。为杂食性，爱吃小型动物或其尸体，也吃水生植物或有机碎屑，身长5~10厘米，一般都头大，并拥有长臂。

斜斑彩灰蝶 (Heliophorus Epicles)

　　在废田地和郊野公园常见，喜爱晒日光浴和访花，飞行速度虽快但距离近。展翅有30毫米长，外形独特，翅膀腹面为鲜黄色，边沿有橙色，雄蝶的翅膀中央位置更有金属紫色。

小红蛱蝶 (Vanessa Cardui)

　　城门谷常见的蛱蝶，喜欢停在地上守护自己的领土，尽管受惊飞离领土，事后也会返回。展翅约55毫米长，前翅呈黑色，中央有橙斑，外形跟大红蛱蝶相似，但后翅背面的橙斑扩至中央，腹面的眼斑亦较明显。

铁线蕨 (Adiantaceae)

　　因其黑色叶柄纤细有光泽犹如铁线而得名。叶片薄草质，2至3回羽状复叶，小羽片常有很大的变异。姿态柔美纤细，因而广受园艺爱好者青睐，但不容易自行栽培，但在郊野公园非常常见。

山稔 (Rhodomyrtus tomentosa)

　　学名桃金娘，棕野生灌木，高1~2米，叶对生成卵形，叶柄短，花为玫瑰红，浆果成熟时呈紫红至紫黑色，球形，可吃。果成熟时味带甜，未熟则酸涩，种子多，在国内有饮料生产商会利用山稔研制成清凉饮料，在城门谷附近常见。
请勿采集或进食

后记＋Tips：合家欢赏蝶　小心猕猴！

　　路线大部分是人工铺设的柏油郊游径，轻松易走，一路林荫密布、湖光山色，美不胜收！植物、蝴蝶、雀鸟品种丰富，路上更广设郊游设施和植物的介绍牌，除了舒展身心之余亦能增长见识，最适合一家大小郊游消闲。

　　唯一要注意的是，此区也是猕猴出没热点，要避免受猕猴骚扰，谨记切勿手持塑料袋，更不应喂饲它们。若有心观鸟赏蝶，就请准备专业望远镜。

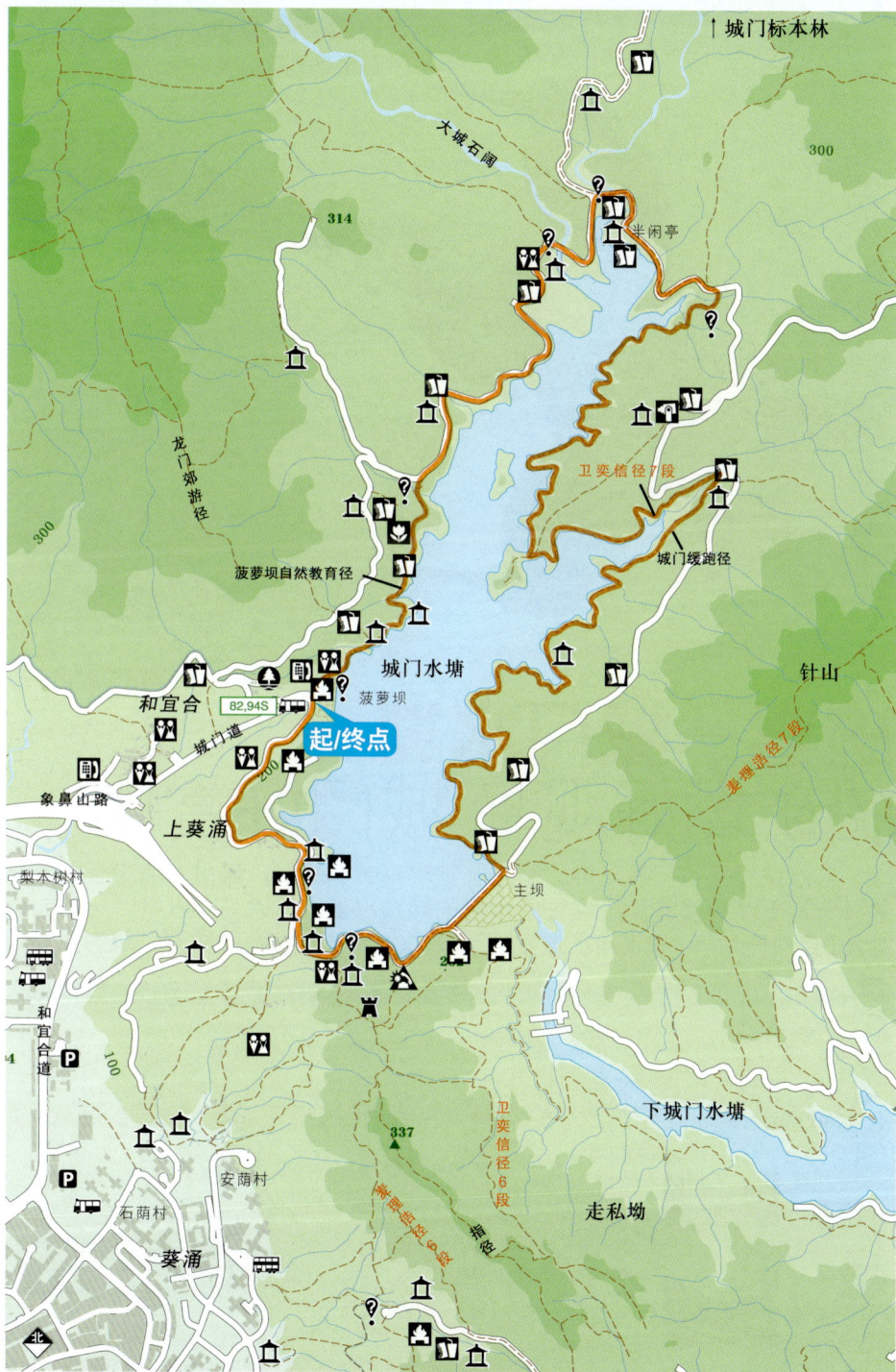

↑城门标本林

城门标本林

300

大城石涧

314

300

半闲亭

卫奕信径7段

城门缓跑径

龙门郊游径

菠萝坝自然教育径

城门水塘

针山

和宜合

82,94S

菠萝坝

起/终点

城门道

象鼻山路

上葵涌

主坝

麦理浩径7段

梨本树村

卫奕信径7段

和宜合道

P

100

下城门水塘

安荫村

337

走私坳

石荫村

卫奕信径6段

葵涌

北

元荃古道－深井

良景－黄金海岸

屯门－黄金海岸

初级

新界及九龙

城门谷

碗窑－城门水塘

九龙水塘－城门水塘

元荃古道—深井

良景—下白泥

屯门—黄金海岸

城门谷

新界及九龙
高级

碗窑
城门水塘

九龙水塘—城门水塘

路线 碗窑 —45分钟→ 元墩下 —1.5小时→ 铅矿坳 —45分钟→ 城门水塘

羽毛颜色亮丽的翠鸟。

碗窑—城门水塘
铅矿坳好观鸟 城门好赏蝶

　　这条路线跟城门谷一样，都是一条观鸟赏蝶路线，但由大埔走至荃湾路途漫长，更具挑战性！旅程先由大埔的碗窑出发，沿途鸟声叽叽，一路向南进发，经过元墩下，登上铅矿坳后下至城门水塘，景色秀丽，更是"蝶影重重"。

🔍 资料

路程：约10公里	需时：约4小时	最佳时节：四季皆宜
中途补给：无	中途退出：无	坡度：★★★

🚆 交通范例

	交通工具	路线	下车位置	车费
起点 碗窑 	专线小巴：23K	大埔墟运头街→新屋家	碗窑	HK$4.2

	交通工具	路线	上车位置	车费
终点 城门水塘 	专线小巴：82	城门水塘→荃湾兆和街	塘总站	HK$4.1
	94S(假日线)	城门水塘→荃湾运输大楼	城门水塘总站	HK$4.2

Check point 1 碗窑

　　除了专线小巴，还可由大埔墟港铁站步行前往，20~30分钟就可到碗窑，这里是香港境内唯一的青花瓷器古窑场。沿着面前的马路上坡，不消5分钟，便由下碗窑走到上碗窑的樊仙宫，此乃二百多年历史的古庙，专门供奉陶瓷的祖师樊仙大师，已被列为法定古迹。就在樊仙宫附近，上碗窑村前的小山丘上，有多座陶瓷窑炉及陶瓷碎片遗址，现在香港古物古迹办事处正进行修复工作，建有围网保护。想一睹古窑面貌，樊仙宫旁的碗窑公立学校内有图片展览。

一路上山

　　继续沿马路上山，这条路径也是卫奕信径的第7段，走至弯处有一分岔口，继续走马路通往打铁坳，循石级上山经元墩下到铅矿坳，才是这次的旅程路线。登山初段是石级，之后便是无穷无尽的山径，两旁都是矮小的灌木草丛，没有大树遮阴，幸好一路凉风徐送，只好放慢脚步，减少体力消耗。漫步谷地的山径下山，回头可俯瞰大埔市区景色。

从碗窑上元墩下山的山路中，回望大埔墟一带景色。

专家指点：樊仙宫解码

　　建于1790年，正厅内悬挂着清乾隆庚戌年间的木牌匾。是香港唯一供奉陶瓷业祖师樊仙大师的庙宇。相传这三位樊姓兄妹是发明陶土烧窑的祖师，曾与祖师鲁班比试制碗而获胜，深得业界尊崇。樊仙宫为两进式建筑，入口装饰华丽，内部装饰更讲究，屋脊上有整齐的几何图案，墙头有精美的壁画，已被香港政府列为法定古迹。

樊仙宫建于昔日的碗窑场上，相传是窑场的马姓主人特别从乡下请来的。

靠近元墩下的分岔路口，依照指示牌走铅矿凹（坳）方向便正确。

专家指点：碗窑解码

　　碗窑村一带水源丰富，并出产优质的瓷土矿，早在明朝已是香港的陶瓷生产基地，有"海滨瓷都"之称。1650年间，客家马姓族人迁到这里定居，并将乡村优良的陶瓷工艺带来，生产大量外销瓷，业务日佳，规模逐渐扩大。可惜民国成立后，受到内地沿海县城的廉价窑瓷竞争，碗窑村的陶瓷事业逐渐下滑，并于1932年停产。遗址现已被列为法定古迹。

头段石级山径不设扶手，若反方向走下山路会有一定危险，故不建议逆行本路线。

走至靠近铅矿坳，沿路会途经多条引水道小溪，但有部分路面比较多碎石，最好有行山杖辅助。

铅矿坳的凉亭。

Check point ❷ 铅矿坳

　　位于大帽山山腰的铅矿坳，因昔日出产铅矿而得名，是麦理浩径与卫奕信径交会的十字路口，路径四通八达，往东南面山径可达草山，从647米的山顶可远眺香港北区风景。

　　铅矿坳还有一个新建的营地，营内高树参天，鸟语花香，并设有烧烤炉、桌椅、凉亭、标准洗手间和水龙头，环境不错。山路迢迢，走到三百多米高的铅矿坳时，已汗如雨下，当然要抓紧机会在此好好午休，吃个午餐补充能量，若时间充裕，小睡片刻更是一流。

铅矿坳营地的指定路营地点设有水龙头。

铅矿坳营地入口。

由元墩下走靠近铅矿坳的山径树木渐高，没之前那么晒。

营地内的麦理浩径第8段入口，攀越大帽山下行至荃锦公路。

一年到头城门水塘的景致都是青山绿水。

Check point ❸ 城门水塘

沿着卫奕信径第 7 段继续向南漫步，此时路径变成下坡路，沿途林荫蔽天、苍翠挺拔，不时听见鸟叫虫鸣。加上在营地养足精神，步伐自然轻松。未到城门水塘前，先经过城门标本林，林内有近 300 个香港及内地南方地区的植物品种，当中不乏稀有品种及首次在港发现的珍贵植物。

走了近半小时，终于抵达城门水塘的最北端，绕塘畔而走，经过大城石涧，走到菠萝坝自然教育径，宽阔平坦的道路两旁，尽是高耸入云的白千层，何其壮观！最后经过的蝴蝶园，是香港最佳观蝶路线，尽管在秋天，还有大量蝴蝶可供欣赏。

城门标本林的园内园外都是绝佳的植物种植地，孕育出丰富的昆虫禽鸟。

走至城门水塘最北端有一告示牌指示向左通往菠萝坝，向右则通往主坝。

城门水塘著名的白千层夹道。

专线小巴站前的巨型城门，是城门水塘标记。

蝴蝶园内有多个设计独特的花圃和凉亭，鸟语花香。

沿菠萝坝自然教育径走至出口，再下行走游客中心前的楼梯，就是小巴站。

● 153

沿途必看动植物

碗窑多雀!

翠鸟 (Alcedo atthis)

现在多为留鸟,具有亮丽颜色的翠鸟。身长约17厘米,上体呈金属淡蓝绿色,颈侧有白色点纹,下体呈橙黄色,雄鸟的嘴为黑色,雌鸟的嘴下颚则为橘黄色。常在溪流、鱼塘出没,经常于飞行中俯冲到水面用尖嘴捕捉鱼、水生昆虫或甲壳动物。

紫啸鸫 (Myiophonus insularis)

体形巨大的留鸟,身长约33厘米,常单独于溪流旁的岩石或潮湿的林地活动,叫声是一种长高音。全身羽毛呈暗蓝色,阳光照射会闪耀亮蓝色的光泽。

褐翅鸦鹃 (Centropus sinensis)

比紫啸鸫体形更巨大的留鸟,身长可达40~52厘米,全身黑羽闪烁着特有的紫蓝色金属光泽,仅上背、翼及翼覆羽为纯栗红色,并有红色虹膜。褐翅鸦鹃不善飞行,喜躲在树林中。

城门多蝶!

斐豹蛱蝶 (Argyreus Hyperbius)

在城门水塘非常常见,雌蝶前翅端以黑色为主,但有一道白斑,外形很像有毒的金斑蝶;雄蝶外形则跟珐蛱蝶相似,但体形较大,腹面另有不规则的黑和褐色斑点,最喜欢在旷地互相追逐,但雌蝶多在低地找寻产卵地点。

尖翅翠蛱蝶 (Euthalia Phemius)

同样是城门水塘常见的蛱蝶,爱停留地面守卫领土,警觉性极高,飞行速度快。雄蝶展翅约60毫米长,翅形较尖,背面呈黑色,前翅前缘中间有多条白线,后翅外缘至臀角有蓝色斑;而雌蝶翅形较宽,前翅有一片明显的白斑。

后记+Tips: 路程长 但不难走

其实此路线并不十分难走,因为路程长,才列为高级。虽然要上坡下坡,但不难应付,不失为挺好的锻炼运动线路。而且,一入了城门水塘,基本上都是平路,沿途多蝶多雀,观赏性不错。因有大幅度上下坡,且路途较长,中程欠缺补给,一定要准备足够的粮水,并穿着合适的登山鞋。

吐露港

半春园

64K, 71A, 71K, 74K, 75K, 275, 275R

20A, 20B, 20C, 20K, 22K, 23K

大埔墟站

吐露港公路

运头塘村

20S

桃源洞

起点

莲澳

卫奕信径8段

大埔宝马山

下黄宜坳

山塘新村

上黄宜坳

荔枝山

樊仙宫

上碗窑

新屋家

龙成堡

大埔滘

元奎古道－深井

良景－下白泥

屯门－黄金海岸

半山洲

23K

元墩下

老刘屋

打铁

大埔滘自然护理区

大帽山郊野公园

大埔滘林径

大帽山

卫奕信径7段

铅矿坳

草山

石榴洞

城门郊野公园

城门标本林

牛湖托

坳背湾

赛马会径7段

黄竹洋

城门谷

新界及九龙

碗窑 城门水塘

高级

针山

友爱村

游客中心

82, 94S

和宜合

终点

城门水塘

城门隧道公路

象鼻山路

上葵涌

梨木树村

白田

美林村

九龙水塘－城门水塘

碗窑－城门水塘

北

元荃古道 · 深井
良景一下白泥
屯门 · 黄金海岸
城门谷
九龙水塘—城门水塘
砚耷—城门水塘

新界及九龙 初级

九龙水塘
城门水塘

九龙水塘—
城门水塘
漫步马骝山

　　路线主要行走的是金山郊野公园，俗称马骝山，此行目的只有一个，就是观赏猕猴。由大埔公路取道金山路，即麦理浩径第6段，经过九龙水塘和九龙副水塘，去到金山靶场附近，转走孖指径过城门水塘，最后游览城门双坝后结束。

　　沿路不单有猕猴，亦鸟语花香，行至接近城门水塘一段还能眺望荃湾区景致，有景、有花、有动物，一条路满足3个愿望！

短尾猕猴

🔍 资料

路程：约6公里	需时：约2.5小时(反方向约2小时)	最佳时节：四季皆宜
中途补给：无	中途退出：无	坡度：★★★

🚃 交通范例

	交通工具		路线	下车位置	车费
起点 **大埔公路** 	九巴：	72	长沙湾广场→大埔太和村	石梨贝水塘站	HK$8.7
		81	佐敦汇翔道→沙田禾輋村	石梨贝水塘站	HK$6.1
		86B	美孚→大围显径村	石梨贝水塘站	HK$6.1
终点 **城门水塘** 	交通工具 专线小巴：	82	城门水塘→荃湾兆和街	城门水塘总站	HK$4.1
		94S(假日线)	城门水塘→荃湾运输大楼	城门水塘总站	HK$4.2

Check point ① 九龙水塘

从大埔公路巴士站下车，走到金山路的金山郊野公园入口，便是旅程的起点，也是麦理浩径第6段的起点。沿金山路向九龙水塘方向进发，经过的水塘堤坝，设计独特，呈半圆弧形，据说有助放洪时将压力分散至堤坝两端。

再望另一边的九龙副水塘，窄窄的水塘蜿蜒曲折，青山碧水，意趣尤胜山水画。走过堤坝，左边的金山树木研习径可通往九龙接收水塘及石梨贝水塘，继续向西上行才是前往城门水塘。园内动植物品种繁多，一路风光明媚，鸟语花香，走来令人身心舒畅。

专家指点：九龙水塘解码

由九龙水塘、九龙副水塘（俗称新塘）及九龙接收水塘（俗称德罗塘）组成，再加上附近的石梨贝水塘，合称九龙区水塘，其中的九龙水塘是新界区的第一座水塘。4座水塘储水量共计287万立方米。

九龙水塘建于1910年，弧形的堤坝高约33米，坝顶的金山路经常有猕猴出没。

曲折的九龙水塘副塘，四周被茂密的树林包围，比起水塘更像河。

由大埔公路一转入金山路，便见九龙副水塘的石堤坝。

金山路一带的烧烤场，都设有清晰指示及旱厕。

沿途必看动植物

大山雀 (Parus major)

香港常见的大型山雀，雄雌同形同色，身长约14厘米，头和翼均为灰黑色，上有独特而分明的白斑，下身为白色。鸣叫声是清脆悦耳的3下"哗——哗——哗"，多于树林较高处活动，常见于郊外树林及市区。因长相清秀，故在国内是传统的宠物鸟。

玉龙鞭 (Stachytarpheta jamaicensis)

别名假马鞭、大兰草。属马鞭草科，多生长于荒野路边，为蝴蝶的蜜源植物。叶边呈锯齿形，鞭子般穗状花序，花开于半中间，有蓝色或淡紫色花，开花期为夏季。玉龙鞭可制成中药材，有利湿化瘀、清热解毒之效，专治风湿和跌打瘀肿。

＊请勿采集或进食

金山路在假期时会禁止汽车驶入，游人可放心上路。

金山练靶场的分岔路，右边是卫奕信径的第6段，路旁竖立着纪念碑。

傻人乐园中不单有晨练设施，还有晨练者留下的有趣诗句。

Check **2** 金山路

　　贯穿金山郊野公园及九龙水塘的金山路，为单线双程马路，虽然陡峭非常，但平坦宽阔，沿途绿树荫浓，还有大群精灵活泼的猕猴相伴。不时有猕猴从一边树梢飞扑到另一边，甚至来个单臂大回环，俨如马戏表演。有的走出路边，又扬手又鞠躬地向游人讨食物，成功讨得食物的，还会熟练地拆开包装。但要注意，喂饲野生动物在香港是犯法的。

　　再加上沿途设置大量休憩设施，几乎走两步便有烧烤炉、野餐桌椅或凉亭，边行边休息，走来也不算吃力。行至九龙水塘最西端、家乐径分岔路前，右边有一小径通往"傻人乐园"，是一班热心的晨练者兴建的园地。再继续沿路向西走，经过练靶场，会再有一分岔口，靠左的是麦理浩径，沿着右边的卫奕信径石级路，便可通往我们要走的孖指径。

沿途必看动植物

常见猕猴互相替对方抓毛，其实它们是在寻找隐藏于体毛内的盐粒，盐粒是汗水蒸发后所得，猕猴吃后可补充身体所需的盐分。

短尾猕猴 (Macaca Mulatta)

　　香港最常见的猕猴，截至2003年，本港境内的猕猴数量约1600只，主要集中于金山郊野公园、城门及西贡一带，几乎成了九龙水塘的地标。身高60~70厘米，特征是短尾，仅及身长的一半，头顶皮毛较短，脸和臀部呈粉红色。另有长尾猕猴，头顶有一束冠毛、脸颊有须，但香港以短尾居多，亦常被人饲养，花、果、树根、昆虫都是其食物。

　　猕猴和人一样是群居动物，族群由二十多只到一百只不等，都由一只强壮的猴王带领，通常猴王尾巴都较粗，体形庞大。猴王平日无须觅食，只负责繁殖，整个族群都是它的子孙。长大后的雄猴会离去侵占其他族群的地盘，打输的雄猴便要离群独居，故经常可见它们打斗。

💬 专家指点：观赏猕猴注意

1. 切勿手持塑料袋，因猕猴已认定塑料袋装有食物，会失去理性抢夺，骚扰游人。
2. 千万别喂饲猕猴，特别是人类的食物会影响它们的健康，郊野公园内已有丰富的食物。
3. 避免直视它们的双眼，因猕猴接触到人类眼神会受惊，可能因而发动攻击。即使要拍摄它们，也要关掉闪光灯，灯光会吓坏它们的。
4. 当猕猴发出高频的叫声，可能是召集族群发动攻击的表现，要特别注意，应尽快离开。

从孖指径山脊远眺荃湾区全境，中间最高那座建筑物为如心广场。

卫奕信径6段接孖指径的头段都是丛林石级路，尚算好走。

孖指径部分落下坡径布满碎石，行走时要处处提防，格外小心！

Check point ③ 孖指径

　　由九龙水塘以西，一直伸延至城门谷的狭长地带，称为走私坳，又名孖指径，是第二次世界大战时期的抗日军事要塞，如今附近保存有大量军事遗迹。全程皆是黄泥路山径，头段上山走私坳山冈是林荫石级，但不算峻峭。不一会儿，跨过山顶便变成沿山脊而建、微微有坡度的小径，山脊风光不错，下城门水塘、荃湾、葵涌，以至城门隧道一带风光一览无遗。

　　行至孖指径尾段山腰，路线会跟麦理浩径重叠，还会经过全径最著名的军事遗迹——城门碉堡，占地12公顷，堡内建有炮台、指挥部，并有地道贯通，虽已逾70年历史，但保存仍相当完整。

从孖指径可望见城门隧道收费广场。

💬 专家指点：孖指径解码

　　第二次世界大战时，走私坳一带是从新界进入南九龙的要道，为抵御日军，英军在荃湾以南、葵涌沿岸的醉酒湾起至城门河谷，挖防空洞、筑战壕堡垒，组成一条11里长的防线，名为醉酒湾防线。碉堡之间有地道互通，并以伦敦著名街道来命名。可惜1941年长驱直进九龙市区，之后就是苦难的三年零八个月。

💬 专家指点：战壕堡垒勿乱闯！

　　大部分堡垒在战时已被炸毁，战壕地道则较完整，但经历大半个世纪，已年久失修，相当脆弱。而且洞内可能有野生动物居住，如随便乱闯，尤其是动物若被手电筒强光惊吓，便会失控，继而袭击人类，战壕洞穴无路可逃，便成困兽斗，故不宜探险！

城门碉堡是抗战时极为重要的军事据点，由钢筋水泥筑成。

元荃古道—深井

良景—下白泥

屯门—黄金海岸

城门谷

九龙水塘—城门水塘

碗窑—城门水塘

初级
新界及九龙

九龙水塘
城门水塘

Check point ④ 城门水塘

接近旅程的尾声，跟着浓荫石级下坡至麦理浩径第6段出口，便是城门水塘。景色秀丽，林荫小径环绕水塘边而建，右转可通往主坝，左转可至菠萝坝及城门郊野公园游客中心，即使环绕水塘一周也不过3小时，沿途都是缓跑径，平坦易走，且山明水秀。最后，在游客中心旁便有专线小巴离开。

城门水塘的巨型堤坝灰沉沉的，跟碧绿色的塘水形成强烈对比。

城门水塘是香港第一个把塘水从九龙输往港岛使用的水塘，环境优美。

下城门水塘的山路，沿途可饱览荃湾市区景。

沿途必看动植物

麦理浩径第6段，城门水塘出口。

爱氏松 (Slash Pine)

正名是湿地松，香港郊野公园内广泛种植，尤其是城门水塘一带。早年，香港林区主要种植马尾松（山松），可惜20世纪80年代因虫害而大量死亡。于是改种外形相似、生长快速的爱氏松。爱氏松树冠对称呈锥形，枝干上的针状叶浓密、分布整齐，貌似狐狸尾巴。其根部有固氮真菌，能改善贫瘠的土地。球花会生长为松果，种子内藏于果上的鳞片中，能随风飘远。每到秋冬季，很多参加学校秋季旅行的学生都喜欢捡拾地上的松果回家，制成圣诞装饰。

后记＋Tips：反方向走更省力

此路线景物真的丰富，但中段由九龙水塘前往城门水塘的金山路是上坡路，落差有150米以上。若想走得省力一点，大可反方向由城门水塘起步下至九龙水塘，中段变下坡便轻松多了。

终点

和宜合

象鼻山路

梨木树村

和宜合道

上葵涌

城门水塘

82,94S

石荫村 安荫村

石篱村

金山

走私坳

靶场

下城门水塘

针山

香粉寮

沙田岭

滤水门

元荃古道・深井

良景—下白泥

屯门—黄金海岸

金山路(麦理浩径第6段)

金山郊野公园

石梨贝水塘

傻人乐园

卫奕信径第5段

城门谷

九龙水塘

九龙接收水塘

大埔公路

笔架山

石梨头

九龙副水塘

琵琶山

起点

尖山 305

蝴蝶谷

大窝坪

坟场

呈祥道

苏屋

长沙湾

北

初级

新界及九龙

九龙水塘 城门水塘

碗窑—城门水塘

路线 沙田围 →20分钟→ 马鞍山郊野公园 →70分钟→ 沙田坳 →30分钟→ 慈云山

从狮子亭放眼远望，是整个九龙半岛。

沙田围—慈云山
长者热捧清溪山径

从沙田博康村前往九龙慈云山，是过去往来沙田与九龙的古道，风景不算很美，但最大卖点是方便好走，沿路绿荫处处，清风送爽，还可途经多条清澈山溪，故一直是沙田和黄大仙两地老年人的晨练路线，就连老人家都每天走，又怎会难走呢！

路线以沙田博康村为起点，沿水泉坳街上山，向马鞍山郊野公园走，经过馒头墩，一直南行至沙田坳，最后沿沙田坳道下慈云山。

🔍 资料

路程：约1.5公里	需时：约2小时	最佳时节：四季皆宜
中途补给：沙田坳狮子亭附近有商店	中途退出：无	坡度：★★

🚌 交通范例

起点 沙田 博康村

交通工具	路线	下车位置	车费
九巴：87A	旺角柏景湾→沙田博康村	博康村总站	HK$6.1
专线小巴：809K (循环线)	沙田铁路站→作壆坑村	水泉坳街	HK$4.1
港铁	马鞍山线	沙田围站B出口	

终点 慈云山 慈爱苑

交通工具	路线	上车位置	车费
九巴：2F	慈云山北→长沙湾广场	慈爱苑巴士总站	HK$5.2
3C	慈云山北→中港码头(经旺角铁路站)	慈爱苑巴士总站	HK$5.2
专线小巴：18	沙田坳道→黄大仙铁路站	慈云山道慈云阁总站	HK$2.7
37M	慈云山北→黄大仙铁路站	慈云山道慈爱苑总站	HK$3.3

初级　新界及九龙

沙田围
慈云山

油塘—井栏树

狮子山

荔景晨运径

山顶—香港大学

山顶—香港仔

平坦小径用大石铺砌而成，树林底下还有浅溪流过。

Check point ❶ 沙田围

乘搭马铁或巴士，可由博康村巴士总站旁的水泉坳街起步，途经保良局小学、作壆坑新村，走至马路尽头，左转便接入山径。若搭乘专线小巴，穿过沙田路后，在水泉坳街下车便是山径入口，现场有路牌引路。

起步不久会经过香港女童军的博康营地，提供露营设施。山径初段是登山石级路，但坡度不高很易走，不过也没有特别的风景可供观赏，视线大部分被树木遮挡，不能尽情俯览沙田景色。不久，便接入平坦的山林小径，沿路树影婆娑、光影流丽，鸟声啾啾，走来步履更加轻盈。

头段需要上多级石级，但每级距离都很宽，走起来完全不觉得陡。

香港女童军属下的博康营地，除了设有露营设施之外，也提供技能训练、原野烹饪等活动，非会员露营 HK$60/ 晚。

从上坡山路隐约望见的沙田景色。

沿途必看动植物

红耳鹎 (Pycnonotus jocosus)

又叫高髻冠，是香港鸟类中数量最多的，麻雀只在市区多，而红耳鹎却无论市区还是郊区都有大量。身长约 20 厘米，特征是拥有黑色的直立冠羽及红色的颊斑，臀部橙红色，但幼鸟没有红色的颊斑。叫声清脆，食性杂，昆虫和水果都是它的食物。

163

初级路线

Checkpoint ❷ 马鞍山郊野公园

不多时，便进入马鞍山郊野公园范围，沿路一直有多条溪涧相随，水质清澈，清凉极了，很多来晨练的公公婆婆都喜欢在溪边休息洗脸，闲话家常。行至馒头墩附近，会途经两个树荫烧烤场和凉亭。

其实，马鞍山郊野公园一带有不少奇峰怪石，如馒头墩上的将军岩，以及水泉澳上的飞来石都很有名。要顺道观赏，可由第一个烧烤场前的灌木小径往东走，便能远观将军岩叠石。

沿途小溪虽然清澈，也经常见有老人盛水喝，但无论多清的水，生水中一定会有细菌和寄生虫，切勿饮用。

马鞍山郊野公园入口前的木凉亭。

烧烤场桌椅干净，炉还有大树好遮阴，可惜从烧烤场往厕所竟要30分钟，极度不方便。

专家指点：沙田坳解码

沙田坳并不在沙田，而是位于慈云山与鸡胸山的山坳。其中，沙田坳道本是元明朝的驿道，19世纪初时是英军守卫九龙半岛的第一防线。现在是麦理浩径的一小部分，亦是每年一度龙腾虎步上狮山的必经之地。

沿途必看动植物

网丝蛱蝶 (Cyrestis Thyodamas)

翅膀呈白色，上有不规则的网状黑线，翅缘亦参差不齐，图案似地图。体形中等，展翅有55毫米长。喜欢贴近地面活动，雄蝶有时会聚集起来在湿沙上吸水，由沙田围前往慈云山沿途的小溪边特别多见。

华丽灰蜻 (Orthetrum chrysis)

香港常见的蜻蜓，展翅31~38毫米长，胸部呈褐色，腹部呈鲜红色，与赤褐灰蜻的紫红色腹部相似。最大特征是红脸，故英文名字也叫"Red-faced skimmer"。喜欢在溪流池塘边的沼泽出现，从初春至深秋皆是其活跃期。

Check point ③ 沙田坳

　　继续南下，直至见到马路，便到达沙田坳，是麦理浩径和卫奕信径交会的十字路口，另有一条向西通往狮子山郊野公园的路线，则可登狮子山。我们向南取道沙田坳道继续进发，会途经多个景点，包括著名的狮子亭和观音庙。从狮子亭可眺望整个九龙市区景致，亭上凉风阵阵，不远处便有间名为恒益的商店，驰名的是姜汁山水豆腐花和山水奶茶，是小休歇息的理想之处。再往山坡下几步，还有个叫紫竹亭的凉亭，是通往观音庙的入口。

初级

新界及九龙

沙田围—慈云山

油塘—井栏树

狮子山

荔景晨运径

山顶—香港大学

山顶—香港仔

山顶—香港仔

香港有许多狮子亭，皆由狮子会拨款兴建，位于沙田坳的极富中国特色，且景色怡人。

到达沙田坳前，先会经过烧烤区。

狮子亭不远处有一状似日本鸟居的红色小牌坊，乃通往狮子园的入口。

由于狮子亭往商店是大片平台，风凉水冷，故不少人会聚在这里打麻将，大煞风景。

沙田坳道往狮子亭前设有洗手间。

登狮子山的狮子山郊野公园入口。

观音庙建于清咸丰三年(1853)，并于1998年完成大型的修葺工程，庙后有一块姻缘石，据说在石缝间可一睹未来配偶的样貌。

紫竹亭名字优美，由这里再往山下步行10分钟，便到观音庙。

新界及九龙　初级

沙田围｜慈云山

油塘—井栏树

狮子山

荔景晨练径

山顶—香港大学

山顶—香港仔

从高处俯瞰，中间的是基慈小学，左边便是慈云阁。

Check point ④ 慈云山

　　话说慈云山的英文译名亦作"Temple Hill"，顾名思义，这里寺庙特别多。顺着沙田坳道下慈云山，是一大段漫长坡路，幸好是下坡路，走来步履轻快，一点不费力。此时，居高临下，能眺望慈云山密密麻麻的高楼大厦。

　　接着，便会经过多间庙宇，皆有特色，就算不是信徒也值得参观。走至慈云山道交界前，先会经过法藏寺，墙身挂着"南无阿弥陀佛"的红色大字，异常抢眼。再转往慈云山道走，还有可观度更高的慈云阁，庙内亭台楼阁雕栏玉砌，华丽非常。参观完，仍意犹未尽，慈云阁门口有小巴到黄大仙，可顺道参拜！

慈云阁是一间道观，里面有很多美轮美奂的假山庭园和雕塑。

倚山而建、黄瓦飞檐的法藏寺香火鼎盛，创建于20世纪60年代，寺内的斋菜也相当有名。

沙田坳道与慈云山道的交界处，左上角是法藏寺。

慈云阁最闻名的，是阁内曾饲养一头屠宰前会下跪流泪的灵牛，现在则饲养着稀有的毛龟。

后记＋Tips：大雨后不可前往

　　只有起步初段有些上坡路，之后沿途山林小径有风有溪，有水洗脸，非常舒服。尾程可顺道参观多间寺庙，故特别适合老人家。唯一要注意沿路多溪涧，行走时要时刻留意溪流动向，提防洪水，大雨过后更切忌前往。

沙田站
新城市广场
沙田大会堂
城门河
沙田公园

王屋
愉翠苑
小沥源
牛皮沙

81P、86A、89B
王屋村
威尔斯亲王医院

沙角村
沙田围路
沙沥公路
插桅杆
多石

起点
沙田围

港铁 沙田围
87A、E42
100

康博村
沙田路

809K
作壆坑新村

女童军
博康营地
沙田
童军中心

马鞍山郊野公园

草堆下

沙田头新村

200
水泉澳
372

300
岗背村

卫奕信径5段

馒头墩
413
400

观音山村

狮子山郊野公园

茅笪

十二笏

慈云山

圣公会青年
退修会所

吊草岩

鸡胸山

沙田坳

麦理浩径4段
狮子亭
麦理浩径5段/卫奕信径4段

400

狮子山
495
400

观音庙
300

200

慈云山

2F、3C、3M、15A
慈云阁
慈爱苑
慈正村

300

200

终点
37M

18、19、19M
慈乐村
法藏寺
3B、3D、5C
慈民村

北

沙田围─慈云山

新界及九龙
中级

油塘
井栏树

狮子山

荔景晨练径

山顶─香港大学

山顶─香港仔

油塘——井栏树
魔鬼山战地遗迹探秘

此路线最大卖点是炮台山上的第二次世界大战军事遗址——魔鬼山炮台，寻幽探秘之余，270度无敌海景更一览无遗！

本路线是卫奕信径的第3段，从人口密集、熙来攘往的油塘出发，走上旁边的炮台山，漫游魔鬼山炮台后，经矮小的照镜环山、跨越五桂山304米高峰，最后经马游塘、凹头、新地村等村庄抵达井栏树。繁华闹市与宁静郊野相互交错，沿途饱览东九龙、鲤鱼门海峡一带壮丽景致。

魔鬼山炮台遗迹保存良好，是不少摄影迷的人像拍摄胜地。

资料

路程：约9公里	需时：约3.5小时	最佳时节：四季皆宜	
中途补给：无	中途退出：过马游塘后，可沿宝琳路西走至秀茂坪村离去		坡度：★★★

交通范例

起点

油塘

交通工具		路线	下车位置	车费
港铁		观塘线/将军澳线	油塘站	
专线小巴：	24	鲤鱼门→蓝田(循环线)	油塘铁路站	HK$2.9
	63	蓝田广田村→观塘辅仁街(循环线)	鲤鱼门油塘村	HK$4.3

终点

井栏树村

交通工具		路线	上车位置	车费
九巴：	91	清水湾→钻石山铁路站	清水湾道井栏树	HK$6.7
	92	西贡→钻石山铁路站	清水湾道井栏树	HK$6.1
专线小巴：	1M	西贡→彩虹铁路站	清水湾道井栏树	HK$4.5
	12	西贡→宝琳	清水湾道井栏树	HK$6.2

沙田围—慈云山

中级 新界及九龙

油塘 井栏树

狮子山

荔景晨练径

山顶—香港大学

山顶—香港仔

Check point ① 油塘

其实卫奕信径第 3 段的真正起点就在蓝田的鲤鱼门道，但柏油路没景致可言，于是改为从油塘出发。从油塘铁路站下车，经天桥穿过油塘村，沿鲤鱼门道向南走至高超道左转上山，便是本次旅程的起点。沿着往将军澳华人永远坟场的车路缓缓上坡，已看到在上方的炮台山。

大约 20 分钟，左手边会出现一条登山石级，路旁竖着卫奕信径标柱，便是上炮台山的登山路。石级之后，紧接平坦的水泥路，这段也是观塘晨练径，所以沿路林荫夹道，微风吹送，即使上坡路也相当好走。回头一望，还可从树梢顶看见油塘和鲤鱼门一带的都市景色。

沿途必看动植物

螳螂 (Mantodea)

又称刀螂，属于有翅亚纲螳螂科，三角形的头部活动自如，复眼大而明亮，触角细长。前足腿节和胫节有利刺，胫节呈镰刀状，可以捕捉猎物。肉食性，性格残暴好斗，饥饿时常有大吃小或雌吃雄的现象。另外，铁线虫会以螳螂为寄主，能在其体内分泌特殊物质，使螳螂口渴并投水自杀，即使自杀未遂也会因腹腔破裂而死。

接近山顶处，可见广阔的鲤鱼门海峡，冬季时被浓雾包围，别有一番景致。

一路跟着卫奕信径走即可。

登炮台山顶的观塘晨练径。

登炮台山的晨练径平坦好走。

从晨练径回望油塘，高厦林立。

169

沙田围－慈云山

新界及九龙
中级

油塘
井栏树

狮子山

荔景晨练径

山顶－香港大学

山顶－香港仔

完整的战壕，远处便是将军澳华人永远坟场。

从魔鬼山顶部山径，能眺望维多利亚港入口以及港岛筲箕湾海岸。

Check point ② 魔鬼山炮台

炮台山古称魔鬼山、恶魔山，虽然海拔只有 221 米，但地处鲤鱼门北端山上，扼守由东路进入广州的商船门户，极具战略价值。顺着晨练径走不久，抵达三岔口，取左路直上炮台山顶，取右路卫奕信径则直达歌赋炮台，两径相差不远，走任何一条均可。接近山顶的路径两旁渐变成灌木草丛，景致已愈见开阔。

抵达炮台遗址后，由蓝塘至将军澳，270 度海岸景观随即映入眼帘，强风猛吹，立刻烦恼尽消。环顾四周，一片荒凉的炮台碉堡，破落的壁垒，加上旁边的杂草和藤蔓，除了见证历史之外，竟然有一股欧洲古旧小镇的味道。可惜的是，部分碉堡墙身布满涂鸦，杂草丛生，真是大煞风景！

从古旧的围墙放眼望去，左边是将军澳新市镇，右边是崇山峻岭。

部分遗址年久失修，墙身有倒塌的危险，现场已竖立起告示，警告不准内进，但告示牌本身大煞风景。

已遭涂鸦及遍布 BB 弹痕迹的军事遗迹，令人伤心。

虽然政府已有修葺，但部分墙身还是留有长长的裂痕。

专家指点：
魔鬼山炮台解码

魔鬼山是炮台山的俗称，传说清初为海盗郑达昌所占，在此收藏贼赃和人质，故当时居民便以魔鬼山称之。清末香港被割让给英国后，鉴于魔鬼山扼守维多利亚港东面入口鲤鱼门，英军遂在魔鬼山上建立碉堡及炮台，作全港射击指挥部之用。

炮台依山而建，四周地势险峻，由两座大型炮台及一座碉堡组成，位于山上较高处的是"歌赋炮台"，下方的是"砵甸乍炮台"。第二次世界大战期间，英军的炮兵团就在此发弹 400 发，成功击退日军的两次进犯。英军撤走后，日军随即占领魔鬼山，成为日军炮轰港岛的基地。

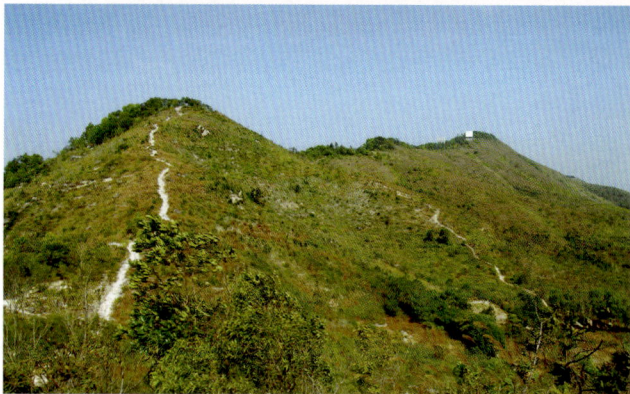

山脊起伏连绵的五桂山山峦。

炮台后面便是卫奕信径第3段。

登五桂山的石级夹道绿林，翠竹摇曳。

Check point ❸ 五桂山

　　游毕炮台后，绕至炮台外围，接着回到卫奕信径继续下山。绕过照镜环山山腰，很快便到澳景路。走过马路，取道靠右的石级山径登上五桂山，一路上看见由晨练者设置的休憩地方和花圃。登上五桂山304米高的山顶，顶峰平坦，能眺望九龙及维港美景。

　　顺着山脊山径行走，山脊两旁峻峭嶙峋，山脉连绵，颇具气势。接着沿西面山脊的沙泥路下山，景观又变得枝繁叶茂，沿路鸟语花香。

沿途必看动植物

金斑蛱蝶 (Hypolimnas Misippus)

　　展翅60~80毫米长的大型蛱蝶，雄蝶翅膀背面为黑色，翅端和中央有明显白斑，腹面则为橙色，上有大片白斑。而雌蝶翅膀以橙色为主，翅缘有黑边，中间有白斑。雄蝶较雌蝶常见，飞行速度快，常在高地出现，如油塘。

蛇目褐蚬蝶 (Abisara Echerius)

　　香港最常见的蚬蝶，喜爱日光浴，常在灌木丛或草原出没。展翅35~40毫米长，翅膀以深褐色为主，特征是后翅外缘有数个深黑色眼形斑，而旱季型的斑纹颜色会较淡。

黑脉园粉蝶 (Cepora Nerissa)

　　展翅50~60毫米长，翅膀以白色为主，腹面偏黄，前翅尖有黑斑，其中湿季型翅脉的黑斑较为发达。多在灌木丛、荒田或林区出现，如油塘及井栏树一带，但人迹罕至的魔鬼山除外。

中级

高树连天的林荫大道，走来很轻松。

Check point ④ 马游塘

　　下山后便抵达马游塘村，由此开始会经过多座村落，竹篱瓦舍，田园处处，又是另一种景致。沿马游塘路走，越过宝琳路，取道前方的翠琳路前行。不久，由左边转入通往澳头村的水泥路，穿越澳头村后，便传来潺潺的水声，面前是一片青葱的田野，四周被青山环抱，感觉如世外桃源。

马游塘路路边的小凉亭附近设有洗手间。

Check point ⑤ 小夏威夷

　　再走不远，会看到小夏威夷径的路牌，所谓"小夏威夷径"，其实是昔日将军澳的村民经井栏树出市区的古道，全长约 1.2 公里，已有几百年历史，从前筑有堤坝，风景优美，近年经香港政府修葺，断堤颓坝仍在，尚且好走。

小径的名字，令人产生无穷幻想，其实此径可算草木苍翠。

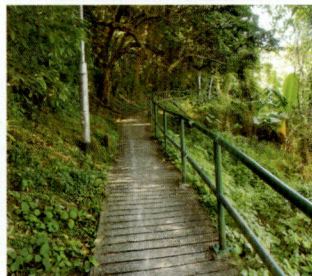

乡村路径夹道绿意盎然，令人分外舒畅!

专家指点：
井栏树＝小夏威夷

　　20 世纪 60 年代，因为井栏树山谷间一片如茵草地，溪水流淌，地方宽敞，两边青山相来，环境清幽，于是被登山爱好者们称为小夏威夷。

Check point ⑥ 井栏树

　　穿过一连串的村屋，走到清水湾道，经隧道越过马路，终于来到井栏树村。另外，清水湾道旁有一所名叫烧窑谷的陶艺工作坊，逢周末及假日开放，值得参观。

沿途必看动植物

变色树蜥 *(Calotes Versicolor)*

　　俗名鸡冠蛇，是香港常见的大型蜥蜴，身长可达 40 厘米。背部为啡色或灰色，部分有黑色斑纹。冠部明显而突出，由颈部一直伸延至全身。双眼旁有 3～5 条深色条纹，成年雄蜥颈部长有喉袋，可变色为黑或红；雌性则为灰黄色。特征是能变换身上的颜色，此外，还能向不同方向转动眼珠。
　　主要捕食蟋蟀、蝉、蚱蜢、甲虫及舐饮树叶上的水珠。热爱日光，经常被发现于灌木林或墙上晒太阳。

后记＋Tips：景致多变　勿破坏遗迹

　　本路线难得由炮台山到照镜环山再到五桂山，坡度都不算高，平缓易走。一路有废堡，有丛林，有苍凉山脊路，还有小村落，景致变化多样，所有人都适宜。但要谨记不要随便走进废堡内，更不应破坏历史遗迹，像到此打野战、涂鸦等都不适宜。

飞鹅山　伯公坳　白石窝新村　壁屋惩教所　鹧鸪山　壁屋凹

井栏树　白石台　白石窝

万景台　腾龙台

终点 P　炭山

龙窝村　蕉栏树　小桃源村　心朗　新地村　凹头　大牛湖

佐敦谷　石矿场　大上托　将军澳村　宝林村

秀茂坪　配水库　翠林村　景明苑　将军澳

秀茂坪村　宝达村　璇寨地　配水库　康盛花园

将军澳隧道　马游塘　配水库　茅湖仔

翠屏南村　将军澳道　蓝田　蓝田公园　五桂山　茅湖山

观塘　康逸苑　启田村　德田村　健明村

鲤安苑　平田村　汇景花园

晒草湾　广田村　调景岭

茶果岭　P　鲤鱼门道　照镜环山　调景岭

观塘仔湾　油塘村　高俊苑　照镜环

茶果岭道　油塘　24, 63　高佾村

起点　炮台山(魔鬼山)

油塘　岭南新村　坟场

玄寡村　炮台

鲤鱼门　妈山村

鲤鱼门咀

沙田围—慈云山

中级　新界及九龙

油塘　井栏树

狮子山

卫奕信径3段

荔景晨练径

山顶—香港大学

山顶—香港仔

173

其实，身处登山路中，是不能一眼看全狮子山全景的，这幅狮山照，乃拍摄于大老山隧道口。

狮子山

狮子山下体现香港精神

　　巍峨峻峭的狮子山下，流传着无数香港人的奋斗故事。登狮子山，对香港人来说，有一份特别的意义。事实上，沿途悬崖峭壁崎岖不平，正好体现香港精神。只要登上 495 米高的山峰，九龙半岛、维港两岸广阔景致尽收眼底，美不胜收！

　　路线以慈云山为起点，沿沙田坳道直登沙田坳狮子亭，沿麦理浩径第 5 段走，越过鸡胸山，登上狮子山狮尾、海拔 495 米的最高峰，眺望雄伟的狮头。接着转向西北面的望夫山进发，近观另一座香港名石——望夫石，最后顺着红梅谷自然教育径下至狮子山隧道公路离开。

资料

路程：约12公里	需时：约4小时	最佳时节：秋季（路面多沙，雨季有危险，夏季太阳太烈！）
中途补给：初段沙田坳有商店	中途退出：无	坡度：★★★★

交通范例

起点
**慈云山
慈爱苑**

交通工具		路线	下车位置	车费
九巴：	2F	长沙湾广场→慈云山北	慈爱苑巴士总站	HK$5.2
	3C	中港码头→慈云山北(经旺角铁路站)	慈爱苑巴士总站	HK$5.2
专线小巴：	18	黄大仙铁路站→沙田坳道	慈云山道慈云阁总站	HK$2.7
	37M	黄大仙铁路站→慈云山北	慈云山道慈爱苑总站	HK$3.3

终点
**沙田
红梅谷**

交通工具		路线	上车位置	车费
专线小巴：	61M	世界花园→九龙塘铁路站	世界花园总站	HK$8
九巴：	87A	沙田博康村→旺角柏景湾	狮子山隧道公路世界花园	HK$6.1
	89B	沙田围→观塘裕民坊	狮子山隧道公路世界花园	HK$6.1

其实，任何途经狮子山隧道的巴士，都可于世界花园上车，包括80、81C、85、86A、170、182等。

Check point ① 慈云山

整个旅程需不停攀山越岭，在慈云山巴士总站下车，首先沿沙田坳道上坡，就当作本次旅程的热身。踏着宽阔的马路迂回地登上沙田坳，沿路能鸟瞰慈云山市区景致，还会经过法藏寺、紫竹亭、观音庙等慈云山名胜。其实，慈爱苑后山斜坡另有石级可经观音庙上沙田坳，不过石级颇陡峭，也毫无景色可言。

慈爱苑后山的石级路，沿斜坡护土墙引水道而建。

从慈云山巴士总站下车，右转慈云山道，便可走至沙田坳道。

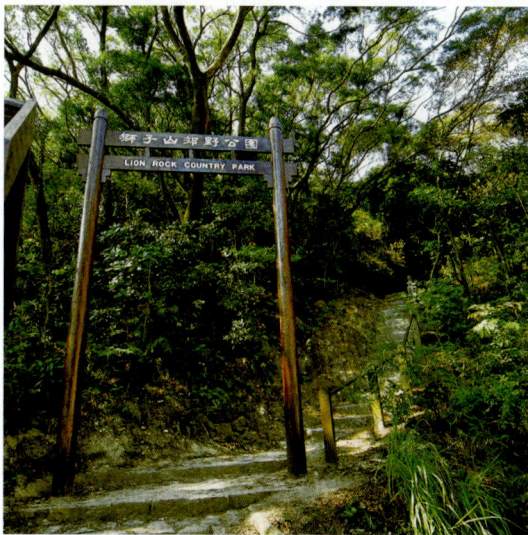
走进狮子山郊野公园的石级路，便是麦理浩径第5段。

Check point ② 沙田坳

大约半小时，终于走至沙田坳的狮子亭，脸上已冒出汗来，但走进山边的狮子亭，居高临下，凉风扑面，整个九龙市区景致一览无遗，已将先前的劳累尽洗。狮子亭附近的恒益商店，驰名的是山水豆腐花，不远处还有洗手间，此地是整个旅程的最后补给站。

沙田坳为多条登山路线的交会点，包括麦理浩径和卫奕信径的交接处。其中，西面是狮子山郊野公园的入口，沿着麦理浩径第5段上山，便可经鸡胸山通往狮子山。

恒益商店不单以山水豆腐花驰名，还提供山水奶茶咖啡、炒粉面饭，甚至麻将租赁。

风凉水冷的狮子亭，是登山爱好者休息的热门地点。

狮子亭附近的红色小牌坊，是狮子园的入口。

攀上鸡胸山，整个九龙半岛以至对岸的北角都清晰可见。

Check point ③ 鸡胸山

穿过狮子山郊野公园入口门牌，初段登山石级路夹道一片密林，但不久便换成沙泥路，两旁是灌木草丛，沿途可观赏九龙半岛风景。越过鸡胸山433米的高峰后，变成下坡山路，中间有树荫，走起来也不算太辛苦。

走过M104号标距柱，再穿越多条高架电缆后，会有一个十字路口，离开麦理浩径，往南面拾级而上，便可登上狮子山。梯级依地形用木头砌成，满布落叶树枝，且陡峭非常。一路需小心翼翼，中途停下回望，可见沙田一带景色。

鸡胸山山峦尖挺，的确似鸡胸。

通往狮子山狮尾的木级很有原始风味。

沿着往笔架山方向走即可。

上狮子山途中，会穿越电塔架，可见沙田、大围景色。

Check point ④ 狮子山

狮子山是一条狭长的山岭，由东至西，沿电塔架下山径上山，首先登上狮子山尾，却是狮子山的最高峰。由于岩石出现风化现象，一路多泥沙、碎石，容易崴脚，真的是步步为营。怀着兴奋的心情，一口气登上狮子山495米高峰，万里晴空，360度一览无遗地将维港景致尽收眼底，那股激动，非笔墨所能形容！

左侧竖排：沙田围—慈云山 · 油塘—井栏树 · 荔景晨径 · 山顶—香港大学 · 山顶—香港仔

新界及九龙 中级 狮子山

海拔 495 米狮子尾

登上狮子山山顶，又有分岔路，往西行，可跨越狮子山山脊到狮子头，走至路口竖有警告牌，告知前路悬崖异常危险，未走已令人胆战心惊。其实通往狮子头的山径已建有梯级，但每级都有一整尺高，必须手脚并用才能攀上狮脊。本来已筋疲力尽，怎料前往狮头的山径更破烂，全是黄泥碎石，崎岖不平之外，下面就是万丈悬崖！过去此段路就时有登山者遇意外，为安全起见，只好原路折返，遥望陡峭得笔直的狮头，已够胆寒。

专家指点：狮子山解码

狮子山高 495 米，狭长的山岭崖石嶙峋，状如一头俯伏山岭上的狮子，雄视香江。传说古时九龙半岛有九条龙为患，天庭于是派遣狮子下凡镇压，那狮子就是现在的狮子山，被压的龙是九龙山，但已在旧启德机场扩建时被夷平。有风水学家认为，香港之所以繁荣，都是靠狮子山坐镇守护之故。狮子山南北两面风光截然不同，南面山坡陡峭，植被较少；北坡却水源丰富、植物繁盛。

险恶的狮山头气势不凡，其实狮子头后有路可返回麦理浩径，又或向西行经回归亭登上笔架山。

狮子山
LION ROCK
高度 495 米
Altitude : M

海拔 495 米的狮子山之巅，下面就是六百万香港人创造的不朽香江传奇。

一边是密密麻麻的摩天大厦，一边是峰峦雄伟起伏的崇山峻岭，秀丽非凡。

360度维港醉人景致，远至国金IFC都清楚可见，此地胜过任何一座天价豪宅！

悬崖危险 切勿前进
DANGER – STEEP CLIFFS
NO ACCESS BEYOND THIS POINT

由狮脊至狮头的山路险要，尤其是狮头，过去甚至有攀岩专家在此遇难，如非体能极佳，又有专家同行，还是远观为妙，不要冒险！

由狮子山山脊前往狮头的路崎岖难行。

177

Check point ⑤ 望夫石

走回麦理浩径继续往西面走，行至电塔架附近又有分岔路，穿过北面的电塔架下小径，便可前往望夫石。此段路行经大片相思林，加上是下山路，走来还算轻松。

不久，便走至望夫山268米高的山峰，放眼望去是沙田城门河景，凉风轻送，立刻精神焕发！再往前行，不久就来到望夫石，只有约10尺高的望夫石，乃一块久经风化的岩石，曾被选为"香港最美岩石"，亦是沙田区的地标，可是现在其中一面石壁竟遭人涂鸦破坏，实在可惜。

近看望夫石，发现原来妇人还挺胖！

从望夫山山峰遥望沙田城门河两岸。

岩石外形恍似妇人背着孩子，流露着无穷的盼望，加上民间流传的夫妻别离的悲惨故事，更显传奇。

走至自然教育径尾段，跨过两条小溪便是烧烤场出口。

每年的五至六月，红梅谷便满遍果实嫣红的水杨梅，故称之为"红梅谷"。

Check point ⑥ 红梅谷

近观完望夫石，转走沿引水道而建的卫奕信径，再沿着羊肠的红梅谷自然教育径下至沙田。全长1.3公里，沿路林荫蔽天，大部分都平缓好走，处处虫鸣鸟语，还设有大量说明牌介绍生态及地理知识。大约1小时便走至红梅谷烧烤场的出口，行至狮子山隧道公路便有巴士离开。

后记＋Tips：挑战体能　量力而为

这是一条纯粹的登山路线，由200米高的慈云山起步，一直攀至最高的495米的狮子山之巅，沿路地势险要，飞沙走石，几近全无树荫遮挡，对体能要求极高，必须量力而为，准备充足才可挑战。

装备方面，防晒用的帽子、登山杖、充足粮水，甚至雨具都是必要的。谨记切勿攀爬沿崖，一路小心，方可安全上路，欣赏秀丽的狮子山山下风光。

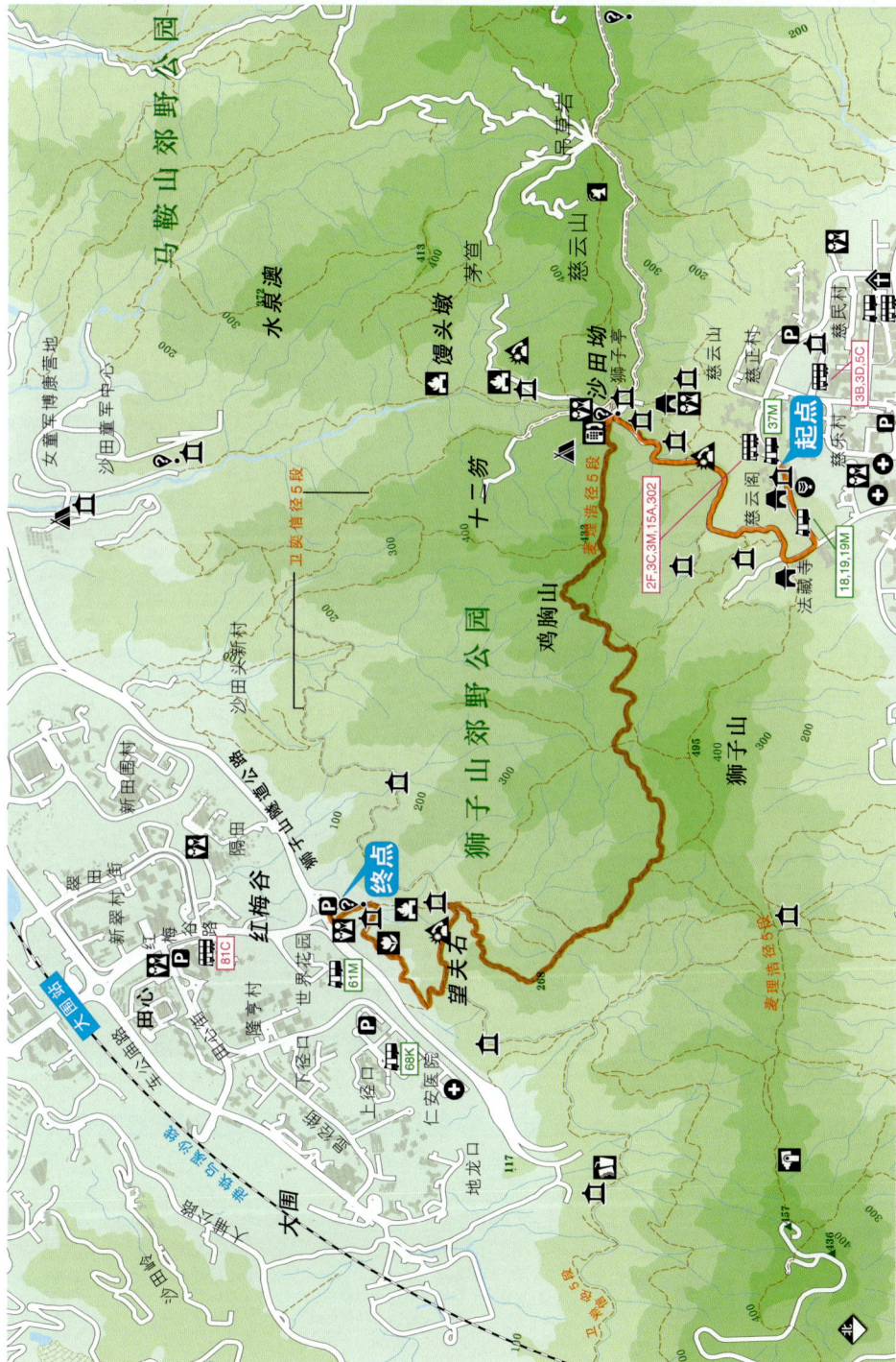

马鞍山郊野公园

水泉澳

慈云山

馒头墩

茅管

沙田坳

狮子亭

晨运园

十二笏

卫奕信径5段

麦理浩径5段

鸡胸山

狮子山郊野公园

狮子山

沙田头新村

沙田头邨路

狮子山藏道公路

隔田

红梅谷

望夫石

新翠村邨

红梅谷路

世界花园

隆亨村

下径口

仁安医院

上径口

地龙口

大围

起点

终点

沙田围 井栏树 沙田围-慈云山

油塘 井栏树

3B,3D,5C

2F,3C,3M,15A,302

81C

6M

68K

37M

18,19,19M

慈正村

慈民村

慈云阁

法藏寺

中级
新界及九龙

狮子山

荔景展望径 荔景-香港大学

山顶-香港仔

山顶-香港大学

左侧竖排导航：沙田围—慈云山　油塘—井栏树　狮子山　新界及九龙 初级 荔景晨练径　山顶—香港大学　山顶—香港仔

荔景晨练径
闹市中的隐世动物径

隐藏于荔景华景山庄后山，一条名不见经传的晨练径，籍籍无名，长度不足 2 公里，但沿途高树参天，绿意盎然。最重要的是小路中蕴藏着大量野生生物，飞禽走兽，可谓蛇、蛙、蝴蝶等样样齐全，其中不乏香港罕见的珍贵动物，包括黑头剑蛇、赤麂等，数量之多，几乎每走十步必有发现！

专家指点：
华景山庄解码

于 1984 年建成的大型住宅群，占地 70 多万平方米，高踞葵涌大窝山。由于地势陡峭，22 栋楼宇顺沿山势起伏而建，壮丽奇伟，气势磅礴。环境优美宁静，屋苑内有超级市场、购物中心及食肆，大部分建筑都能俯瞰维港景色，日落景致更是一流。

政府特意在沿路树上装置树屋，为雀鸟提供居所，切勿骚扰。

资料

路程：约1.5公里	需时：约半小时	最佳时节：四季景致不同
中途补给：无	中途退出：不需要	坡度：无

交通范例

起点/终点

华景山庄

交通工具		路线	下车位置	车费
专线小巴	47M（循环线）	荔景铁路站→华景山庄	华景山庄总站	HK$3.8
	93A	荃湾咸田街→华景山庄	华景山庄总站	HK$7
	97A	长沙湾长发街→华景山庄	华景山庄总站	HK$6.8

Check point ① 华景山庄停车场

晨练径位于华景山庄停车场后面，由屋苑管理，每天只限 7:00~18:00 开放。路径两旁翠木繁生，竹木夹道，枝叶扶疏，恍如走进原始森林。但全径地面铺盖整齐的石板，平缓好走，路旁设有围栏扶手引水道，卫生井然，足见经过良好管理。

虽然景观完全被大树所挡，看不见一丁点葵涌海岸的美景，但每一口呼吸，都带着浓浓的草木自然香味，而且有鸟叫虫鸣，单是走在路上，已是享受！何况还不时发现动物昆虫，本来半小时的行程，边走边看，结果两小时也不愿离开。

Check point ② 第 18 座石凳处出口

晨练径中央有一座凉亭，沿路都广设休息石凳，出口就在第 18 座附近。意犹未尽的话，可沿车路往北走至大窝村配水库，另有山路可通往石梨贝水塘或中葵涌公园，不过路径指示并不清晰，亦少有人行。

绿树成荫，根本不像身处市区。

路上设有石凳，皆清洁无比，可放心一坐。

健康的次生林，为动物禽鸟提供绝佳的生长环境。

沿途可见不同种类的野生植物，如野牡丹等，还设置有介绍牌。

优质次生林　孕育繁盛的动植物

为何该晨练径动物特别多？首先，位于葵涌大窝山上的华景山庄，邻近金山郊野公园及九龙水塘，水源充足，故能孕育出极佳的次生林，动植物品种自然丰富繁盛。漫步径中，只要细心留意树梢、草丛，随时有惊喜发现，豪猪、猫头鹰、松鼠、青蛙、雀鸟包罗万象，甚至罕见如黑头剑蛇、赤麂等都经常出没，当地居民早已见怪不怪。其次，这里邻近市区，很多人来这里放生，所以古灵精怪、奇珍异兽都应有尽有。（注意，被放生的动物可能并无求生能力，也可能会危害当地生态平衡，请勿仿效！）

沙田围─慈云山　油塘─井栏树　狮子山　新界及九龙〔初级〕荔景晨练径　山顶─香港大学　山顶─香港仔

沿途必看动植物

赤麂 (Muntiacus muntjak)

于香港分布广泛的一种夜行动物，因为天性怕人，故不常被人发现。是一种小型的鹿，面颊长，口部长有突出的长犬齿，雄性头上会有一对粗角，雌性无角但长有小骨节，并有一束鬃毛。外形跟黄麂很相似，但赤麂身形比较大，毛色亦偏红，如今活跃于香港的只有赤麂。属食草性动物，主要栖息于坡地的灌木林中，会"呀呀"地叫，叫声极响。

💬 专家指点：观赏赤麂注意

赤麂并无攻击性，反而人类对它的伤害更大。因为它的心跳速率很高，一旦受惊就会突然加速，心跳每分钟可高达二三百下，心脏负荷不了，便会引发突发性心脏病致死。所以见到它时应站定，然后慢慢取出照相机拍摄，一定要关掉闪光灯，千万别追赶和触摸它们。最近就有人因打死赤麂，被判监禁半年。

黑头剑蛇 (Chinese Mountain Snake)

无毒，性格温驯的小型蛇种，身长只有 40~50 厘米，但部分可达 61 厘米。身体呈灰啡色或棕褐色，蛇头中央位置带不规则的灰色块，蛇颈则有白色细环，而幼蛇色泽较浅。

主要以小蜥蜴为食，爱栖息于湿度较高的次生林及山脉地带，亦出现于草原及高地竹林，偶尔能于引水道中被发现。在香港并不常见，但在荔景晨练径时有出没。

虎斑地鸫 (Zoothera dauma)

冬候鸟，别名顿鸡，身长约 30 厘米，全身呈金褐色，但腹部呈白色，黑金色的羽缘使其通体满布鳞状斑纹。常见这种鸟单独出现在河谷树林中或灌丛中的地面活动，数量较少。

斑腿泛树蛙 (Polypedates megacephalus)

广泛分布于全港各区。雄性身长约 5 厘米，雌性可达 8 厘米。头部宽阔呈三角形，有一对咽侧内声囊。身体背部为深褐色或浅棕色，有数条深色纵纹，或"X"形色斑，体色会随环境而转变。它是唯一在树上生活的蛙，可栖息于水很少的地方。黄昏时，喜欢跳出路边觅食，受惊吓时会立刻排尿。

栗背短脚鹎 (Hemixos castanonotus)

本属冬候鸟，但亦有小量留鸟。外观漂亮，上体呈栗褐色，头顶有黑色小羽冠，喉部和腹部偏白，胸及两胁浅灰，两翼及尾呈灰褐色，身长约 20 厘米。鸣声嘈杂，但有时也能唱出有音律的歌。

沙田围─慈云山

油塘─井栏树

狮子山

新界及九龙 初级

荔景晨练径

山顶─香港大学

山顶─香港仔

大连排道

大窝村配水库

中葵涌公园

青山公路—葵涌段

终点

P

P

华景山庄

起点

丽祖郑

45, 46, 265M, 265P

华景山路

200

200

大窝口交会处

华景山庄路

P

商场

47M, 97, 97A

迦密爱礼信中学

P

海峰花园

华泰路

92M, 93

华员村

华员径

荔枝岭路北

华景山路

沙田围—慈云山

油塘—井栏树

狮子山

新界及九龙 初级

荔景晨练径

山顶—香港大学

山顶—香港大学

后记＋Tips：不可喧哗

晨练径有专人管理，安全可靠，好走得不得了，而且交通方便，鸟语花香，任何人士皆宜。要观赏野生动物，除了带上望远镜之外，其实最要紧的是注意安静，不要随便喧哗以免打扰动物。

港岛郊区

香港岛面积不大，因此其郊游路线都跟市区非常接近，十来分钟便能享受郊游的乐趣，正好方便繁忙的都市人，而且难度一般都不高，很适合登山初学者与一家大小共同前往！

难度分级

本书所列郊游路线均按难度分为初级、中级、高级，请按照个人及同伴的体能与兴趣选择，评级条件如下：

初
级路线

中
级路线

高
级路线

初级：路程短，路线也简单，上、下坡不多，大可轻装上路，男女老少、新手皆宜。

中级：路程略长，途中需经过有一定坡度的山坡，路径也不是很容易找，需要有一定经验及体能才能应付，登山装备、食物和水更要备足。

高级：不论路程、坡度、危险性皆是顶级，自信经验丰富、体能超人，加上事前准备充足，才可以挑战！谨记量力而为。

山顶—香港大学
百年栈道赏维港美景

　　卢吉道是香港独一无二的百年栈道，沿途鸟语花香，拥有极其丰富的原始植物品种，闻名国际的维港景色更是尽收眼底。花草树木多，自然吸引雀鸟蝴蝶，途中不但能欣赏属香港十大稀有的麝凤蝶，到尾段的香港大学，更是松鼠的观赏胜地，因此是相当好走的生态及观景路线。

　　路线以山顶卢吉道为起点，即沿港岛径的第一段、围绕扯旗山行进，行至夏力道分岔口转而向北走，取道克顿道上龙虎山，最后至香港大学结束。

资料

路程：约7公里	需时：约2小时	最佳时节：四季皆宜
中途补给：无	中途退出：无	坡度：★

交通范例

起点　山顶广场（卢吉道）

交通工具	路线	下车位置	车费
新巴：15	中环5号码头→山顶	山顶广场总站	HK$9.8
15B(假日线)	天后铁路站→山顶	山顶广场总站	HK$9.6
专线小巴：1	中环(香港铁路站)→山顶	山顶广场总站	HK$9.2
山顶缆车	中环(花园道)→山顶	缆车总站	HK$28

终点　香港大学（旭　道）

交通工具	路线	上车位置	车费
新巴：13	旭龢道→中环大会堂	旭龢道校长宿舍	HK$5
专线小巴：3A	干德道→中环(香港铁路站)	旭龢道校长宿舍	HK$6

*另有多条巴士路线，途经港大本部前的般咸道。

● **185**

Check point ❶ 卢吉道

从山顶广场下车后，沿山顶道向凌霄阁方向步行至卢吉道即是起点。以香港第十四任港督命名的卢吉道，全长2400米，属于港岛径的第1段，环绕扯旗山山腰而建，中段凌空兴建于峭壁之上，乃香港首条栈道，至今已有超过百年的历史，更是欣赏维港两岸景色的最佳位置，因此每逢假日，无论游人还是摄影迷都络绎不绝。

卢吉道沿路都是绿树成荫的水泥地，平坦易行，因为位置近海，土壤水分高，所以树木都特别茂盛，几乎棵棵都是巨型老树，夹道一片青葱。行至近夏力道分岔口前，更会路经一棵被誉为香港树王的巨型印度橡树，不妨欣赏其千丝万缕的气根。

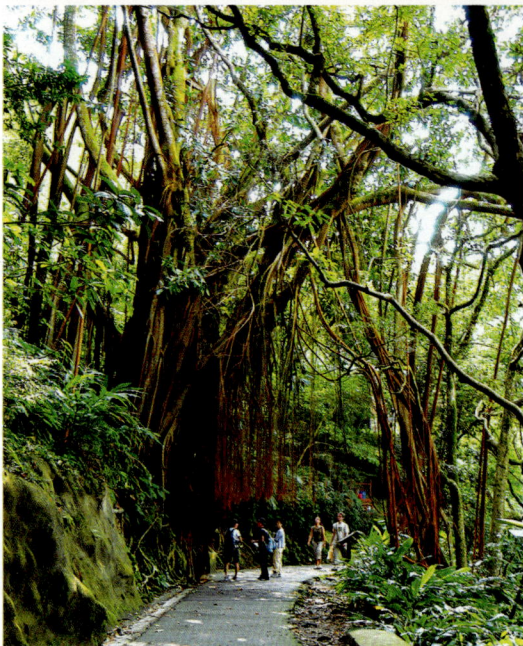
从卢吉道起步不久，会经过山顶缆车公司的办公大楼，典型的英式建筑。

卢吉道树王树龄有60年，树冠横跨28米，气根落地成干，气势比林村许愿树有过之而无不及。

沿途必看动植物
印度橡树 (Ficus elastica)
原产马来西亚、印度尼西亚或印度北部，最高可达20米，气根相当发达，用刀割树会有白色汁液流出，可提炼成橡胶，但由于这种树要三年才有收成，故被南美洲的橡胶树取代。由于香港没有帮助其传播花粉的昆虫媒介，故在香港少见它结果。

卢吉道自炉峰峡建起，沿太平山的北坡一直伸延至西高山下方的山峡，建于1913至1914年间，自建成以来一直是香港最著名的观光径。

专家指点：什么是栈道？
即是沿着悬崖峭壁兴建的狭窄通道。话说19世纪初，当时定居香港的外国商人特意建此栈道欣赏维港美景。由于太平山北坡全属岩壁，工人特别于峭壁面凿石立桩为桥柱，再在上面架桥为路，不过所用的不是木桩，而是以钢筋三合土。当时路旁附设的座椅，部分至今尚存，成为卢吉道的历史见证。

Check point 2 克顿道

大约 45 分钟，便到达卢吉道、夏力道跟克顿道的分岔口，取道夏力道向西走可下薄扶林水塘，取道克顿道向北走便可登上龙虎山。此段路属龙虎山郊野公园范围，园内有完善的郊游设施，虽然路径有上坡、下坡，但坡度不大，加上沿途有大量不同品种的植物可欣赏，故不觉辛苦！

行至克顿道中段的告示牌，可选择上行进入龙虎健身径登龙虎山；或沿克顿道继续往旭龢道。若时间充裕不妨走走，距旭龢道 400 米左右，会看见一块见证殖民地历史的维多利亚城 (City of Victoria) 界石，乃 1903 年港府特意竖立以标示当时维多利亚城的范围用。

卢吉道与克顿道的分岔口有清晰的指示牌，克顿其实是 19 世纪初的驻港英军司令。

香港开埠初期，中环一带被英国人命名为维多利亚城，1903 年港府特意于薄扶林道、克顿道等地，竖立 6 块 1 米高的界石，以标示其范围，石上刻有 "CITY BOUNDARY 1903" 的字句。

沿克顿道上龙虎山，沿途有多座凉亭，图中是克顿道近旭龢道交界的 16 号凉亭。

Check point 3 龙虎山

龙虎山并不高，山峰不过 300 米，最有名的其实是松林废堡。沿克顿道上行进入龙虎健身径，便会穿越松林废堡。松林废堡原名松林炮台，建于 1903 年，地处海拔 397 米，内有炮床、指挥台、多座掩蔽体及兵营。当时是用来保护维港西面出入的船只而建，日军侵华期间遭空袭而被毁。

从健身径远望龙虎山，龙虎山郊野公园乃全港最小的郊野公园。

炮台大部分墙壁都惨遭涂污。

松林炮台是香港位置最高的炮台，设有两座口径阔六寸的大炮炮位，如今炮台上的弹痕仍清晰可见，经常有摄影迷在此拍摄人像。

沙田围—慈云山

泥塘—井栏树

猴子山

荔景晨练径

山顶

港岛郊区 初级

香港大学

山顶—香港仔

龙虎山通往港大的路上，是晨练和慢跑的热门地。

松林废堡附近设有烧烤场。

沿途必看动植物

麝凤蝶 (Byasa alcinous)

　　香港十大稀有蝴蝶之一，每年只在七八月才能见到，主要分布于港岛区高海拔的丛林，山顶正是其喜爱栖息的地点之一。特征是有明显翅尾，翅膀外缘有红斑，身体亦为红色。雄蝶呈黑色，后翅内缘卷曲，雌蝶颜色较淡。飞行速度缓慢，雄蝶常于空中互相追逐，雌蝶则爱聚集产卵。

五色梅 (Lantana camara L.)

　　又名马缨丹，是常见的围篱植物，尤其是街道上的小花圃，也是校园必种的十大植物之一。全株有浓烈的臭味，故被称为臭花，误食会中毒。高1~2尺，花有粉红、黄、红及橙色，是蝴蝶成虫的主要食粮，故它附近一定有蝴蝶出现。

白楸 (Mallotus paniculatus)

　　属大戟科，8到12月为花期，花呈白色，有微香。叶呈椭圆形，叶背披灰白色绒毛。叶柄长，当风吹过时，叶片会左右翻转，令白色的叶背显现人前，因而有"Turn in the wind"的英文俗名。叶基部有枚腺体，会流出甜味的蜜糖，吸引蚂蚁吸食，而蚂蚁则为白楸充当守护者，使其免受其他昆虫的侵害。

梭椤树花

梭椤树果

梭椤树 (Reevesia thyrsoidea)

　　香港常见的原生植物，属梧桐科，3到4月为花期，细小白花成簇，叶多聚生长于枝条末端。果实成熟时为褐色，能放出有翼的种子。

香港大学图书馆。

月明泉。

香港大学主楼。

Check point 4 香港大学

经过龙虎山山顶凉亭后，便有下山小径直达港大。既然已到这里，回程前不妨游览一下香港首所大学的校园，重踏电影《色·戒》的拍摄场景。其中校长宿舍门前的树林，更是观赏松鼠的最佳位置，只要抬头一望便有发现，松鼠都见惯人，不会躲藏。

沿途必看动植物

赤腹松鼠 (Pallas's Squirrel)

又名红脸松鼠，并非香港原生动物，属外来品种。身长30~40厘米，背部棕色，腹部则呈啡黄色至橙色，特征是拥有茸毛长尾，眼大突出，手及足趾有粗爪，故善于挖洞。

主要栖息于树上，会利用树叶、树皮筑成直径40~60厘米的窝。适应力极强，并非只吃坚果，花、叶、生果、松果等都是其食物，还随着季节的变化，偶尔也会捕食小昆虫。日间活动于树上，以清晨及黄昏为高峰时间，午间则在草丛中活动。

每逢深秋，松鼠为确保于冬季有足够食物，会把粮食埋在地下储存起来。不过小松鼠记性不好，常常忘记收藏位置，被埋藏的果实得以发芽生长，间接为植物传播种子，成为树林生态系统中重要的一员！

后记＋Tips：四季景色各有特色

此路线十分好走，路程中前半部分都是水泥平路，后半部分下坡，需时又不长，绝对适合一家大小假日郊游。

另外，此路段四季景色各有特色：春季时，浓雾把栈道淹没，形成香港十景之一的"雾锁仙桥"；夏季可以观蝶；秋冬则是欣赏四处觅食过冬松鼠的最佳季节。不过，因为沿途都没有补给站，谨记准备充足粮水。

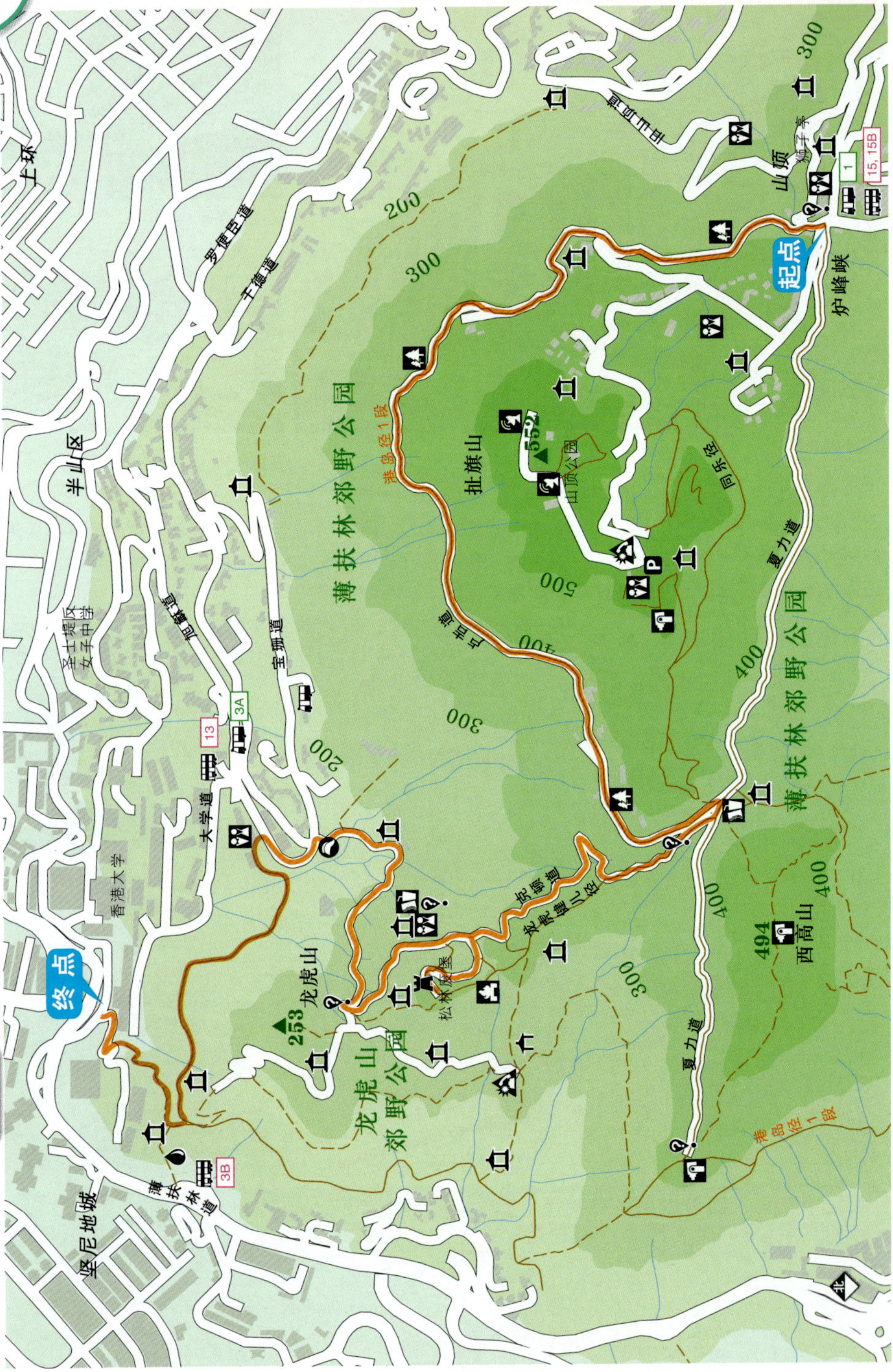

薄扶林郊野公园

港岛径第1段

扯旗山

山顶公园

同乐径

夏力道

炉峰峡

起点

薄扶林郊野公园

薄扶林郊野公园

494
西高山

253 龙虎山

龙虎山郊野公园

松林炮台

夏力道

松林径

松林径

克顿道

郊野公园

香港大学

圣士提反女子中学

半山区

土环

薄扶林道

坚尼地城

终点

从山顶鸟瞰维港两岸景致，气势不凡。

山顶—香港仔四小时观景路线

此路线即为港岛径的第1、2段。由山顶到西高山，到薄扶林水塘，再到香港仔，全程13公里的路程都是居高临下的观景地点，能尽情饱览维多利亚港两岸，以及鸭脷洲、香港仔等南区美景，旅程结束后还可顺道到香港仔吃吃海鲜或鱼蛋粉，难怪成为假日的热门郊游路线。

先由山顶卢吉道出发，围绕扯旗山而走，行至夏力道分岔口继续向西走，绕过西高山下薄扶林，然后沿港岛径第2段过香港仔，最后经贝璐道接上香港仔水塘道结束全程。

资料

路程：约13公里　　需时：约4小时　　最佳时节：四季皆宜　　中途补给：无

中途退出：中段可取道薄扶林水塘道下山，至薄扶林道公众骑术学校离开。　　坡度：★

交通范例

起点 山顶广场（卢吉道）	交通工具	路线	下车位置	车费
	新巴：15	中环5号码头→山顶	山顶广场总站	HK$9.8
	15B（假日线）	天后铁路站→山顶	山顶广场总站	HK$9.6
	专线小巴：1	中环(香港铁路站)→山顶	山顶广场总站	HK$9.2
	山顶缆车	中环(花园道)→山顶	缆车总站	HK$28

终点 香港仔水塘道	交通工具	路线	上车位置	车费
	城巴：7	石排湾→中环码头	渔光村海鸥楼	HK$5.3
	76	石排湾→铜锣湾摩顿台	渔光村海鸥楼	HK$5
	专线小巴：4A、4C	石排湾→铜锣湾摩隆街	香港仔南宁街总站	HK$7.5

*香港仔市中心另有多条公共小巴线开往港九新界各区。

初 级路线

港岛郊区

沙田围─慈云山

油塘─井栏树

狮子山

荔景展望练径

山顶─香港大学

山顶 香港仔

港岛郊区 初级

Check point **1** 卢吉道 (港岛径)

　　旅程以环绕扯旗山山腰而建的卢吉道为起点，此乃 19 世纪香港开埠初期，居港洋人特意建来欣赏太平山树林以及维港美景的散步道，故沿路都是高耸入云的百年老树，路面平坦宽阔，十分好走，这里更是半山居民的遛狗胜地，每逢假日俨如开办狗展！

　　走完卢吉道，结尾处是跟夏力道、克顿道相交的分岔口，经克顿道可登龙虎山和港大，沿夏力道向西走便可下到薄扶林和香港仔。

卢吉道接夏力道的分岔口。

卢吉道中段凌空建于峭壁上，是香港首条栈道，也是港岛径的第 1 段。

凌霄阁位于太平山与歌赋山之间的炉峰峡上，也是山顶缆车的总站。

卢吉道分岔口公园后面的石级，可通往夏力道健身径，沿路设有20 个健身站，都是掌上压、引体向上等设施。

Check point **2** 西高山

　　其实，卢吉道、夏力道和克顿道分岔口最南处，公园后面有一条水泥石级小径，名为夏力道健身径。沿健身径上山可登西高山顶峰。西高山海拔 494 米高，为港岛西陲第一高峰，亦是港岛第四高山峰，山顶有 2004 年落成的观景台，可远望扯旗山、奇力山以至南丫岛一带景色，更是著名的日落观赏地，吸引大量摄影迷慕名而来。

西高山观景台上设有标高柱。

龙虎山观景台有一大片草地，上面设有台椅供游人休息，其实原址是西高山机枪堡，是"二战"时布下的防卫设施。

由观景台下山，有西风送爽。

Check point ③ 夏力道

　　游完西高山，可沿路返回夏力道继续旅程，走至尽头可到达龙虎山观景台，虽然位于西高山西北面的山腰，但因属龙虎山郊野公园范围而得名。龙虎山观景台不及西高山观景台高，但仍可尽览港岛西海景，天气晴朗时甚至远至西九龙、葵涌货柜码头、荃湾也可尽收眼底。而观景台旁边的下山石级，就是直达薄扶林水塘的下山路。

夏力道一路都是树林，沿途清风送爽，十多分钟便可走完。

沿途必看动植物

黑领噪

(Garrulax pectoralis)

　　本地常见留鸟，别名大花脸，属画眉亚科，是大型的鹛类，身长27~34厘米。全身主要呈栗褐色，面部有黑色斑纹，因前胸有一圈黑色的斑纹，像领间挂着项链一样，故英文名称为"Greater Necklaced Laughing Thrush"。经常成群活动，爱落到地上觅食。

沙田围—慈云山 油塘—井栏树 狮子山 荔景晨运径 山顶—香港大学

碧水蓝天的薄扶林水塘,景致一流!

龙虎山观景台下山路沿途视野广阔,令人也不禁感到豁然开朗!

Check point ❹ 薄扶林水塘

从龙虎山观景台到薄扶林初段都是微有坡度的下山路,主要是石级,走来并不辛苦,沿途可看到玛丽医院一带的景观。经过配水库,走到近薄扶林水塘的分岔口左转接薄扶林家乐径,全长3.5公里,走完约需1.5小时。路径依地形而建,有点迂回,但全程树影掩映,凉风阵阵,好不舒服,沿路还有多个野餐和休憩设施,故经常有一家大小带着爱犬来此散步。

家乐径中段有两个草坪休憩地,设有凉亭台椅等设施,看草坪如此差的生长状况,就知这里的使用率有多高。

薄扶林家乐径沿途绿树成荫,偶有斜坡也绝不陡峭。

若气力不够,可循乐径前的薄扶林水塘道离开,结束旅程。

沿途必看动植物

玉斑凤蝶 (Papilio Helenus)

有翅尾,翅膀以黑色为底色,后翅有三块白斑及红色新月形斑纹,雌蝶颜色较雄蝶浅。在香港的郊野公园极为常见,飞行速度快,喜欢访花,特别是雄蝶有吸水和登峰行为。

白腰文鸟 (Lonchura striata)

又称尖尾文鸟,是本地常见留鸟。身长约11厘米,身体大致为黑褐色,最大特征是腰部及腹部呈白色。喜爱成群在芒草丛或灌丛中嬉戏、觅食,很常见。

港岛郊区 初级 山顶 香港仔

从港岛径第2段最南端山嘴位置望向华贵村。

Check point ⑤ 香港仔

　　离开薄扶林水塘范围，便是港岛径的第2段。途经配水库及驰马径，沿奇力山山脚引水道旁的马路向南走，不久便可看见香港仔及鸭脷洲一带南区风景。马路尽头要拾级而下，有点陡峭，此刻旅程已接近尾声，难免力有不济，下山对双脚负荷很大，行走时要格外小心。梯级边设有铁链扶手，但若遇上打雷，一定要远离。

　　至香港仔贝璐道便是第2段的终站，沿路下山会经过香港仔华人永远坟场，再一直往西走便是香港仔水塘道尾站，也可经坟场下至香港仔市中心离开。

下行香港仔的石级有点险峻，加上铁链扶手的感觉更觉恐怖，真是步步惊心！

沿途俯瞰香港仔工业村和海怡半岛。

路上的中式凉亭，属香港仔市政局管辖。

此路段沿途一片青葱。

后记＋Tips：路程相当长　记得带足粮水

　　路线虽长，但难度不算高，沿路上下坡落差不大，反而更增加几分挑战性，故对登山新手来说也适合。最重要的是全程4小时的路程都没有中途补给，一定要准备充足的粮水，最好预备雨具。

沙田围—慈云山

油塘—井栏树

狮子山

荔景晨练径

山顶—香港大学

初级 港岛裂区

山顶 香港仔

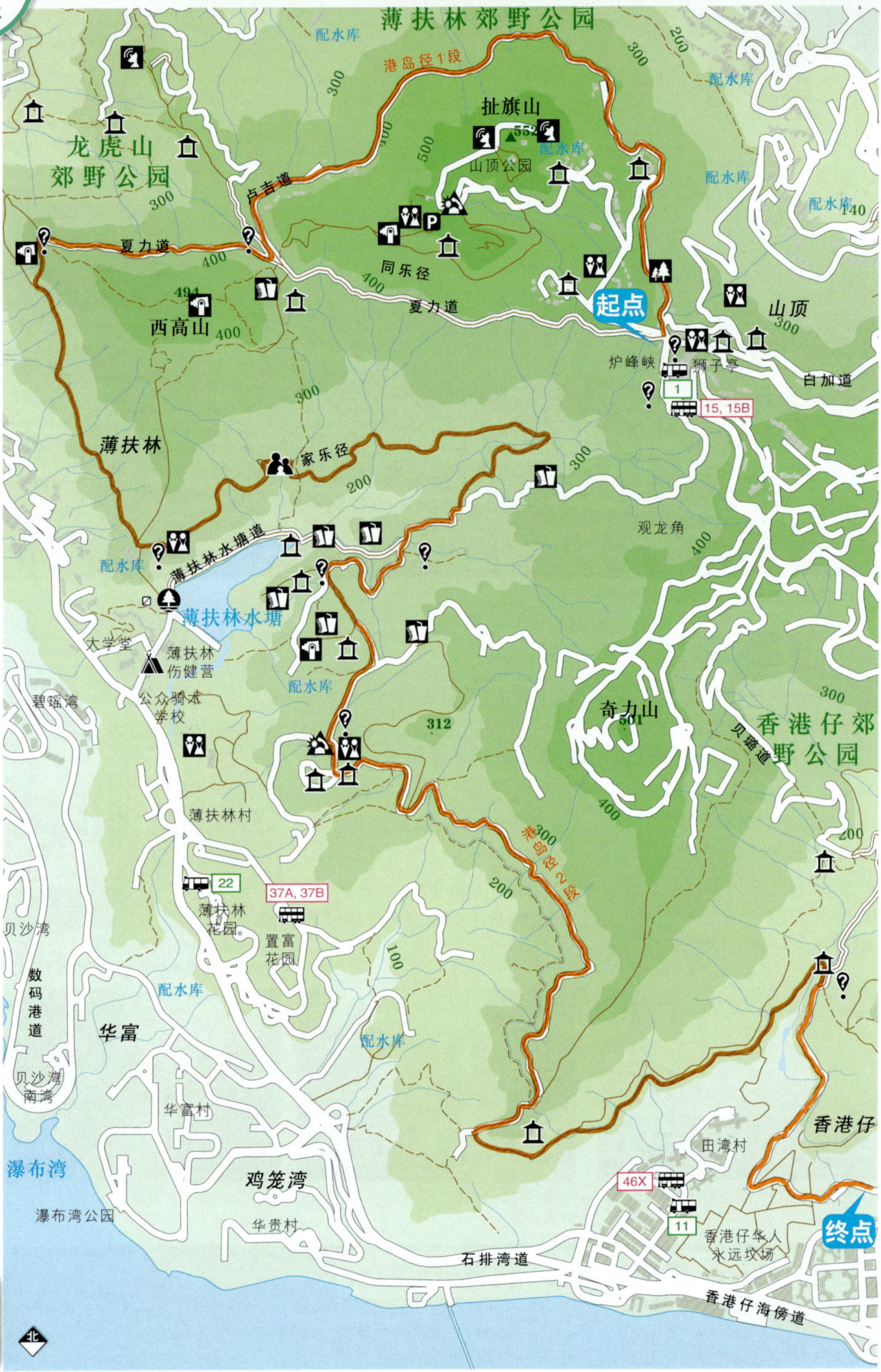
薄扶林郊野公园
港岛径1段
扯旗山
552
山顶公园
龙虎山
郊野公园
卢吉道
夏力道
同乐径
夏力道
西高山
494
起点
山顶
炉峰峡
狮子亭
白加道
1
15, 15B
薄扶林
家乐径
薄扶林水塘道
薄扶林水塘
观龙角
大学堂
薄扶林
伤健营
公众骑术
学校
碧瑶湾
312
奇力山
501
贝璐道
香港仔郊
野公园
薄扶林村
港岛径2段
22
37A, 37B
薄扶林
花园
置富
花园
贝沙湾
数
码
港
道
华富
贝沙湾
南湾
华富村
瀑布湾
鸡笼湾
瀑布湾公园
华贵村
石排湾道
田湾村
46X
11
香港仔华人
永远坟场
香港仔
终点
香港仔海傍道
配水库
北

路线 卢吉道 _30分钟_ 夏力道 _20分钟_ 龙虎山观景台 _25分钟_ 薄扶林水塘 _15分钟_ 薄扶林道

港岛郊区

初
级路线

初级 港岛郊区

山顶 薄扶林水塘

黄泥涌水塘—大潭道

香港仔水塘—贝璐道

黄泥涌水塘—赤柱

宝云道

石澳—大浪湾

近观薄扶林水塘，水面的松山倒影，充满诗意！

山顶—薄扶林水塘
老幼咸宜短途美景

又一条老幼咸宜的观景路线，胜在短小精悍，沿途可赏尽维港两岸以至南区一带景致，夏季天气好时，甚至可远眺南丫岛。

旅程由山顶炉峰峡的卢吉道起步，先环绕扯旗山一周，走至夏力道的休憩处分岔路，继续往西面夏力道走，登上龙虎山观景台鸟瞰摩星岭、西九龙两岸景色。然后沿山径下行至薄扶林水塘，最后从薄扶林道坐车离开，全程绝不会超过两小时。

资料

路程：约7公里	需时：1.5小时	最佳时节：四季皆宜
中途补给：无	中途退出：无	坡度：★

交通范例

起点
山顶广场
（卢吉道）

交通工具		路线	下车位置	车费
新巴：	15	中环5号码头 →山顶	山顶广场总站	HK$9.8
	15B（假日线）	天后铁路站 →山顶	山顶广场总站	HK$9.6
专线小巴：	1	中环（香港铁路站）→山顶	山顶广场总站	HK$9.2
山顶缆车		中环（花园道）→山顶	缆车总站	HK$28

终点
薄扶林道

交通工具		路线	上车位置	车费
城巴：	90B	海怡半岛 ⟷ 金钟	薄扶林水塘道	HK$5.8
新巴：	4（循环线）	华富 ⟷ 中环	薄扶林水塘道	HK$5.3
	970	数码港 ⟷ 苏屋	薄扶林道	HK$11
专线小巴：	28	碧瑶湾(上) ⟷ 铜锣湾新会道	薄扶林道/碧瑶湾总站	HK$9

其实薄扶林道有近二十条巴士线，主要往来港岛区。

初
级路线

港岛郊区

港岛郊区 初级

山顶
薄扶林水塘

黄泥涌水塘—大潭道

香港仔水塘—贝璐道

黄泥涌水塘—赤柱

宝云道

石澳—大浪湾

Check point **1** 卢吉道

从炉峰峡山顶广场下车后，走到对面的卢吉道起步。卢吉道是港岛径第1段，亦是香港硕果仅存的百年栈道，中段特别以钢筋水泥立桩，建于扯旗山山腰。由于卢吉道位置面向海风，水分高有利于植物生长，加上百年来都未遭受人为砍伐，故夹道树木生长茂盛，原生动植物种类特别多，是市区少有的生态观赏路线。居高临下，更可观看维港两岸东方之珠美景。

沿路设置大量指示牌。

卢吉道沿途有多条山溪流经，其中一条从山顶沿崖壁直冲而下形成小瀑布，果真如天上来的水！

居高临下，景观一流，空气也特别清新，城市人该来此多吸两口！

卢吉道是山顶居民的晨练径，故路面平坦，沿途也广设座椅供游人休息。

💬 **专家指点：扯旗山由来**

太平山原称"扯旗山"，两个名字都因张保仔而来。话说清代海盗张保仔纵横粤东沿海、珠江三角一带水域，曾在今日扯旗山头设了瞭望台监视附近一带水域，每遇船只即以扯旗为号，通知山下西营盘的同党出击，因而得名扯旗山。后来张保仔归降清廷，华南水域从此太平，于是有太平山一名。

Check point 2 夏力道

　　沿卢吉道走，不久便到达克顿道及夏力道的交会处，经克顿道可登龙虎山和港大，沿夏力道向西走便可下至薄扶林和香港仔。分岔路口设有临时公园和洗手间，不妨在此歇一歇，稍作休息。夏力道一路都是树林柏油路，沿途清风送爽，走起来也毫不费劲，汗也不冒半滴。

沿途必看动植物

叉尾太阳鸟 (Aethopyga christinae)

　　香港常见的留鸟，体形瘦小，身长约9厘米，特征是雄性头部呈金属蓝绿色，喉部和上胸部为深绯红色，尾部有两条分叉的长羽毛。雌性和雏鸟上体为绿色，头顶灰色，腰部淡黄色，下身偏黄色。常于花间觅食，叫声是高音响亮的"叽、叽"声。

串珠环蝶 (Faunis Eumeus)

　　郊野公园常见，飞行速度缓慢，喜欢几只成群在树林底下活动，吸食腐果。展翅有70毫米长，翅膀以棕色为主，腹面中央有一列白色圆点，前翅还有一度橙黄色斜斑。

黑眶蟾蜍 (Bufo melanosticus)

　　俗称蛤蟆，为香港最常见的两栖类动物，也是香港唯一有毒的蛙。外形独特，最大特征就是眼睛周围有一圈黑色突起，像戴了黑眶眼镜一样。身长6~10厘米，头部有一对腮腺，全身布满大小不一的疣状突起，每当受到刺激，便会从腮腺分泌白色汁液，就连疣状突起也会分泌出毒液，故只有毒蛇(如红脖游蛇)才敢吃它。白天常栖息于石缝间，晚上才外出觅食，主要吃昆虫，鸣叫声为急促的"咯咯"声。

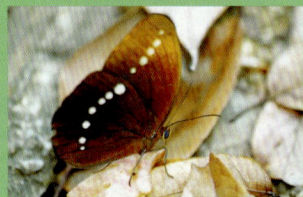

林蜘蛛 (Nephila maculata)

　　学名斑络新妇，是香港最大型兼最常见的原生蜘蛛，比雄性个头大的雌蛛体长可达5厘米，脚与脚之间宽15厘米，爪节间呈黄色，能结直径1米的网来捉昆虫，在香港甚至有捕食雀鸟及蝙蝠的记录。它们有毒牙，人类如果被咬到会感到很痛。雄蜘蛛较为细小，橙色，大约只有雌蜘蛛的1/3大。

由观景台向下望，坚尼地城、西营盘、玛丽医院一览无遗。

Check point ❸ 龙虎山观景台

　　走到夏力道的尽头，登上一小段陡坡的梯级后有一座广阔的平台，就是龙虎山观景台，其上有一座由西高山机枪堡改建成的观景台，乃第二次世界大战期间，英军为防止日军南下而布设的防卫设施，现场设有告示牌介绍。从观景台极目远望，由西北面的坚尼地城、大小青洲以至西南面的玛丽医院都尽收眼底。沿观景台旁边的石级小径下山，可达薄扶林水塘，沿途下山时视野更广阔，可看到南丫岛一带景观。

登上这几级石级，便是龙虎山观景台。

石级略为陡斜，但可远望玛丽医院、沙湾一带以及南丫岛。

现已改建成观景台的西高山机枪堡，跟克顿道龙虎山头的松林炮台遥相呼应。

初级
港岛郊区

山顶
薄扶林水塘

黄泥涌水塘—大潭道

香港仔水塘—贝璐道

黄泥涌水塘—赤柱

宝云道

石澳—大浪湾

薄扶林水塘是香港第一座水塘，建于1860年，依山势盖建水坝拦截雨水而成，景致优美。

离开薄扶林水塘前，会经过一排圆顶的水务署设施，在此可清楚看到南丫岛。

Check point ④ 薄扶林水塘

　　由观景台旁下山前往薄扶林水塘，初段主要是石级，而后转为泥路山径，但仍十分好走，沿途可赏尽港岛西南面景色。行至配水库附近有一分岔路，右转通往薄扶林家乐径，沿路直行则可到达薄扶林水塘道，再继续向下走便是薄扶林塘。若不太累，薄扶林水塘道储水池平台的侧面有楼梯直达水塘主坝，或再沿着薄扶林道南下，去走走香港开埠前已经出现的薄扶林村。

从西高山下至薄扶林水塘的石板路山径。

薄扶林水塘附近的山涧，四周被丛林包围，要小心有黑眶蟾蜍。

薄扶林水塘道沿途绿树成荫。

后记＋Tips：毫无难度

　　完全无难度，只有登上龙虎山观景台一小段是上坡，其余大部分皆为下坡水泥路，在此散步、遛狗皆宜。若嫌难度太低，大可反方向由薄扶林水塘上山顶，路程也不会超过2.5小时。沿途有林鸟和蝴蝶可供观赏，可带上望远镜。

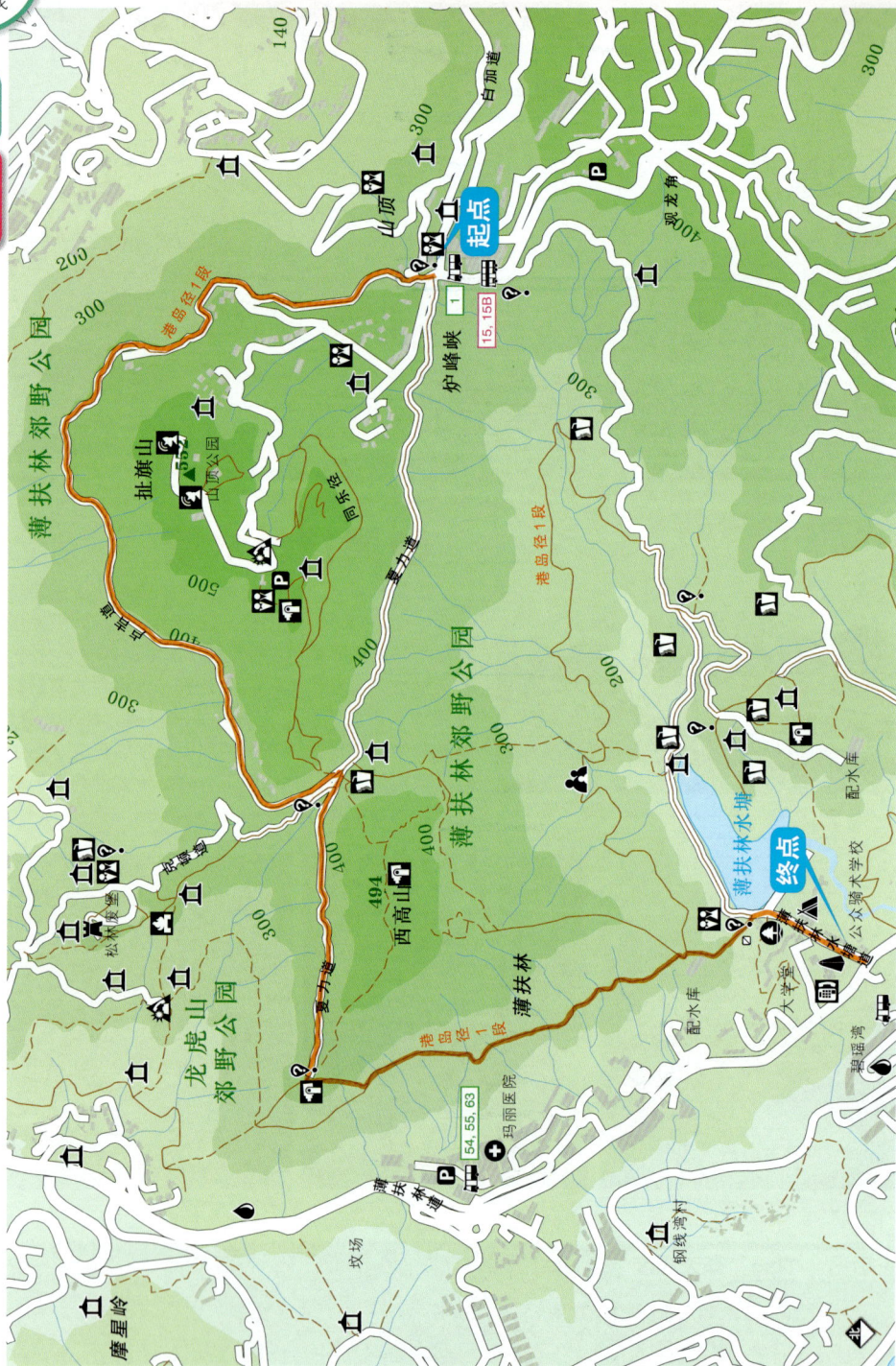

港岛郊区 初级

山顶
薄扶林水塘

黄泥涌水塘—大潭道

香港仔水塘—贝璐道

黄泥涌水塘—赤柱

宝云道

石澳—大浪湾

140

300

300

白加道

400

观龙角

300

300

港岛径 2 段

山顶

起点

炉峰峡

15、15B

1

港岛径 1 段

扯旗山

△552

山顶公园

局乐径

薄扶林郊野公园

夏力道

200

P

300

400

400

500

400

宁静亭

400

600

300

薄扶林郊野公园

薄扶林水塘

配水库

终点

薄扶林水学校

松林废堡

西高山

494

薄扶林

公众骑术学校

大学堂

夏力道

300

龙虎山
郊野公园

港岛径
1 段

薄扶林

钢线湾村

玛丽医院

54、55、63

配水库

翠滟湾

北

摩星岭

薄扶林道

坟场

从大潭笃水塘塘边烧烤场望见的主坝，宏伟非常。

黄泥涌水塘—大潭道
细看英式大潭巨坝

　　紫罗兰山径前半段可赏花、听鸟语，后段居高临下，可鸟瞰深水湾至浅水湾海岸，别有一番景致。尾程的大潭则有水塘美景，宏伟的英式堤坝和石砌古桥最值得一看。

　　路线由黄泥涌水塘出发，沿紫罗兰山径走至浅水湾坳，继而转向东走，走遍大潭中水塘及大潭笃水塘，最后欣赏完堤坝，直接从大潭道坐车离开。

资料

| 路程：约7公里 | 需时：约3小时 | 最佳时节：四季皆宜 |
| 中途补给：无 | 中途退出：浅水湾坳十字路口可右转下至浅水湾道。 | 坡度：★★ |

交通范例

起点 黄泥涌 水塘		交通工具	路线	下车位置	车费
		城巴：6	中环交易广场➝赤柱监狱	黄泥涌水塘公园	HK$7.9
		76	铜锣湾摩顿台➝石排湾	黄泥涌水塘公园	HK$5
		新巴：63 (假日停开)	北角码头➝赤柱监狱	黄泥涌水塘公园	HK$8.9

终点 大潭道		交通工具	路线	上车位置	车费
		新巴：14	嘉亨湾➝赤柱炮台	大潭郊野公园	HK$8.9
		城巴：314 (循环线)*	小西湾蓝湾半岛◆➝赤柱市场	大潭郊野公园	HK$6.9
		小巴：16M	柴湾铁路站➝赤柱	大潭道	HK$10

*只在周日及公众假期行驶

山顶—薄扶林水塘　港岛郊区 **初级**　黄泥涌水塘　大潭道

Check point ① 黄泥涌水塘

由巴士站下车是蚬壳油站，沿油站旁边的梯级向上走便是黄泥涌水塘公园，它是香港首个水上公园，于1986年落成，塘内有鱼、乌龟及鸭子，更提供水上单车及小艇租用服务，大可在旅程前来个泛舟塘上。水塘旁设有小吃亭、茶座和洗手间，由于此路线中途没有补给，建议先在这里整理行装再出发。

塘内的水上单车每小时租金约 HK$100。

水塘建有一座弧形的水坝，高50米、长270米，坝侧的楼梯通往紫罗兰山径。

水塘的抽水站也是石砌的。

20世纪30年代初，日军攻打香港前，英军鉴于黄泥涌峡在军事上的重要性，所以兴建了大规模的军事设施，包括高射炮阵地、榴弹炮炮台等，如今只剩下多个荒废的军营。

Check point ② 紫罗兰山径

沿水塘堤坝往右走，紧接坝侧的楼梯而下，靠右边便是紫罗兰山径。环绕紫罗兰山山腰而建，全长约6公里，头段是建于引水道旁的水泥路，平坦易行，林荫处处。据说第二次世界大战时期，日军就是沿着这条引水道前进，攻打水道旁的英军碉堡，不过最后也都死在这里。

后半段山径以自然沙路和石级为主，虽然坡度不高，但有些崎岖，下雨天路面湿滑更加危险。不过却是全程风景最好的路段，能鸟瞰深水湾至浅水湾沿岸美景。而且，紫罗兰山径更是港岛区的观鸟热点，能看到一群几十只雀鸟一齐飞过的壮观场面。

紫罗兰山径初段的引水道山径。

紫罗兰山径沿途都是密林，并不难走，因此是港岛南区著名的登山径。

石澳—大浪湾　宝云道　黄泥涌水塘—赤柱　香港仔水塘—贝璐道

Check point ③ 浅水湾坳

紫罗兰山径出口位于浅水湾坳，有一道短短的石桥，名为紫岗桥，是一个十字路口。过紫岗桥后要注意，直上可登孖岗山前往赤柱峡道，从右边下山是浅水湾道，左转走塘边的小径才是去大潭水塘道的路，现场设有指示牌引路。

紫岗桥是四通八达的山径会合处，故很容易在此碰上其他登山客。

紫岗桥底下的石涧会流入大潭中水塘。

大潭水塘由4个建于不同时期的水塘组成，其中大潭中水塘于1908年落成。

Check point ④ 大潭中水塘

走过紫岗桥，沿小径下山便是大潭中水塘，山径两旁树木茂盛，路也平坦好走，中途会跨过三条溪涧，沿着水塘边的山径前行便可抵达大潭笃水塘。

通往大潭中水塘的长长石桥。

沿途必看动植物

珠颈斑鸠 (Streptopelia chinensis)

属本地常见的留鸟，状似鸽子，身长约30厘米，全身褐色，特征是黑色的颈后有白色斑点，胸腹部为红棕色，足部为紫红色。珠颈斑鸠叫声也像鸽子，常为反复的"咕咕"声，在久雨初晴时和久晴欲雨时鸣叫得特别频繁。

黑喉噪鹛 (Garrulax chinensis)

通常成群出现，因叫声响亮动听，俗称山呼鸟，常被作为观赏鸟饲养，其实是香港常见的留鸟。身长26~30厘米，由头顶、后颈至尾部呈蓝灰色，下体颜色较深，前额、眼睑、喉部均黑色，面颊则为白色。

山顶－薄扶林水塘

港岛郊区 初级

黄泥涌水塘 大潭道

香港仔水塘－贝璐道

黄泥涌水塘－赤柱

宝云道

石澳－大浪湾

沿大潭笃水塘走会经过三座传统英式石桥，皆建于 1918 年，已有近百年历史。

香港近年雨水较多，水塘经常满水，否则可沿楼梯下至主坝底，坝底有一道石桥，是不少枪战片的拍摄地。

Check point 5 大潭笃水塘

来到旅程的最后一站——大潭笃水塘，建于 1917 年，是港岛最大的水塘，群山环抱，景色优美。大潭笃水塘最驰名的是主堤坝和三座传统的英式石砌桥。

尤其是主坝，每当雨季水塘满溢，水坝排水的气势惊人，恍如宏伟瀑布，是不少电影、电视剧和 MV 的热门拍摄场景地。坝底的湿地更为不少鱼类、招潮蟹和雀鸟提供优良的生态环境。走出全程，最后在大潭道坐车离开。

碧绿色的塘水，很难想象这里是香港。

主坝为大潭道的一部分，由于是单线行车，每当有巴士经过便要停步让路。

后记＋Tips：合家欢短线 要自备粮水

全程风光如画，指示牌清晰，沿途烧烤炉、凉亭等郊游设施充足，特别是后半段的大潭水塘更是宽阔的水泥路，故十分适合一家大小及情侣作短线郊游。不过，由于沿途无补给，宜带上充足的粮水，路上亦有大量雀鸟可观赏，故也应带上望远镜。

沿途必看动植物

银耳相思 (Leiothrix argentauris)

颜色鲜艳夺目，上体余部及尾呈橄榄绿色，翼上有朱红色翼斑，喉、胸呈橙红，覆羽则呈朱红色，身长约 16 厘米。爱二十多只成群活动于常绿阔叶林、灌丛和竹丛间。不善远飞，常在枝间穿梭跳跃，叫声较吵。

隆背张口蟹 (Chasmagnathus convexus)

一种相当美丽的螃蟹，主要栖息于河口的泥地，在大潭水塘水坝底湿地很常见。一共有两种颜色，常见的是全身鲜紫色，小部分全身暗黄绿色。特征是头胸甲横长呈圆形，甲壳 3~5 厘米，密覆短绒毛。螯足粗壮，左右对称，长节前缘末部有一发音隆脊。以植物碎块为食，也吃其他死蟹。

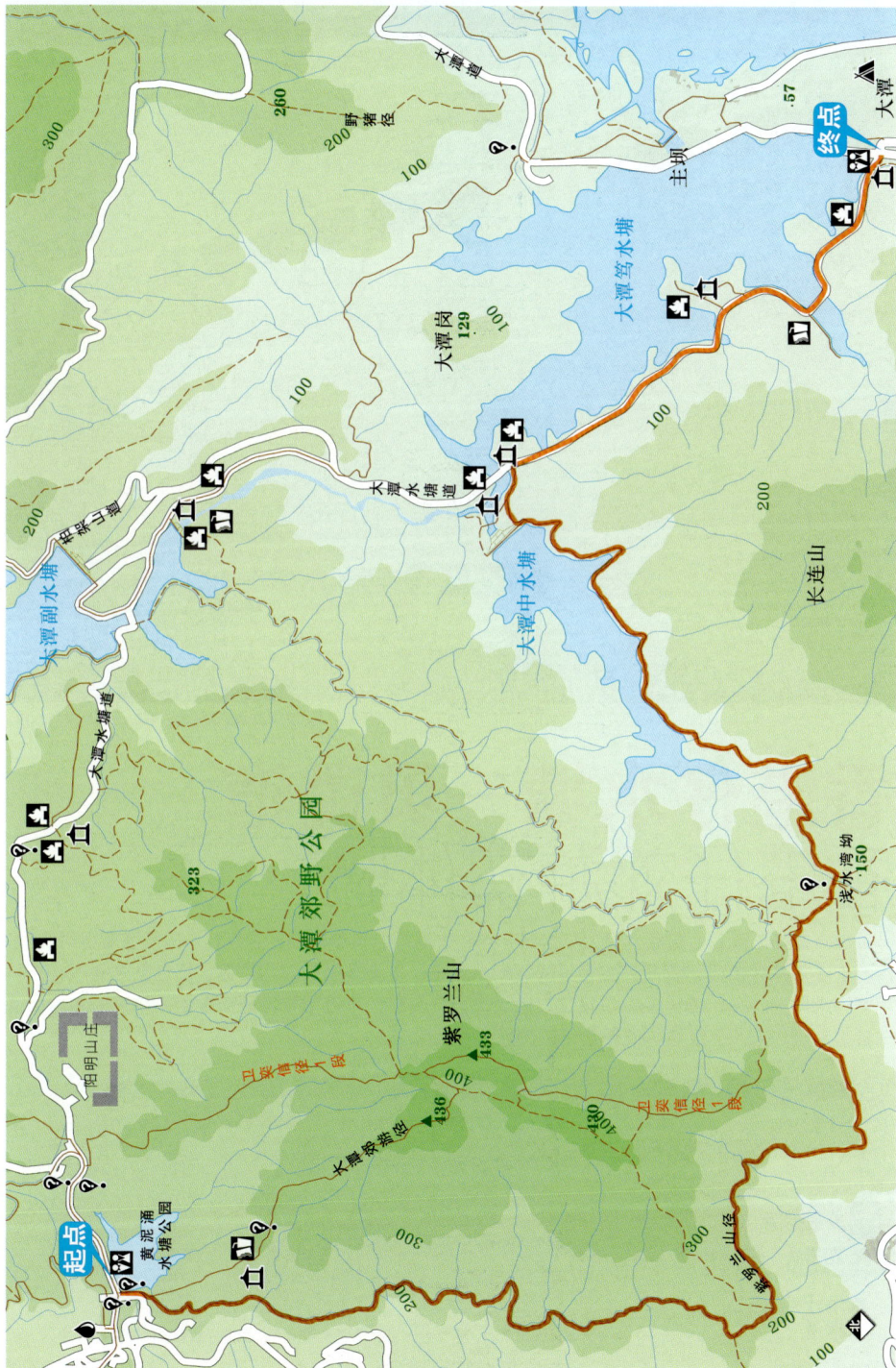

大潭道

260

野猪径

300

200

100

大潭

57

山顶—薄扶林水塘

主坝

大潭笃水塘

终点

大潭岗
129

100

100

100

大潭水塘道

200

大潭岗

长连山

初级
港岛测区

黄泥涌水塘
大潭道

相叠山道

200

大潭副水塘

大潭水塘道

大潭中水塘

200

323

大潭郊野公园

渡水湾坳
150

香港仔水塘—贝璐道

黄泥涌水塘—赤柱

阳明山庄

紫罗兰山
433

卫奕信径八段

436

卫奕信径一段

宝云道

大潭郊游径

480

400

石澳—大浪湾

黄泥涌
水塘公园

起点

300

300

200

紫罗兰山径

山径

200

100

香港仔上水塘堤坝，气势不逊大潭笃水塘。

香港仔水塘—贝璐道
香港仔郊游初体验

　　卖点是简单易行，极适合登山初学者，途经香港仔自然教育径、健身径，以及港岛径第3段，还有全港首条轮椅径，都是人工铺设的宽阔水泥路，差不多全被树木覆盖。景色更是秀丽，初段观赏香港仔上、下水塘美景，中段登上田湾山至贝璐道，可近望香港仔市中心，结束前还可顺道一游香港仔华人永远坟场，此地是留影热点。

资料

路程：约7公里　　**需时：**约3.5小时　　**最佳时节：**四季皆宜，但睇蛇要拣秋季。　　**中途补给：**无
中途退出：头段欣赏完上水塘堤坝，可继续沿健身径行返下水塘。尾段贝璐道行至香港仔，可从华人永远坟场离开。
坡度：★

交通范例

起点/终点	交通工具	路线	上/下车位置	车费
香港仔水塘道	城巴：7	中环码头→石排湾	渔光村海鸥楼	HK$5.3
	76	铜锣湾摩顿台→石排湾	渔光村海鸥楼	HK$5
	新巴：971	海丽村→石排湾	渔光村海鸥楼	HK$11

*另有多条公共小巴线直达香港仔市中心，下车后，沿香港仔水塘道行至香港仔郊野公园闸口即可。

Check point ① 香港仔下水塘

香港仔下水塘前身为大成纸厂的私人水塘，建于1890年，储水容量达4420万加仑。

从香港仔水塘道巴士站下车，大约走10分钟的坡路，便到达起点的香港仔郊野公园入口。公园最主要的景区——香港仔水塘，分为上、下两个水塘，皆于1931年建成，是港岛最后一个水塘。

进入下水塘前，有一处宽阔的休憩地，设有游客中心、烧烤场、洗手间、茶水亭等设施，较特别的是香港仔伤健乐园，那里有全港首条轮椅径，所有设施皆适合轮椅人士使用。

沿公园入口闸门旁的小径起步，先走过香港仔下水塘的水坝，继而取道香港仔自然教育径前往上水塘。自然教育径全长约800米，沿途有指示牌介绍各式植物品种。在树荫底下还可看见鸭脷洲一带景致，中途还有一群群的麻鹰飞过，沙泥山路不多，相当好走。

轮椅径全长200米，沿径设有15个健身设施，主要为伤健人士锻炼上身用。

郊野公园入口的香港仔伤健乐园，由于设施齐备，故每逢假日烧烤炉都早早爆满。

沿途必看动植物

玉带凤蝶 (Papilio Polytes)

市区常见的凤蝶品种，喜欢访花，雌蝶爱在年桔的叶上产卵。展翅80~90毫米长，翅膀以黑色为底色，前翅外缘有白斑，后翅白斑则连成链状，有翅尾。

酢酱灰蝶 (Zizeeria Maha)

展翅只有25~30毫米长，湿季型翅底为灰色，上有多排黑色斑点；旱季型斑点较淡，当中雄蝶翅面比雌蝶多一份淡蓝色。是香港最普遍的灰蝶之一，飞行速度缓慢，喜欢访花和接近地面低飞。

山顶—薄扶林水塘
黄泥涌水塘—大潭道
初级 港岛东区
香港仔水塘 贝璐道
黄泥涌水塘—赤柱
宝云道
石澳—大浪湾

Check point ② 香港仔上水塘

进入上水塘范围后，叠嶂群山中展露出水塘的美景，一潭碧水，水平如镜。路面宽广，多是弯弯曲曲，走起路来非常舒服。不久，便到达上水塘的地标——堤坝，每逢雨季过后排洪时水花四溅，气势磅礴，沿石级可攀上坝顶，居高临下欣赏两塘景致。走过堤坝便是健身径范围，常有老年人前来登山，皆健步如飞！若不打算走毕全程，可沿健身径返回下水塘，需时约30分钟。

健身径沿路设有 14 个健体设施，每天早晨都有许多香港仔的老年人前来晨练兼做运动。

由于上水塘储水量不高，故塘边沙泥经常显露。

从上水塘堤坝顶俯瞰群山环抱的下水塘，由于靠近坝口的塘面较窄，使得下水塘有点像溪流。

沿途必看动植物

黑脸噪鹛 (Garrulax perspicillatus)
爱小群出动，故又称为"七姊妹"，属于香港常见的留鸟。体形略大，身长约30厘米，上体呈暗褐色；外侧尾羽端宽，呈深褐色，特征是额部及眼部有黑色面罩。

麻雀 (Passer montanus)
香港市区最常见的雀鸟，身长约 15 厘米，上身暗褐色，喉部及面颊有黑斑，但幼鸟的黑斑并不明显。常见筑巢于屋檐下、墙洞或树洞中，郊区的麻雀会以种子和昆虫为食。叫声"啾、啾"较为聒噪，喜欢洗澡，有水的地方洗水浴，有沙的地方则洗沙浴，以防生寄生虫。

山顶—薄扶林水塘　黄泥涌水塘—大潭道

港岛郊区　初级

香港仔水塘　贝璐道

黄泥涌水塘—赤柱

宝云道

石澳—大浪湾

Check point ❸ 田湾山

沿健身径继续拾级而上便是田湾山山径，绕田湾山腰而建，此径也是港岛径的第3段，路线比较曲折，部分沙泥山路亦多碎石，要格外小心。但大部分路段位于林荫下，几乎全是平路，途中更会经过多条石涧，并不难走。行至最南端的山径比较开阔，可远望香港仔水塘上、下塘景色。

贝璐道的引水道小径相当好走，但沿途景物也不多。

Check point ❹ 贝璐道

田湾山山径下接贝璐道，沿途下坡都沿着引水道或马路而走，故十分平坦好走，完全无难度。

从贝璐道尾段可近望华人永远坟场及香港仔市区景。

田湾山出贝璐道的路口。

坟场排列整齐，蔡元培的墓地就在四望亭附近。

华人永远坟场的设计处处显现中国风。

Check point ❺ 香港仔华人永远坟场

贝璐道尾段接香港仔水塘道会经过著名的香港仔华人永远坟场，该地三面环海，总面积达98542平方米，不少名人皆安葬于此，其中最著名的首推中国殿堂级教育家、北京大学第一任校长蔡元培。

后记＋Tips：老幼咸宜　注意蛇出没！

全程都是晨练径，平坦易行，中途有多条退出路线，位置又靠近市区，交通方便，的确适合一家大小或郊游新手锻炼身体。但是，对于登山老手来说可能会略嫌沉闷。另外，后段沿途都有引水道，故特别多蛇出没，尤其是清晨和黄昏，它们最爱到路面取暖，登山时要特别留神。

211

香港仔郊野公园

奇力山
501

山顶道

田湾山
252

港岛径3段

香港仔
上水塘

港岛径2段

香港仔

田湾村

起点

香港仔
下水塘

班纳山
214

香港仔水塘道

终点

石排湾道

香港华人
永远坟场

渔光村

香港仔中心

石排湾村

渔光道

黄竹坑道

香港仔海傍道

香港仔西避风塘

石排湾

鸭脷洲村

海怡半岛

鸭脷洲桥道

利东村

鸭脷洲

香港仔南避风塘

玉桂山
196

山顶—薄扶林水塘
黄泥涌水塘—大潭道
香港仔水塘
港岛郊区
贝璐道
初级
黄泥涌水塘—赤柱
宝云道
石澳—大浪湾

北

盘旋滑翔的麻鹰。

黄泥涌水塘—赤柱
近观麻鹰翱翔

　　路线主要行走卫奕信径的第 1 段，不过是反方向走。连翻 3 个山峰，先登上紫罗兰山，是香港著名的麻鹰观赏地，沿途可近距离一睹麻鹰的滑翔英姿，感受这种庞大猛禽在你头顶飞过时的无比震撼！一路上更可鸟瞰深水湾、浅水湾以至大潭水塘美景。后段翻越孖岗山双峰，港岛南区无敌海景一览无遗！

　　行程由黄泥涌水塘出发，沿大潭郊游径登上紫罗兰山峰，继而取道卫奕信径第 1 段南下至浅水湾坳，然后攀过孖岗山两个山峰，最后抵达赤柱峡道结束。

🔍 资料

路程：约5公里	需时：约2.5小时	最佳时节：秋冬季，因沿途无树荫，夏季太晒易中暑。
中途补给：无	中途退出：浅水湾坳十字路口可右转下行至浅水湾道。	坡度：★★★

🚆 交通范例

起点 黄泥涌水塘

交通工具	路线	下车位置	车费
城巴：6	中环交易广场→赤柱监狱	黄泥涌水塘公园	HK$7.9
76	铜锣湾摩顿台→石排湾	黄泥涌水塘公园	HK$5
新巴：63 (假日停开)	北角码头→赤柱监狱	黄泥涌水塘公园	HK$8.9

终点 赤柱峡道

交通工具	路线	上车位置	车费
城巴：6	赤柱监狱→中环交易广场	卫奕信径	HK$7.9
6A (假日停开)	赤柱炮台→中环交易广场	卫奕信径	HK$8.4
小巴：40	赤柱→铜锣湾登龙街	赤柱峡道	HK$9.6

山顶—薄扶林水塘

黄泥涌水塘—大潭道

香港仔水塘—贝璐道

港岛郊区 初级

黄泥涌水塘 赤柱

宝云道

石澳—大浪湾

Check point ① 黄泥涌水塘

1986 年落成的黄泥涌水塘，每天 9:00~17:00 开放，水上单车每小时租金约 HK$100。

从黄泥涌峡道的油站下车，登上油站旁的梯级便是黄泥涌水塘公园。公园是由水塘改建而成的人工湖，是香港首个水上公园，设有小吃亭、茶座和水上单车、小艇等租赁服务，塘面还有鸭子在休闲游泳，故是不少情侣的拍拖热点。

水塘有一座弧形水坝，高 50 米、长 270 米，沿着堤坝往右边走，可通往紫罗兰山径和大潭郊游径。

沿着弧形的堤坝向右走，便可登上紫罗兰山。

堤坝尽头设有告示牌和路牌，指引清晰。

路线坡度图

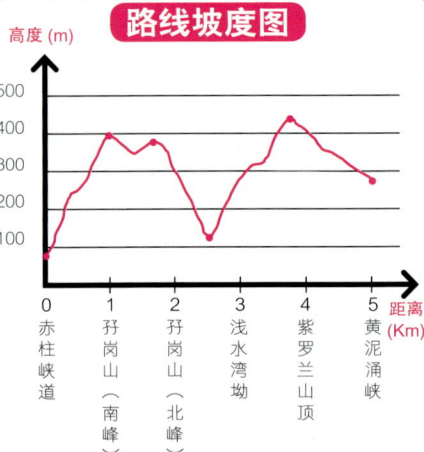

高度 (m)

500
400
300
200
100

0　1　2　3　4　5　距离 (Km)

赤柱峡道　孖岗山（南峰）　孖岗山（北峰）　浅水湾坳　紫罗兰山顶　黄泥涌峡

沿途必看动植物

波蚬蝶 (Zemeros Flegyas)

香港的郊野公园中常见，展翅只有 35~40 毫米长，翅膀呈棕红色，上有多行白斑，主要生活于草地和灌木林，喜爱日光浴。

从紫罗兰山山顶远眺大潭中水塘及大潭笃水塘，绵绵山峦不断向外延伸，仿佛无穷无尽。

Check point ❷ 紫罗兰山

紫罗兰山径和大潭郊游径起步点重叠，但不过几分钟即出现分岔路，右边的引水道小径是紫罗兰山径，靠左边走才是登上紫罗兰山的大潭郊游径。沿泥路登山，两旁是矮小的灌木草丛，虽然坡度不算高，但路面有碎石，崎岖不平，走来有点吃力，幸好刚起步尚且精力充沛。就在此时，一只翼展达 1.5 米的巨型麻鹰，突然从头顶不过10 米高的上空飞过，距离之近，仿佛伸手可及！那股震撼，胜过任何高清画面。

后段卫奕信径的下坡部分已铺设为水泥路，比较好走。

走至接近浅水湾坳位置，会出现有密林。

连绵不绝的山路，登上紫罗兰山还真要点体力。

山顶—薄扶林水塘

黄泥涌水塘—大潭笃

香港仔水塘—贝璐道

黄泥涌水塘 初级 港岛郊区 赤柱

宝云道

石澳—大浪湾

麻鹰就在你面前飞来飞去，距离之近，要拍照根本不用长镜头。

麻鹰出现

大约半小时，便登上紫罗兰山海拔 436 米高的山峰，放眼远眺，可见大潭中水塘及大潭笃水塘层峦叠嶂的山势，庞大的麻鹰随时在你视线中出现，这里也是卫奕信径第 1 段的交接处。之后的下山路轻松好走，加上凉风送爽，不期然加快步速，没多久便抵达浅水湾坳。

沿途必看动植物

麻鹰 *(Milvus migrans)*

正确名称是黑鸢，香港有留鸟也有冬候鸟，数目之多居邻近亚洲国家之冠，故经常吸引大批爱好者组团来观鸟。身长 50~70 厘米，翼展更达 1.5 米，羽毛呈深褐色，并有暗褐色斑纹。翅膀末端的羽毛像手指般分开，尾巴略为开叉，能利用上升的气流在高空长时间盘旋滑翔。

生性凶猛，嘴部呈钩状，能轻易将食物撕开，而弯曲的利爪则能抓紧猎物。特别一提的是，麻鹰其实只吃死尸腐肉，常在垃圾堆填埋区觅食，所以民间说麻鹰捉鸡崽，其实是不成立的。

普通鵟 *(Buteo buteo)*

一般人常将外形相若的鵟与麻鹰混淆，其实鵟是香港的冬候鸟，只在每年的 11 月至翌年的 3 月出现，为我国国家二级保护动物。身长 54~59 厘米，展翅长 110~130 厘米，体形较麻鹰略小，但体形略肥，爱单独觅食，除紫罗兰山径，其实香港的西北面如南生围等，会比较常见。

💬 专家指点：鹰与鵟的分别

1. 麻鹰的翅膀末端有 6 根像手指的羽毛；鵟只有 5 根。
2. 麻鹰的尾巴是浅叉鱼尾形；鵟则是葵扇形。
3. 麻鹰食腐肉死尸；鵟则会捕食小鸟、鱼等活的小动物。
4. 麻鹰在香港一年到晚极为常见；鵟则只在冬季出现，麻鹰与鵟在香港出现的比例约为 15：1。

百合花

由浅水湾坳可望见浅水湾，中间那座外形独特、呈花状的建筑，名叫浅水湾 129 号，是已故的华懋集团老板龚如心，特别命人依照自己喜爱的百合花来兴建的，故又名"百合花"。

Check point ❸ 浅水湾坳

浅水湾坳位于孖岗山及紫罗兰山的山坳，有一道短短的石桥，名为紫岗桥，是多条山径交会的十字路口。过桥后左转通往大潭水塘，从右边下行是浅水湾道，直上便可攀越孖岗山至赤柱。孖岗山由南北两座小山峰组成，坡度极大，故多数游人都选择走大潭水塘方向。

因紫岗桥是多条路线的交会点，故十分有名，其实短得很！

过桥后有路牌引路，南上孖岗山，东往大潭水塘，西通浅水湾。

数数孖岗山的石级，起码超过一千级！

217

山顶—薄扶林水塘

黄泥涌水塘—大潭道

香港仔水塘—贝璐道

黄泥涌水塘

赤柱

初级 港岛南区

宝云道

石澳—大浪湾

从赤柱岗向外看，是赤柱半岛和浦台岛。

Check point ④ 孖岗山

从浅水湾坳登孖岗山，是一条又直又陡峭的长长石级路，恍如永无止境的天梯。一口气连攀孖岗南北双峰，无论如何精壮亦会气喘如牛、汗流浃背。不过，只要翻过孖岗山，碧海蓝天的赤柱景致就展现在眼前，之前登山的疲惫也会一扫而空！但下山路其实不比上山容易，路面陡峭险峻，加上风大，若路面有砂石，便很不好走。

继续拾级而下，不久会经过一座迷你瞭望台，是由一座荒废的小碉堡改建而成的，从这里凭栏远望，可赏尽整个赤柱半岛至石澳一带宁静的港湾景色。再继续下山，跨过引水道，没多久便抵达赤柱峡道。路途虽然艰辛，但挑战完很有成就感！

登上孖岗山沿途视野无阻，可见连绵的山岭。

从孖岗山到赤柱峡道途中的瞭望台位置叫赤柱岗，设有椅子供游人休息。

下山的石级有多险峻？看样子已令人胆怯！

后记＋Tips：登夺命天梯　谨记带上登山杖

初段紫罗兰山很好走，但一转上孖岗山至赤柱，便是陡斜的石级路，上山辛苦不在话下，下坡路更容易崴脚，新手尤其危险，故最好准备登山杖及穿着合适的登山鞋。不过辛苦归辛苦，此路线不算长，介于初级与中级之间，若平日有运动，其实老幼新手皆可尝试。

另外，全程2.5小时只有一个凉亭休息，完全无补给，故一定要自备粮水，行装尽量轻便，但要观鸟就要带上望远镜。

起点

黄泥涌峡

黄泥涌水塘公园

阳明山庄

大潭水塘道

大潭副水塘

大潭郊野公园

卫奕信径1段

大潭郊游径

紫罗兰山

436

433

430

400

323

大潭中水塘

浅水湾坳

150

紫罗兰山径

紫罗兰山径

200

300

300

100

浅水湾道

61

浅水湾

天后像

丽海堤岸路

20

熨波洲

长连山

344

300

363

300

老虎山

孖岗山

386

268

马坑山

卫奕信径1段

中湾

100

200

300

南湾

头洲

北

终点

赤柱峡道

山顶—薄扶林水塘

黄泥涌水塘—大潭道

香港仔水塘—贝璐道

初级

港岛郊区

黄泥涌水塘—赤柱

宝云道

石澳—大浪湾

宝云道半山假日短途

位于半山的宝云道健身径只有 1.5 公里长，路短好走，但如此短的路程中已能看尽大小花卉、蝴蝶和雀鸟，环境清雅，鸟语花香，沿途俯瞰湾仔金钟一带市区景色，还可顺道一拜港岛驰名的姻缘石，以及参观警察博物馆。

旅程以湾仔峡道的公园为起点，顺着湾仔自然径向北走，走到宝云道分岔口，先靠右边去姻缘石，然后原路折返，再走另一边的宝云道健身径，最后沿宝云径下山到湾仔市中心，可从金钟或湾仔港铁站离开。

宫粉羊蹄甲。

沿途必看动植物

宫粉羊蹄甲 (Camel's Foot Tree)

本身属外来品种，因叶形似羊蹄而得名。由于它与香港市花洋紫荆同科，所以无论外形、花和树叶都十分相像，所以经常被人认错。

其实，它的花是粉红色的，洋紫荆则是鲜艳的紫色。宫粉羊蹄甲的花有香味，全年皆是开花期，但以 3 月最盛，盛放时 5 片花瓣尽开，中间一块更有深红色条纹，形态优美，故很吸引蝴蝶、蜜蜂，甚至松鼠等小动物都以它为食。

🔍 资料

路程：约2公里	需时：约2小时	最佳时节：四季皆宜
中途补给：无	中途退出：沿湾仔峡道落湾仔离开	坡度：★

🚋 交通范例

起点
湾仔峡公园

交通工具	路线	下车位置	车费
新巴：15	中环5号码头→山顶	湾仔峡道	HK$9.8

终点
湾仔市中心

交通工具	上车车站
港铁	金钟站太古广场入口(F)，湾仔站修顿球场入口(B)

*另外，湾仔皇后大道东及轩尼诗道有大量巴士线路往来香港各区，如5、6、6A、789等。

Check point ① 湾仔自然径

除了 15 号新巴，亦可由湾仔铁路站，沿太原街、湾仔峡道斜坡走上湾仔峡公园。正式起步前可先到附近的警察博物馆参观，看看香港警队的装备及历史，展品超过 600 件，包括大量粤语片中才见得到的旧警察制服、警车等，都是不错的拍摄题材。

路线第一站的湾仔自然径，是香港第一条市区自然径，全长只有 1 公里，但沿路绿荫处处，古树连天，可观度跟山顶的卢吉道不相上下。一路设置 11 个传意牌，深入介绍动植物及地理知识，因此是中学生的考察热门地。

自然径沿路铺设柏油路，的确好走。

登上一段石级便到警察博物馆，面积 570 平方米，展品超过 600 件。

博物馆最好看的其实是昔日警队的旧装备，如这个 60 年代使用的交通指挥亭。

马缨丹又名五色梅，全株有浓烈的臭味，误食会中毒，却是蝴蝶成虫的主要食物，故在它附近一定有蝴蝶出现。

沿途必看动植物

山大刀 (*Psychotria asiatica*)

因其枝有多而明显的节，故又名九节木，属茜草科 (Rubiaceae)，是香港常见的原生灌木，更是雀鸟的主要食物，故在它附近一定有雀鸟出现。全年均开花结果，最大特征是红色的球形浆果，其根和叶可制成中药材，有清热解毒、祛风除湿、消肿拔毒等功效。

*请勿采集或进食！

🔍 资料

警察博物馆

地址：香港山顶甘道 27 号　　电话：2849-7019
开放时间：9:00~17:00（逢周二 14:00~17:00）
休息：逢周一及公众假期　　*免费入场

山顶－薄扶林水塘　黄泥涌水塘－大潭道　香港仔水塘－贝璐道　黄泥涌水塘－赤柱　石澳－大浪湾

Check point ② 宝云道姻缘石

湾仔自然径其实是湾仔峡道的一部分，出口被宝云道贯穿成十字路口，右手边设有一座小型公园，凉亭、洗手间等设施一应俱全，常有八哥在此处出没。现在的宝云道已辟作健身径，整条柏油路，两旁种满参天大树，沿途可鸟瞰湾仔和铜锣湾全景，更设有大量健身设施。

但宝云道健身径最出名的，其实是被喷满红漆的姻缘石。由自然径右转走右边的宝云道，便可通往姻缘石。据说单身男女摸石可得姻缘，蜜月中男女摸石则感情更稳定，求夫得夫，求妻得妻，求子得子，灵验到连台湾的电视节目都曾大肆介绍，每逢农历初六、十六及二十六石公诞，更加挤满来此求缘的善信。

姻缘石前有一段阶梯，不算陡斜。传说在石底的通道兜圈，可保佑身体健康。

专家指点：宝云道历史解码

全长 5 公里，以第九任港督的名字命名。又称三马路，因与称为大马路的皇后大道，以及称为二马路的坚尼地道并行而得名。话说宝云道原本只是半山区的输水渠，名叫宝云渠，后来香港政府在桥墩上兴建马路，才变成如今的宝云道。香港开埠初期，港府所竖立的 6 块维多利亚城界石，其中一块正位于宝云道靠近司徒拔道的出口处。

沿途必看动植物

八哥 (Acridotheres cristatellus)

也叫鹩哥，生性聪明好学，不怕人，能学会其他鸟叫声，甚至简单的人语，故广被饲养。身长约 26 厘米，一身光泽黑羽，嘴和脚为橙黄色，额羽耸立，翅膀有白斑，飞起来呈"八"字，因而得名。属本地留鸟，喜欢结队在树梢或电线杆上活动，以昆虫为主食，属杂食性鸟类。

长尾缝叶莺 (Orthotomus sutorius)

每年 4 月至 8 月繁殖期时，缝叶莺父母会利用细草茎、蜘蛛丝等做"线"，将自己的尖嘴做"针"，然后把叶片缝合成巢，故有"裁缝鸟"之称。生性不怕人，喜于低层树林活动，是全年皆见的留鸟。体形细小，身长只有 11～13 厘米，尾长、嘴长，头顶红褐色，叫声是响亮的"叽、叽"声。

姻缘石附近有大量老婆婆售卖拜石用的香烛宝帖，约 HK$10 一份，方便求姻缘。

Check point ③ 宝云径

参观完姻缘石，可原路折返，继续走另一边的宝云道健身径，整条健身径沿途设置有不少凉亭及石凳供游人休息，一路树荫茂密，阳光只从叶缝隐隐透出，即使夏季也不怕闷热，是理想的登山路径，也是湾仔区出名的晨练胜地。再继续沿宝云道经宝云径，便可下至金钟、湾仔市中心，若意犹未尽，可顺道一游香港公园和动植物公园再离开。

沿宝云径有不少军事设施，都是英治时代遗留下来的，可见昔日的半山是军事重地。

后记＋Tips：假日休闲旅行

全程都是人工铺设的平坦柏油晨运径，一路树荫，极度好走。沿途有花草树木、有博物馆、有神拜，又有风景，故是一家大小、扶老携幼，以及情侣的假日消闲好去处。行走时记得带相机，路上有很多拍摄地，若打算观鸟赏蝶，请带上望远镜。

从宝云道健身径可近距离欣赏金钟、湾仔一带繁华的城市景致，是另一种美。

沿途必看动植物

小葵花凤头鹦鹉 (Cacatua sulphurea)

属外地引入的品种，常见于港岛区大型公园及半山区。身长约33厘米，全身白色，特征是拥有黄色或橙色的冠羽。叫声十分吵闹，爱群居于树洞中，以花蜜、种子和果实为食。

籼弄蝶 (Borbo cinnara)

展翅只有 30~35 毫米长，触角短，翅膀呈棕褐色，外形跟稻弄蝶相似，亦有人将它与飞蛾混淆，特点是拥有一双黑色大眼睛，多在荒田或草原出现，飞行速度快。

钮灰蝶 (Acytolepis Puspa)

体形细小，展翅只有 30 毫米长，翅膀腹面呈白色，上有黑色斑点。雄蝶的翅膀背面呈蓝色，中央有白斑，并有黑边；而雌蝶背面的黑边更宽阔。属香港常见的灰蝶之一，全年都会出现。广泛分布在不同山区及低地中，飞行飘忽但速度不快。雄蝶有联群汲水和登峰的习惯。

山顶─薄扶林水塘

黄泥涌水塘─大潭道

香港仔水塘─贝璐道

黄泥涌水塘─赤柱

初级 港岛郊区

宝云道

石澳─大浪湾

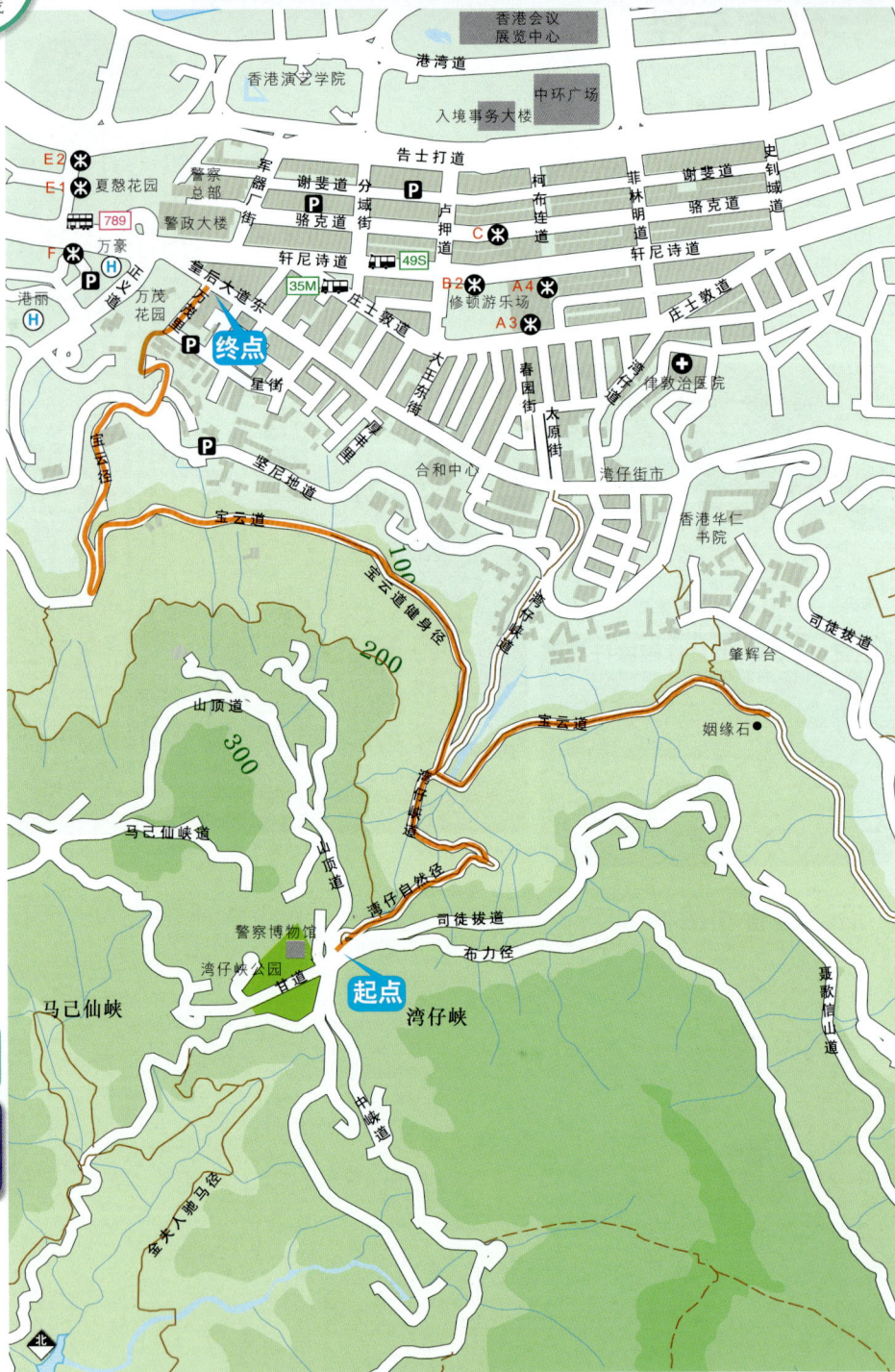

香港会议
展览中心

香港演艺学院

港湾道

入境事务大楼

中环广场

告士打道

E2

E1 夏慤花园

警察
总部

谢斐道

军
器
厂
街

分
域
街

P

卢
押
道

柯
布
连
道

菲
林
明
道

谢斐道

史
钊
域
道

骆克道

789

警政大楼

骆克道

C

轩尼诗道

F

万豪

49S

庄士敦道

B2

A4

轩尼诗道

庄士敦道

P

港丽

盛丰大厦

万茂
花园

皇后大道东

35M

修顿游乐场

A3

终点

星街

大王东街

春园街

大原街

伟敦治医院

香港华仁
书院

P

坚尼地道

合和中心

湾仔街市

宝云道

司徒拔道

宝云道健身径

100

200

肇辉台

姻缘石

山顶道

300

宝云道

马己仙峡道

聂歌信山道

警察博物馆

司徒拔道

湾仔峡公园

湾仔台自然径

布力径

马己仙峡

起点

湾仔峡

甘
道

金夫人驰马径

北

224

山顶—薄扶林水塘

黄泥涌水塘—大潭道

香港仔水塘—贝璐道

黄泥涌水塘—赤柱

港岛郊区
初级

宝云道

石澳—大浪湾

龙脊是香港玩滑翔伞的热门地，著名的英国旅游节目 *Lonely Planet* 都有介绍。

石澳—大浪湾
亚洲最佳市区山径

　　路线主要行走港岛径最后一站的第8段，为山路最多的一段。其中的龙脊，曾被美国《时代》周刊评选为亚洲区的"最佳城市旅行线路"，因而蜚声国际，连外国游客都纷纷慕名而来。事实上，三面环海的山脊沿路视野辽阔，石澳半岛的旖旎风光尽收眼底，还常有滑翔伞好手沿脊跃下，的确教人心旷神怡。此外，起点的石澳和终点的大浪湾都有大量景点，沿途有山、有溪、有滩，还靠近市区，绝对吸引人！

　　路线由石澳起步，沿石澳道行至土地湾，然后登上打烂埕顶山，跨越龙脊，最后跶过歌连臣山、经马塘坳下至大浪湾结束。

资料

路程：约8.5公里	需时：约4小时	最佳时节：四季皆宜，但龙脊缺乏树荫，夏季会太晒	
中途补给：无	中途退出：无，但可改由土地湾出发，约节省半小时步程		坡度：★

交通范例

起点 石澳		交通工具	路线	下车位置	车费
		新巴：9	筲箕湾→石澳	石澳巴士总站	HK$6.9
		红色小巴	筲箕湾铁路站→石澳	石澳巴士总站	HK$8～10

终点 大浪湾 石澳道		交通工具	路线	上车位置	车费
		新巴：9 (特别班次)	石澳→筲箕湾	大浪湾停车场	HK$6.9
		红色小巴	石澳→筲箕湾铁路站	大浪湾停车场	HK$10

山顶─薄扶林水塘
黄泥涌水塘─大潭道
香港仔水塘─贝璐道
黄泥涌水塘─赤柱
宝云道

中级 港岛郊区
石澳 大浪湾

山顶—薄扶林水塘

黄泥涌水塘—大潭道

香港仔水塘—贝璐道

黄泥涌水塘—赤柱

宝云道

港岛郊区 中级

石澳
大浪湾

位于石澳入口旁的石澳健康院空地，是电影《喜剧之王》中，星爷教张柏芝做戏的街坊福利会，留意大树后面的门口，可直通后滩。

石澳正滩面积广阔，附设烧烤场地和沙池儿童游乐园，虽然不合法，却是南区居民的遛狗胜地。

石澳后滩面积不大，多碎石，是风帆、独木舟的上船位，滩畔设有酒吧，很有普吉岛的味道，也是《喜剧之王》中张柏芝同星爷激吻的场景！

Check point **1 石澳**

石澳古称石凹，位于港岛南岸半岛，除了景色优美之外，石澳村还很有欧陆小镇风情，是不少电影、电视剧和 MV 的热门拍摄场地，如《双城故事》、《呖咕呖咕新年财》等，其中最深入民心的首推星爷周星驰的《喜剧之王》，时至今日依然有日本影迷慕名前来朝圣。附近食肆林立，不妨于启程前先在此游览、补给。

酒足饭饱过后，沿石澳道行至土地湾，初段是平坦马路，但走近土地湾时变成上坡路，有点吃力，而且沿途景色一般，如无意游石澳，大可提前在土地湾巴士站下车。

《喜剧之王》剧照。

石澳内街有很多外籍人士聚居，都喜欢将村屋外墙粉饰得美轮美奂，乃不少潮流杂志的取景热点。

只有英文名称的石澳巴士总站，都是电影、电视剧的拍摄热门地，包括《双城故事》、《锦绣前程》等。

Check point ② 土地湾

来到土地湾港岛径告示牌，便是上龙脊的港岛径第8段入口。一起步先登数十级石级，接着是蜿蜒的密林小径，有竹有树，此段同时是越野单车小路，偶有上下坡路但好走。鸟声处处，途经数条小溪，但景观全被大树遮挡。登至弯道处的避雨亭旁有一左转小径，只通往打烂埕顶山西面山腰，要再往前走，沿港岛径指示上到打烂埕顶山脊顶右转，便是闻名已久的龙脊。

这个土地湾的石澳道路口，为港岛径第7段和第8段的交接处，旁边设有洗手间。

港岛径第8段入口对面，有一百多级下山石级，可通往土地湾沙滩，滩上有不少独木舟及双体船停泊，遥望对岸的豪宅红山半岛。

从龙脊放眼远望，最远可见歌连臣角惩教所，以及远远的东龙洲。

Check point ③ 龙脊

龙脊，指的是打烂埕顶山与云枕山之间的长长山脊路，因为山势蜿蜒起伏，雄伟如腾龙之脊，因而得名。一登上龙脊，视野立即豁然开朗，眼前是高低起伏的延绵山路，大浪湾、石澳，以至东龙岛一带湖光山色尽收眼底。凉风拂面，精神为之一振，偶然还会见到麻鹰飞过！

龙脊山径中间会经过打烂埕顶山高284米的山峰。

沿途必看动植物

宽边黄粉蝶 (Eurema hecabe)

香港最常见的粉蝶，飞行速度快，有集群汲水习惯。展翅宽45~50毫米。翅膀以黄色为主，前翅外缘有宽黑色带，直到后角，界线清晰，后翅翅底有碎斑。

延绵起伏的山脊无穷无尽，极具气势！

小心崴脚

每逢周末假日，这里便是放遥控飞机及跳滑翔伞的热门场所，看着玩家从山脊一跃而下，再翱翔天边，何其自由！部分山脊路窄，两旁是陡峭的山坡，路面如遇沙石，要小心走，以免滑倒，不过政府已在最崎岖的下坡地带增建了石级。

Check point **④ 歌连臣山**

龙脊尾段接上林荫小径，山溪处处，流水涓涓，与先前的壮丽景致构成强烈对比。之后，环绕歌连臣山山腰迂回而行，初段先要走过又弯又长的下山石级，虽然路宽好走，但旅程已过了一多半，脚步明显变得轻飘飘，最好注意安全，但可鸟瞰大潭湾那几乎海天一色的景致。往后则是灌木、密林交错，景色一般。

眺望对岸的红山半岛，以至孖岗山、紫罗兰山延绵山岭。

大潭湾景致令人劳累感一扫而光！

下坡石级路景观优美，隔着两旁一片青葱看海，与脊尾相比是另一番景象。

从石级上便可望见大浪湾。

Check point ⑤ 马塘坳

　　走到歌连臣山西北面会接上车路，迂回地多走 15 分钟便到马塘坳。从龙脊一路走来，翻山越岭接近两小时，终于有凉亭、台椅可做小憩午膳之地，从凉亭更可远眺柴湾一带城市景色。马塘坳为多条山径的交会点，向东直行砵甸乍山郊游径，可沿歌连臣角道下至小西湾；继续沿港岛径走，便可下至大浪湾。

　　养足精神再次上路，两旁绿树成荫，顺势而下，平缓好走。走至东南尽头又有石级，拾级而下能俯瞰澎湃的大浪湾，隐隐听得见汹涌浪声，终点已然在望！

落大浪湾的石级乃近年新建，由碎石铺成，很美，亦很斜。

从马塘坳放眼的柴湾市区。

大浪湾两旁被石滩包围，中间则沙粒清细。

Check point ⑥ 大浪湾

　　穿过大浪湾村，便是港岛径位于石澳道的出口，大浪湾村面积比石澳小，但一样有商店、咖啡店，甚至烧烤场，连麻将牌都有租借。

　　沿着坡路便下到沙滩，大浪湾位处港岛最南面，全年巨浪不绝，秋、冬两季尤甚，故是香港少有的冲浪场地，很多香港的模特和 ABC 都喜欢趁平日人少时来冲浪晒太阳，当中包括陈冠希、李灿琛等潮星。沿沙滩后车路上坡便是停车场，有红色小巴和巴士可离开。

港岛径第 8 段的出口，也是整条港岛径的终点。

一时兴起想冲浪？大浪湾附近的商铺有冲浪板出租，租金 1 天约 HK$30。

后记＋Tips：龙脊略险　但还算老少咸宜

　　旅程需时相当长，但不算陡斜，走起来并不太费劲，如有登山经验，基本上是老少咸宜。唯有龙脊山径两旁没有任何遮挡做扶手，有一点险峻，行走时需格外小心，一个跟一个。

火葬场

茵翠苑

歌连臣道角

坟场

坟场

大潭峡惩教所

马塘坳

歌连臣山
348

砵甸乍山
312

砵甸乍山郊游径

歌连臣角惩教所

18M

草堆湾

石碑山

石澳郊野公园

石碑
164

石碑
152

港岛径7段

石澳道

港岛径8段

港岛径8段

港岛径8段

200

300

200

100

100

100

100

200

100

烂泥湾村

烂泥湾

大潭港

大浪湾郊游区

大浪湾

大浪湾泳滩

大浪湾

石刻

终点

云枕山

.265

大浪涌道

观音山

配水库

高尔夫球场

石澳乡村俱乐部

石澳道

东丫村

东丫背村

100

龙脊

200

打烂埕顶山

港岛径8段

200

银坑村

石澳

石澳湾

石澳后滩

红山半岛

石澳山仔

石澳正滩

起点

石澳村

土地湾

土地湾村

254

石矿场

鹤咀半岛

山顶—薄扶林水塘
黄泥涌水塘—大潭道
香港仔水塘—贝璐道
黄泥涌水塘—赤柱
宝云道
港岛郊区 中级
石澳 大浪湾

北

大屿山及离岛

大屿山向来是郊游热门地，近年来交通更加方便，郊游设施也不断增建，登山更加安全。而离岛郊游的另一大优点，就是登山之余还能顺道吃海鲜、买礼品，是享受短假期的最佳选择！

TRIGONOMETRICAL STATION
DO NOT DEFACE OR DAMAGE
LANDS DEPT.

三角测量站
切勿涂污或破坏
地政总署示

难度分级

本书所列郊游路线均按难度分为初级、中级、高级，请按照个人及同伴的体能与兴趣选择，评级条件如下：

初 级路线

初级：路程短，路线也简单，上、下坡不多，大可轻装上路，男女老少、新手皆宜。

中 级路线

中级：路程略长，途中需经过有一定坡度的山坡，路径也不是很容易找，需要有一定经验及体能才能应付，登山装备、食物和水更要备足。

高 级路线

高级：不论路程、坡度、危险性皆是顶级，自信经验丰富、体能超人，加上事前准备充足，才可以挑战！谨记量力而为。

马湾最新的话题景点诺亚方舟，很适合带小朋友前往。

马湾
文物古迹家庭游

马湾位于汲水门口，与深井相对。在未发展成新型豪华住宅区时，是一个小渔村，对外交通以街渡为主，来往于深井与马湾。如今这座小岛已发展成大型屋苑及主题公园，成为新一代的休闲学习好去处；来往交通以新型高速渡轮代替了以往的街渡。

近年来落成的马湾公园，是以环保及文物保护为主题的公园，有多个不同的展馆，适合一家大小轻松"游学"！

🔍 资料

路程：约2公里	需时：约2小时	最佳时节：四季皆宜
中途补给：码头及马湾旧村都有	中途退出：马湾村	坡度：★

🚆 交通范例

起点/终点
柏丽湾

交通工具	路线	航程	收费
渡轮	荃湾码头→柏丽湾码头	15分钟	成人HK$10，小童HK$5
专线巴士	青衣铁路站→柏丽湾	约15分钟	HK$9.5
	葵芳新都会广场→柏丽湾	约20分钟	HK$10
	机场二号客运大楼→柏丽湾	约30分钟	HK$24
	荃湾铁路站→柏丽湾	约15分钟	HK$8.2
	中环二号码头→柏丽湾	约30分钟	成人HK$22，儿童及长者HK$11

航班资料可浏览网址：www.pitcl.com.hk/chi/html/bus.htm

由荃湾前往柏丽湾的码头，就在荃湾西铁路站对面，非常方便。

柏丽湾码头广场，有咨询处和各式餐厅、商店。ATM则在巴士站附近才有。

Check point ❶ 码头广场

　　经过约 15 分钟的船程便可到达新型豪华码头，步行不久可见大厦林立，完全没有走进离岛的感觉。不过，这只是开始，大家可到现代化的码头广场，采购一些必需品，然后展开自然文物保护之旅。

码头广场的餐厅以茶餐厅和咖啡厅为主。

Check point ❷ 东湾沙滩

　　壮观的青马大桥，是正确路线的指标。沿岸步行约 5 分钟，很快就会到达东湾沙滩。沙滩面积不大，但因为青马大桥的关系，成为游客必到的景点。在沙滩上还可远观宏伟的诺亚方舟，沙滩旁边有一个指示牌，清楚地指出各个景点的位置，而上面所写的观景台就是我们本次行程的下一站。

东湾海滩旁是观赏青马大桥的最佳位置。

指示牌就在沙滩旁，洗手间和景点位置也有标示。

从海滩可眺望诺亚方舟。

初级
大屿山及离岛

马湾

昂坪缆车径

愉景湾—梅窝

梅窝—贝澳

东涌—大澳

羌山道—大澳

大屿山及离岛　初级

马湾

品坪缆车径

愉景湾－梅窝

梅窝－贝澳

东涌－大澳

羌山道－大澳

马湾公园入口有很多大型雕塑，是许多游人留影的地方。

园内设有通识教室，里面展出马湾的出土文物，并播放有关马湾发展的影片。

沿途有不少关于再生能源的展品，很有教育意义。

历奇园地设有绳网和平衡木等游乐设施。

马湾公园内展出了不少文物。原本位于马湾东湾仔的清代砖窑，也被迁至马湾公园展出。图为远至唐代的灰窑。

公园内的林荫小径全部为水泥路和木楼梯，环境清幽。

Check point ❸ 马湾公园

　　马湾公园是一个集环境及文物保育于一身的公园。2007 年，公园的部分设施正式开放。到 2009 年夏季，公园内最令人瞩目的诺亚方舟亦宣布全面投入使用。公园内四通八达，林荫小径穿梭于多个展馆，各有特色。

　　这个四处充满教育概念的地方，本身就是一个课堂，其中包括通识教室、再生能源应用的资料、马湾蝴蝶品种的介绍、唐代的灰窑、清代的砖窑及历奇园地等。

马湾公园网址：www.mawanpark.com/chn/home.php

Check point ❹ 观景台

　　穿过马湾公园，往前走约 5 分钟便可到达观景台。这个由 100 支高杆支柱所组成的地方，如飞鸟展翅，并且能把汲水门大桥的日落美景尽收眼底。

观景台附近设有小吃亭和座位，可边吃小吃，边欣赏汲水门大桥美景。

观景台设有望远镜。

Check point **5** 芳园书室

从观景台起向马湾旧村进发，走约 5 分钟，便离开马湾公园。沿芳园路步行不久，会见到一座两层高、白色外墙、绿色屋顶的古老建筑物，这就是活化历史建筑计划中面积最小的芳园书室。

这所建于 1900 年的学校，是马湾唯一尚存的战前小学，只有 3 间教室，由两位老师任教，全校由小学一年级到小学六年级共计 80 名学生。到了 1956 年，就读人数开始渐渐减少。

历史悠久的芳园书室。

Check point **6** 马湾旧村

走过芳园书室后再步行约 15 分钟，就会到达另一个世界。这里没有高楼大厦，没有现代化建筑，没有繁华之声，只有宁静、和谐和淳朴。这里就是马湾旧村。

村内仍然保留着以往的渔村风味，石磨和晒虾棚等代表过去生活的物品随处可见。其码头更是欣赏夕阳晚霞的理想之地。

旧村海边极有小渔村风情。

旧村中尽是旧式的楼房和商店。

在村内可见到石磨和晒虾棚等传统生活用品。

村内的天后古庙。

昔日的小渔村，与现代化的大桥形成强烈对比。

马湾

大屿山及离岛　高级

昂坪缆车径

愉景湾—梅窝

梅窝—贝澳

东涌—大澳

羌山道—大澳

昂坪缆车径
木板栈道
腾云驾雾

昂坪缆车径人气很高，2012 年还举行过大型的登山筹款活动，更由攀山专家钟建民带队。栈道有多险峻，看样子已能领会。

又名昂坪栈道，原为昂坪缆车底下的紧急事故救援径，为保存郊野的原始气息，加上山势崎岖，部分路段特别以木板和木梯搭建略高于地面的栈道，全港只此一条，别具特色！走在栈道上，一架架缆车在头顶近距离掠过，有说不出的震撼！

沿途更加风光明媚，可俯瞰赤鱲角机场全景。随着昂坪 360 重开，缆车径即成最热门的登山路线，每天都游人如鲫！路线由东涌逸东村出发，经过侯王庙后循着昂坪缆车径上山，至 6 号缆塔后，转而走弥勒山郊游径抵达昂坪，之后可继续游览天坛大佛、昂坪市集、心经简林、宝莲寺等名胜。

资料

路程：约8公里	需时：东涌→昂坪约6小时、昂坪→东涌约5小时	最佳时节：秋冬季天凉为佳
中途退出：无	中途补给：无	坡度：★★★★★

交通范例

起点	交通工具	路线	下车位置	车费
东涌逸东村	城巴：E21A	爱民村→东涌逸东村	逸东村总站	HK$14
	E21X	红磡铁路站→东涌逸东村(特快线)	逸东村总站	HK$17
	E31	荃湾愉景新城→东涌逸东村	逸东村总站	HK$10.8
	港铁	东涌线*	东涌站	

*搭乘港铁东涌线，于东涌站下车后，需转乘38或N38号巴士至逸东村。

终点	交通工具	路线	下车位置	车费
昂坪	新大屿山巴士：1R (假日线)	昂坪宝莲寺→红磡码头	昂坪总站	HK$43
	2	昂坪宝莲寺→梅窝码头	昂坪总站	平日HK$17.2，假日HK$27
	21	昂坪宝莲寺→大澳	昂坪总站	平日HK$6.6，假日HK$14
	23	昂坪宝莲寺→东涌市中心	昂坪总站	平日HK$17.2，假日HK$27
	昂坪360	缆车	昂坪缆车站	HK$86

东涌湾畔有大片泥滩湿地，对岸是机场的燃料库和空运中心。

Check point ❶ 东涌

从逸东村巴士总站下车，沿裕东路朝侯王庙方向走，约20分钟可抵达东涌湾畔的侯王庙，此庙建于1765年，供奉与宋末君主一同牺牲的宁相杨侯王。继续前行，走过东涌户外康乐营前的窄桥，即见大片由荒田鱼塘形成的泥滩湿地，潮涨时浅滩礁石上常见岩鹭来觅食。继续循着塘边水泥小径迂回前进，看见两高一矮的村屋，前面便是昂坪缆车径的登山口。

侯王庙最有趣的是中式建筑的屋顶上有一排陶瓷公仔装饰，其中一个竟穿着洋服。

走过绿色栏杆的窄桥，继续向前行。

跟着水泥路前进，见到这几间村屋，即表示缆车径入口已在望。

昂坪缆车径入口位于护土墙山坡边，此处其实是东澳古道的昂坪起点。

沿途必看动植物

岩鹭 (Egretta sacra)

本地留鸟，全身黑色，头部有羽冠，胸部与背部有细长的白色蓑羽。嘴呈黄色，前端为暗褐色。以小鱼、虾、蟹为食，潮涨时常单独伫立于沿岸的岩礁上。振翅速度缓慢，常贴近水面飞行。

马湾

大屿山及离岛 高级

昂坪缆车径

愉景湾—梅窝

梅窝—贝澳

东涌道—大澳

羌山道—大澳

Check point **2**

昂坪缆车径

昂坪缆车径全长5.6公里，登山口处竖立有救火设施和路线图，上有一行大字写着："此山径只做紧急救援及维修工作之用，公众进入须承担个人风险。"顿时感到心寒，但还是硬着头皮拾级而上，尽管两旁翠木繁生，回头亦见辽阔的东涌湾畔和机场美景，但蜿蜒的登山梯级和小径实在陡峭，只顾得上喘气而根本无暇欣赏，每个游人都走得大汗淋漓、气喘如牛。

陡峭栈道

几经辛苦，远远看见此行的第一座缆塔——3号塔，面前便出现期待已久的木板栈道，长长的木板路，略高于地面而建，非常坚固。特别是陡峭的路段则变成木梯，并加设扶手，但通过时还是相当惊心动魄。与此同时，一架架庞然巨物般的缆车，就正好从头顶驶过，坐在缆车中的乘客还热烈地挥手，为我们打气加油。

中段山势最陡直，踏着木梯快速爬上很耗费体力，宜放慢脚步、多作停留休息。

初段沿着石板路上山，变电站后面便是远处的3号塔。

回头一看，木梯蜿蜒曲折，下面就是乱石山坡，有点吓人！

最险要的两段木梯中间，竖有危险的警告牌。

站在木板栈道可鸟瞰广阔的赤鱲角机场大平原。

由缆车径回望东涌湾，右边密密麻麻的大厦正是逸东村。

木板栈道由松木建造，都已经做过防虫及防火处理，没有加覆漆油，更富原始味道。

"天国的阶梯"

走着走着，面前突然有一块写着"注意，前面路段陡峭"的警告牌，心知不妙，转弯后即见九曲十八弯的长绵木梯，绵长得直插云霄，走得我们上气不接下气，几乎虚脱！

由3号塔、4号塔，再到5号塔，木板路、木梯、水泥路、石板路互相交换，地势越来越高，风急路坡，考验体力之余更加考验毅力。走过5号塔后登上一小段石级，便是此行的最高点——弥勒山转向站，强风扑面，一洗暑气。

通向6号塔的石级路有如天国的阶梯。

5号塔后面山冈上就是缆车的转向站。

专家指点：
缆车径又名骡仔径？

昂坪360跨越北大屿山郊野公园，多座缆塔位于郊野公园的高山上，所有工地均没有车路可达。其中由昂坪往弥勒山一段山路尤其陡峭，附近一带亦常有大雾，能见度很低，直升机也无法安全飞行。根据合约，建造过程必须兼顾环保，不能大兴道路，所以地铁公司特地从加拿大输入6头骡子，以搬运建筑材料。于是，后人便将此段缆车径命名为骡仔径。现在，4头骡子已被送返加拿大家乡，其余2头则入住嘉道理农场。

极目远眺，右边是屹立山头的天坛大佛，左边则是巍峨的凤凰山，两边平分秋色！

Check point ❸ 弥勒山

以弥勒菩萨命名的弥勒山，位于宝莲禅寺以北，山峰高751米。走过6号塔后，转走左边的弥勒山郊游径，郊游径全长5公里，环绕弥勒山五百多米高的山腰一周，郊游径南北两面都有小径可登顶。走的都是水泥或石板路，时而密林树荫，时而矮丛景观开阔，可远眺大东山、凤凰山，鸟瞰整个宝莲寺和天坛大佛，风景美不胜收。

转向站之后，此行的高峰已过，郊游径所走的都是平路和下坡路，相当轻松。

从弥勒山郊游径可清楚地远眺刚才走向6号塔的石级路有多长、多陡。

239

马湾

大屿山及离岛 高级

昂坪缆车径

愉景湾－梅窝

梅窝－贝澳

东涌－大澳

羌山道－大澳

马湾

大屿山及离岛 **高级**

昂坪缆车径

偷景湾—梅窝

梅窝—贝澳

东涌—大澳

羗山道—大澳

Check point ④ **昂坪**

循着郊游径前行，会出现一分岔口，左转可继续走郊游径，右转则可接回缆车径下坡，经过最后的7号塔，不久便抵达昂坪。千山万水、翻山越岭地来到昂坪，即使再倦，也没理由立即乘缆车下山。就此结束未免扫兴，可以借机漫游昂坪市集等昂坪景点。在此提示大家，可取道昂坪巴士总站旁的昂坪奇趣径，全长2.5公里，走完只需45分钟，沿途逐一经过天坛大佛、宝莲寺、心经简林和凤凰观日木牌楼等多个景点。

天坛大佛

世界最大的户外青铜坐佛，佛像身高23米，连莲花座及基座总高34米，重250吨，由202块青铜焊接而成，大佛坐南朝北，稍微偏东朝向北京，有面向中国之意。

要近观大佛，必先登上268级石级。

见得到7号塔，终点已经在望！

昂坪市集旁的大凉亭，真的是风凉水冷！

沿昂坪奇趣径走，途经山坡下的心经简林。

宝莲禅寺

早于清光绪三十二年（1906）已兴建的宝莲禅寺，因规模之大，有南天佛国之称，其斋菜和山水豆腐花也相当驰名，不可不试。

凤凰观日牌楼

凤凰山最驰名的是观看日出，在心经简林附近，凤凰径第3段和第4段的交界处，竖立着巨型的"凤凰观日"木牌楼和凤凰雕塑。

240

专家指点：昂坪360新闻多

世界上规模最大的缆车系统，连接东涌与昂坪，全程5.7公里长，行程需时20至30分钟，视乎天气而定，但沿途景致秀丽。2006年启用后多次发生事故，2007年6月更发生缆车下坠，被政府勒令停驶，直至2007年12月31日才重新开放。

资料

网址：**www.np360.com.hk**

心经简林

全球最大型的户外木刻佛经群，38根刻有《心经》经文的木柱配合山形地势分布，排列成无限符号"∞"，寓意生生不息。

昂坪市集

中国风俗文化主题市集，设有25间商铺、食肆及主题影院，还有功夫、杂耍或粤剧等中国传统街头艺术表演。

心经木柱各长8至10米，是国学大师饶宗颐教授的墨宝。

一度冷清如死城的市集，随着昂坪360的重开，又再次兴旺。

后记＋Tips：上山容易下山难

由地平线一直登上五百多米的弥勒山山腰，中途完全没有地方可供休息，即使深秋前往也会走到衣衫尽湿，实为全书最辛苦的路线，绝不适合老幼及新手前往。不过，另一方面，行走木栈道的经验实在难得，尤其走完全程后乘缆车下山时，看见脚下崎岖的山径，更有莫大的成就感！

值得注意的是，反方向由昂坪下至东涌看似较轻松，其实不停下梯级、下坡，双脚负荷极重，若膝关节曾受伤就更危险了，所以才推荐从东涌上昂坪。安全的下坡方法是侧身一步一步慢慢下。

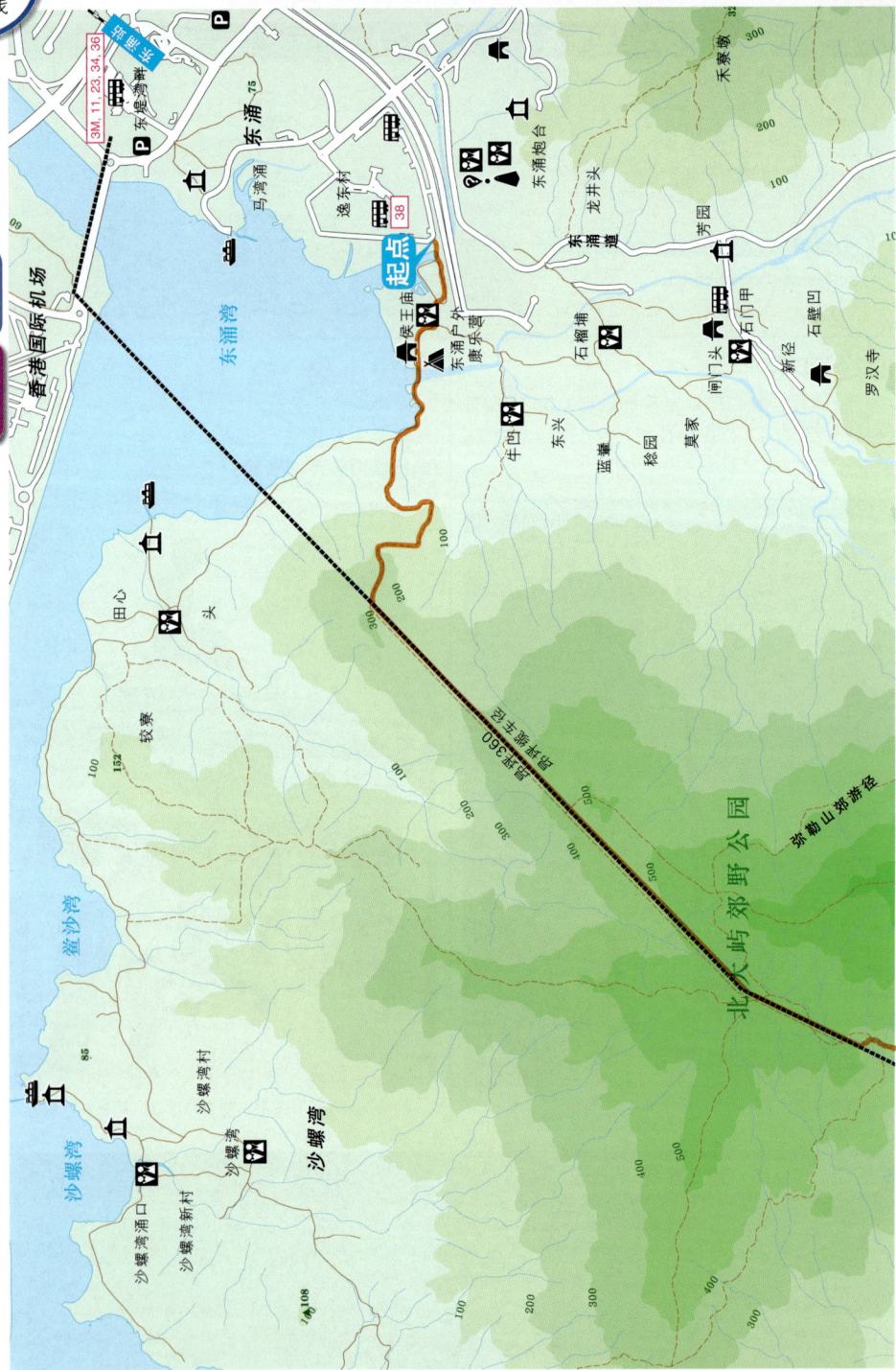

马湾

大屿山及离岛
高级

昂坪缆车径

愉景湾－梅窝

梅窝－贝澳

东涌－大澳

芦山道－大澳

P

3M、11、23、34、36

东涌逸东邨

东涌

东寮教

东涌村

马湾涌

逸东村

38

东涌道

东涌炮台

龙井头

芳园

起点

侯王庙

东涌户外

康乐营

石门甲

石壁凹

新径

罗汉寺

东涌湾

牛凹

东头

石榴埔

蓝翼

稳园

莫家

香港国际机场

田心

头

100

200

300

较寮

152

100

100

北大屿郊野公园

昂坪缆车径 360

弥勒山郊游径

500

500

400

400

500

300

300

鲨沙湾

85

沙螺湾

沙螺湾

沙螺湾村

沙螺湾口

沙螺湾新村

108

200

100

200

300

400

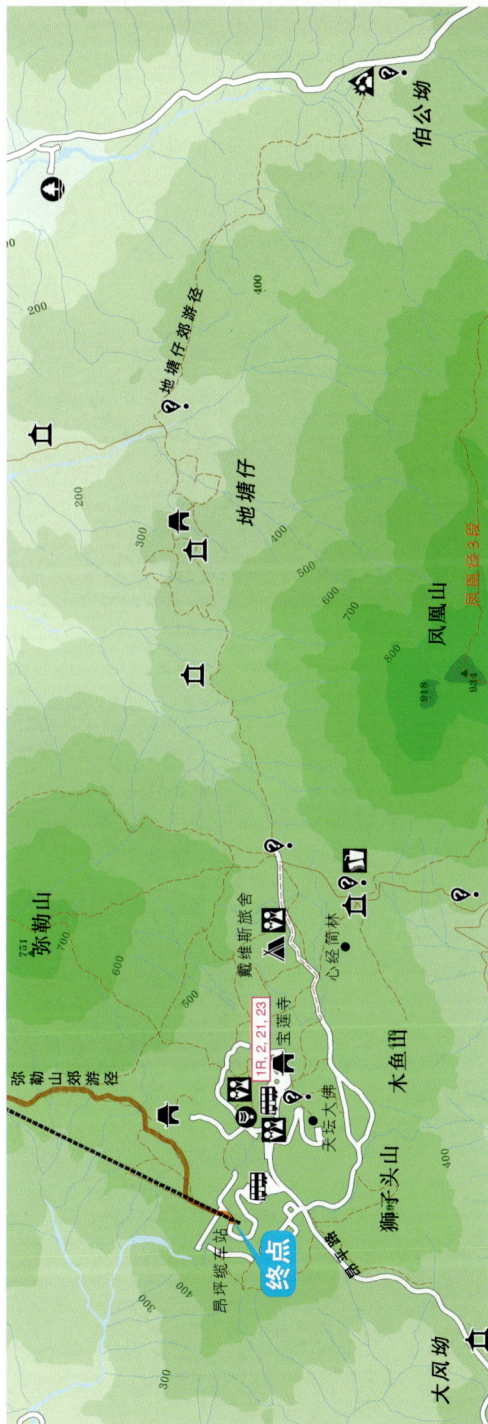

从缆车车厢中看那些沿着山脊木梯爬山的游人，每步都很辛苦。

由此角度可清楚看到缆车下的山径。

树荫中的木栈道下面便是万丈山脚。

沿途必看动植物

蓝凤蝶 (Papilio protenor)
体形大，展翅可达 115 毫米，呈黑蓝色的翅膀没有翅尾，与雄性美凤蝶相似，但蓝凤蝶的后翅较修长。在本港郊区很常见，全年皆有出现。喜欢访花，雄蝶有群集吸水行为，常出现在林缘，特别是柑橘园中。

弓湾

高级
大屿山及离岛

昂坪缆车径

愉景湾—梅窝

梅窝—贝澳

东涌—大澳

芝山道—大澳

路线 愉景湾 30分钟 → 稔树湾 40分钟 → 大水坑 90分钟 → 银矿湾 20分钟 → 梅窝

从东湾角前往银矿湾山头的沿路景观开阔，从坪洲至喜灵洲都一览无遗，远至尖沙咀也清楚可见。

愉景湾—梅窝
寻访十字奶发源地

此乃大屿山的入门登山路线，一次可畅游愉景湾和银矿湾两滩，美景不在话下。途经的十字牌鲜奶发源地熙笃会圣母神乐院，庄严肃穆，更别有一番体验。

路线由愉景湾码头起步，取道愉景湾道至稔树湾，之后沿湾畔小径登山，抵达大水坑熙笃会圣母神乐院后，循山路下行至银矿湾，最后从梅窝码头离开。

在稔树湾村附近的路边有一辆弃置的破烂老爷车。

资料

路程：约6.5公里	需时：约3小时	最佳时节：四季皆宜
中途补给：无	中途退出：无	坡度：★★

交通范例

起点 愉景湾

交通工具	路线	航程	收费
愉景湾航运	中环港外线码头(3号)→愉景湾	25分钟(15-30分钟一班)	成人HK$31，儿童HK$15.5
	梅窝码头→愉景湾	约15分钟	HK$11
村巴：DB01R	东涌地铁站→愉景湾码头	约10分钟	HK$9.1

终点 梅窝

交通工具	路线	航程	船费
新渡轮	中环港外线码头(6号)→梅窝码头	普通50分钟 快船35分钟	周一至周六：普通HK$14.5，快船HK$28.4 周日及假期：普通HK$21.4，快船HK$40.8

愉景湾的海滩名大白湾，由于属私人泳滩，故可以在此打沙滩排球。

临海而建的愉景湾住宅区，是外国人聚居地，俨如小欧洲。

Check point ❶ 愉景湾

愉景湾原是大屿山东北岸的大白湾村，现已发展成自成一国的住宅区，超过半数都是外籍居民，更不乏明星名人。环境清幽，拥有私人沙滩、登山径及观景台，晚上还可远眺迪士尼的烟花表演。而且极为讲究环保，除公共车辆和高尔夫球车外，禁止私家车辆行驶，所以空气特别清新，极适合郊游。

从愉景湾码头下船后左转，走至大街愉景湾道，再向东走，行至游艇径分岔口右转，即抵达稔树湾。

愉景湾多半居民都是外国人。

Check point ❷ 稔树湾

稔树湾石滩泊满居民用以出海钓鱼的小艇，增添渔村味道。

稔树湾是一个石滩，滩中间设有小码头，滩后的稔树湾村只有寥寥数十间村屋和小菜田，大多破落简陋，还住着不少菲律宾人，故这里又有菲律宾村之称。一条愉景湾道，就把原始朴素的稔树湾与现代富裕的愉景湾分隔开来，几乎是两极。沿着傍海而建的小路前行，路上有隐蔽的指示牌指示前往神乐院方向，绕过村屋、古庙走至长沙栏后，便开始登山路。

沿途必看动植物

广翅蜡蝉
(Ricaniidae)

大屿山常见，属蜡蝉总科，身上藏有蜡质，敌人吃它也味如嚼蜡，只好放弃。翅膀呈黑褐色，上有两个眼纹。触角呈毛状，短小。特征是前翅宽大呈三角形、头宽。

荔蝽
(Tessaratoma papillosa)

是出名的害虫，最爱吃荔枝、龙眼等，危害果树。成虫喜吸食花、幼果和嫩梢的汁液，造成落花落果，甚至枯死。其分泌的臭液有腐蚀作用，能使花蕊枯死，果皮发黑。

鹤顶粉蝶
(Hebomoia glaucippe)

是香港最大型的粉蝶，飞行快速，喜欢访花，甚少停留，雄蝶有吸水和登峰习惯。翅展75~100毫米，雄蝶翅面以白色为主，前翅前缘和外缘呈黑色，围住顶角的三角形有橙红色斑块；雌蝶翅膀背面色泽较黄，黑斑发达，以模仿枯树树叶。

马湾

昂坪缆车径

初级 大屿山及离岛

愉景湾 梅窝

梅窝—贝澳

东涌—大澳

羌山道—大澳

圣母亭花园中的中式亭台设计特别。

通往教堂的一道石桥名为圣母桥，两旁长满宫粉羊蹄甲，开花时沿桥一带变成一片粉红色。

通往神乐院的小径两旁，大树上挂满十字架，名为14处苦路。

Check point ③ 大水坑（神乐院）

　　沿山径上坡，不消半小时便接上大水坑的车路，视线往东面远望，是一水之隔的坪洲。踏着宽阔的水泥车路缓缓上坡，夹道林荫蔽天，树身都钉有十字架和耶稣像，气氛庄严神圣。多走10分钟，便来到熙笃会圣母神乐院。该神乐院是一所天主教的修道院，以出产"十字牌牛奶"闻名，只是牛栏于十多年前已迁往深圳，现在院后仍有废置的牛奶厂。但地理偏僻的神乐院环境清幽，拥有肃穆的教堂和雕像，其中的圣母亭花园小桥流水，还绿树浓荫、蝶影处处。神乐院是清静地，游人参观时敬请保持肃静，勿打扰修士们宁静的生活。

Check point ④ 银矿湾

　　离开神乐院，继续走车路向梅窝进发，不久车路换成水泥小径。走到山坳，取道有栏杆的石级上山，山岗有一凉亭，亭上风光无限，能远眺坪洲、喜灵洲以至长洲美景。凉亭后方有水泥石级和小径向海边伸延，徐徐下坡，不久便可下至长长的银矿湾海滩，之后沿海边走即可至梅窝码头。

沿着这条水泥石级下山，便可通往银矿湾。

山冈凉亭风势强劲，是游人休息歇脚的热点。

大白湾
二白坳
海澄湖畔
二白湾
榴花峒
愉景湾
蔚阳
菜园湾
老虎头
畔峰
起点
大白咀
倚涛轩
DB01R
DB02R
海堤居
衢峰
海宁居
海蓝居
稔树湾村
稔树湾
泸水厂
水塘
长沙栏
壁如台
大水坑
高尔夫球场
禾上坳
熙笃会神乐院
香港游乐场协会
银矿湾户外康乐营
卫理园
横塘
狗虱湾
狗虱湾政府爆炸品仓库
东湾角
涌口
银矿湾泳滩
银矿湾酒店
梅窝
银湾村
终点
梅窝码头
银矿湾
万角
万角咀
1,2,3,3M,4,N35
北

后记＋Tips：大屿山最佳短途

路程短小精悍，两滩皆风景秀丽，连神乐院亦别具特色，处处都是值得留影的美景。全程走在水泥小径上，十分好走，是大屿山最好走的短途路线，不失为老幼咸宜的假期好去处。

绵长的贝澳沙滩，眼前是一望无际的茫茫大海，其七彩变幻不定的晚霞更是闻名。

梅窝—贝澳
辽阔海滩水牛处处

终点贝澳沙滩，长长的细白沙滩海阔天空，还拥有大片红树林、湿地，蕴藏极丰富的生态资源，更有着全港最大的水牛群落聚居，环境恬静。前往的路途群山环抱、峰峦雄伟，又是另一番景象。

本路线逆走凤凰径第 12 段，因为从梅窝码头出发会较为顺路，经圆角坳、白富田、大牛湖顶、十塱坳，然后沿芝麻湾道抵达贝澳。

资料

路程：约9公里	需时：约3小时	最佳时节：四季皆宜
中途补给：无	中途退出：无	坡度：★ ★ ★

交通范例

起点 梅窝

交通工具	路线	航程	船费
新渡轮	中环港外线码头(6号)	普通48分钟	周一周五至周六：
	→梅窝码头	快船31分钟	普通HK$14.5，快船HK$28.4
			周日及假期：
			普通HK$21.4，快船HK$40.8

终点 贝澳

交通工具		路线	上车位置	车费
新大屿山巴士	1	大澳→梅窝码头	贝澳罗屋村/新围村	平日HK$10.7，假日HK$17.7
	4	塘福→梅窝码头	贝澳罗屋村/新围村	平日HK$5.6，假日HK$10.8
	3M	梅窝码头→东涌市中心	贝澳罗屋村/新围村	平日HK$10.5，假日HK$16.2

弓湾

昂坪缆车径

愉景湾—梅窝

中级 大屿山及离岛

梅窝 贝澳

东涌—大澳

羌山道—大澳

Check point 1 梅窝

梅窝古称"梅蔚",因地形像梅花的五瓣而得名。从梅窝码头下船后左转,沿海边走至南约区中学,对面就是凤凰径第12段的出口,即是此行的起步点,路口有前往贝澳的路牌指示。先踏过水泥小径,后接泥径缓缓上山,右手边是寥寥的村屋,不时有狗吠深巷中,吓得步伐也急促起来。幸好沿途左边都有辽阔的海景相伴。走到岬角位置有一个分岔路口,右转便可通往贝澳。若直行沿海边走,可经水井湾、牛牯湾、横塘到芝麻湾,后接回芝麻湾路一样可达贝澳。

沿着这条水泥路便可前往贝澳。

初段上坡路可远眺梅窝码头和整个银矿湾海峡。

本路线第一次出现的分岔路,右转是通往贝澳的凤凰径第12段。

走过白富田营地之后是长长的登山石级。

Check point 2 白富田

转弯后山径坡度渐渐增加,四周树木疏落,路面铺满粗沙碎石,但不算难走。经过荔枝园村后,就可抵达白富田营地,营地面积虽小,但林荫蔽天,鸟语花香,附近还设有洗手间和郊游设施,不失为中途休息的理想位置。

离开营地,面前是水泥石级,喘着气一登到顶,便是此行的最高点大牛湖顶,虽然只有275米高,但面前的莲花山、大东山等群山峻岭尽入眼帘,气势万丈。

Check point 3 贝澳

接着,循脊径下山,石板路旁只有短小的灌木草丛,但视野更觉辽阔,远远望见芝麻湾,途经十塱旧村,没多久便走到芝麻湾道上,路虽狭窄,却是一条车路,要小心过往车辆驶过。最后经过天后庙、公厕、咸田村、贝澳河,左转前往屿南道巴士站,右转便是超过1英里长的贝澳海滩。

贝澳又叫杯澳,现在附近还有间叫杯澳的公立学校。贝澳是一个天然沙咀,有多条小河由附近的山流入对面的贝澳湾,海边冲积成长长的海滩,水清沙细,风景秀丽,郊游、露营设施也极为齐备。近岸咸淡水交汇,红树长势繁茂。滩后有大片由弃耕的农田演变而成的草丛湿地,有全港最大的水牛群出没,潮退时还有大量的招潮蟹。

贝澳沙滩滩床平坦且宽阔,会出现滩中有水,水中又有滩的有趣景致。

沿途必看动植物

牛背鹭 (Bubulcus Ibis)

水牛的好搭档牛背鹭，又名黄头鹭。外形与大白鹭相似，但身长只有51厘米，嘴和颈亦较短。牛背鹭爱群居，立在水牛背上的目的是捕食水牛从草地中引来或惊起的苍蝇，傍晚会联群列队低飞经过水源回到群栖的巢穴。

水牛 (Bubalus Bubalus)

全身灰色，前额有灰黑色的小毛束，雌、雄牛都拥有向后弯曲、呈三角形的角，十分容易辨认。身长2.5～3米，成年水牛最重可达800公斤。爱联群栖息于沼泽、溪涧或海岸附近。由于贝澳从前有大量耕地，荒废后便变成野牛聚居地，是香港现今最大的水牛群，另外一提，目前大约共有40头。由于水牛奶较牛奶的含脂量高，因此较容易保存，双皮奶便一定要用水牛奶制。

難得一見的水牛與牛背鷺！

夜鹭 (Nyctiorax nycitcorax)

冬候鸟，也有本地留鸟。顾名思义是昼伏夜出的夜行性水鸟，白天大多休憩于密林里，每到黄昏，就可在梅窝码头附近看到它们四处觅食。身长58～60厘米，头大而体胖，颈部较短，嘴黑、脚黄、眼为红色，成鸟头顶至背部为绿褐色，翼和腹部则呈分明的灰白二色。繁殖期颈后会有两根白色长饰羽。

达摩凤蝶 (Papilio demoleus)

属香港常见的凤蝶，飞行速度快，不常停留。除果园之外，多出没于空旷的草地和山峰，如贝澳一带。展翅80～90毫米，没有翅尾，故台湾称之为无尾凤蝶，黑褐色翅膀的白斑形状不一，后翅腹面前缘有蓝色眼纹，雄蝶有登峰习性。

蝶形锦斑蛾 (Cyclosia papilionaris)

外形极似蝴蝶的飞蛾，要分辨飞蛾和蝴蝶，最重要的是看其触须，飞蛾的触须表面有细毛，而蝴蝶则无毛，呈棒状，很容易辨认。如今香港约有1800种飞蛾，部分在日间出没，蝶形锦斑蛾是较常见的一种。

红尾伯劳 (Lanius cristatus)

冬候鸟，春、秋二季还有过境鸟。身长约20厘米，羽毛主要为褐色，头部宽大，有像眼罩般的粗黑过眼线；尾羽细长，呈红褐色。领域性强，爱单独行动，常停站于高处搜寻食物。主要栖息于农地、空地，以昆虫为主食，筑巢于树枝上。

甘薯梳龟甲 (Aspidomorpha furcata)

别名金盾龟、金花虫，体形细小，大如1枚小硬币。背部呈金色或金属颜色，圆形背甲像龟背，边缘透明，中间有很特别的花纹，是很漂亮的昆虫。原来，身上的鲜艳颜色都是生理色素，死亡后便会消失。

后记＋Tips：勿骚扰水牛！

路线简单，贝澳沙滩景色优美，若不是初段泥路较烂，还有大牛湖顶的登山路，其实相当轻松好走，属介于初、中级之间的路线，若有丰富经验者同游，任何人士都适宜。顺带一提，虽然水牛生性温驯，但观赏时最好还是远观，不要打扰它们宁静的生活。

用木柱支撑的大澳棚屋。

东涌—大澳
香港威尼斯赏白海豚

有"东方威尼斯"之称的大澳，驰名中外，吃喝玩乐样样齐全。沿海岸线而行，多个浅滩都风光旖旎，红树处处，蕴藏有极其丰富的生态资源。此行不但能观赏招潮蟹、水鸟、蝴蝶，还能一睹中华白海豚，全程目不暇接。

本路线所走的其实是东澳古道，是昔日东涌和大澳居民往来的主要道路。由位于东涌逸东村旁边的侯王庙出发，沿海岸线前行，经礟头、鲨壳湾、沙螺湾、深石村至深屈，再循山径经宝珠潭抵达大澳水乡。

🔍 资料

路程：约14公里	需时：约4.5小时	最佳时节：四季皆宜
中途补给：礟石湾、深石村皆有商店	中途退出：沙螺湾码头有街渡往东涌、屯门或大澳	坡度：★

🚆 交通范例

起点
东涌逸东村

交通工具		路线	下车位置	车费
城巴：	E21A	爱民村→东涌逸东村	逸东村总站	HK$14
	E21X	红磡港铁站→东涌逸东村(特快线)	逸东村总站	HK$17
龙运：	E31	荃湾愉景新城→东涌逸东村	逸东村总站	HK$10.8
港铁		东涌线*		东涌站

*乘搭港铁，于东涌站下车后，需转乘38或N38号巴士至逸东村。

终点
大澳

交通工具		路线	上车/船位置	车费/船费
新大屿山巴士：	1	大澳→梅窝码头	大澳总站	平日HK$10.7，假日HK$17.7
	11	大澳→东涌市中心	大澳总站	平日HK$11.8，假日HK$19.2
	21	大澳→昂坪宝莲寺	大澳总站	平日HK$6.6，假日HK$14
街渡：富裕小轮		大澳→东涌→沙螺湾→屯门*	大澳海滨长廊新码头	平日HK$25，假日HK$30

*从大澳前往屯门街渡，下船位置在慧丰园码头。

自宋朝开始，东涌已有人定居，居民以捕鱼及务农为生，城市发展后荒田就变成了湿地。

东涌炮台在清代称为东涌所城，是大鹏右营的水师总部，城堡以巨型花岗岩石筑成。

Check point ❶ 东涌

从逸东村下车后，先前往裕东路对面的东涌炮台一游，炮台建于1873年，用以阻止鸦片贸易和海盗侵略，现址遗留6座清朝古炮，已列为法定古迹。之后返回裕东路，循桥下通向岸边的小径走，大约20分钟即可抵达此行的起点侯王庙。

庙旁公园侧面有一座石桥，跨过后一直沿着明显的水泥村径蜿蜒前行，便可通往下一站的磡头。沿路山幽路僻、竹篱瓦舍，东涌湾沿岸还有大片石滩湿地，红树、水鸟、招潮蟹、弹涂鱼随处可见。原因是东涌发展后，原居民都弃耕离开，遗留下来的荒田鱼塘，就变成了生态资源丰盛的湿地。

从石滩远眺昂坪360，细细的缆绳将车厢徐徐输送，相当有趣。

石滩水涨时常见岩鹭在礁石上觅食。

侯王庙后有广阔的草坪，可望见机场的空运中心。

建于1765年的侯王庙，供奉的是与宋末君主一同牺牲的宁相杨侯王，庙前空地曾是清兵的练武场地。

沿途必看动植物

白胸苦恶鸟 (Amaurornis phoenicurus)

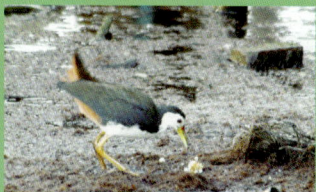

香港常见的留鸟，属秧鸡类，由于叫声似叫"苦啊！苦啊！"而得名。身长约20厘米，头顶及上体呈灰黑色，面部、胸部及上腹部呈白色，下腹及尾下呈棕色，虹膜呈红色，黄脚。幼鸟全身长满黑色绒毛，很可爱。

马湾

昂坪缆车径

愉景湾—梅窝

梅窝—贝澳

中级 大屿山及离岛

东涌 大澳

羌山道—大澳

Check point **2** 沙螺湾

走过废田处处的磡头村，沿海岸线的水泥路走 1 小时左右，经过鲨壳湾便到了沙螺湾。沙螺湾是由多座小村组成的古村，海湾畔的把港大王庙已有超过 200 年的历史，北端则建有码头，有街渡来往屯门、东涌和大澳，是此行的中途退出点。20 世纪 90 年代兴建机场时一度破坏这里的宁静，幸好今日已恢复自然生态，包括一棵有 300 年历史、树身直径超过 4 米的大樟树，以及沿岸红树林，四周的荒田更是蝴蝶的聚集地。

今日沙螺湾一带村民多已搬走，沿岸一片宁静，看着对岸赤鱲角机场的飞机鱼贯起降，形成强烈对比。

Check point **3** 深屈

经过磡石湾村、深石村之后，来到深屈村，仍有少数村民靠耕作度日。走过一道石桥，接上深屈道，路旁即有前往大澳的指示牌，选择右边的山径走就对了。前行不久有一分岔路，先走右路下至茜草湾岸边，

深屈至大澳一段绕象山脚而行，黄泥沙路崖边便是无敌海景。

山径视野辽阔，对面的沙洲和龙鼓洲海岸公园也尽入眼帘。

看看驰名的红粉石，将整个海岸染成红粉色，岩石纹理各异，构成如地图般的独特图案。

游毕红粉石，返回走原路山径，之前一直走在平坦且广阔的水泥路上，从这里开始就接上黄泥山径，但并不崎岖，不算难走。走了 3 小时的路，此时双脚已发软，幸好海风拂面，又令人精神为之一振！

远看如积木般的大澳棚屋群。

屿北界碑为尖顶花岗岩，立于1902 年。

这一带几乎年年都发生山火，所以沿路都有救火设施。

Check point **4** 宝珠潭

从山径离开海岸线后不久，路经"屿北界碑"，此石与狗岭涌的屿南界碑相对，都是英军于 19 世纪初用以标示新界租借地的界线。接着转右路前往宝珠潭，沿路都是枯黄野草，感觉萧条死寂。原因为这一带是山火热点，烧完又烧，结果寸草不生。幸好，远远已望见大澳棚屋群，终点在望，但旅程的精彩处现在才开始。

观豚滩岸

抵达海峡的宝珠潭，半圆形的滩岸不算宽阔，且遍布碎石，却是观赏中华白海豚的最佳陆上位置，只要用望远镜往外海看，经常有发现。

由于宝珠潭一带水域有大量鱼类，故吸引了以此为食的海豚前来，右边小屋是杨侯古庙。

沿途必看动植物

中华白海豚 (*Sousa chinensis*)

正确名称应是"印度太平洋驼背豚"，早在17世纪已有在港出没的记录，1997年更被列为香港回归吉祥物。其实刚出生的幼豚是深灰色的，体长约1米。成年时才变成粉红色，随着年龄渐长，身上的灰色斑点也会减少，成年海豚身长可达3米。

目前，活跃于香港的白海豚约有300头，爱栖息于河口环境中，故接近珠江口的香港西面水域，包括大屿山东涌至大澳一带沿岸都是观赏点。一般会三五成群出没，天性贪玩，经常跳出水面跃身击浪，并喜欢尾随光渔船，吃渔网漏出来的鱼。

近年来，大澳出现专门载游客观豚的快艇，但船家对海豚毫无认识，船只速度又快，对海豚的滋扰比大型观豚船更大，故不建议读者参加。

Check point 5 大澳

循着新基街前行，跨过新基大桥，便是大澳水乡市集。大澳地处河道岔口，昔日为香港的产盐区，水道纵横，风景秀丽盎然，虽然驰名的横水渡已被铁桥取代，但河堤两旁仍有一百多年前建成的高架棚屋。

由于大澳位于咸淡水交界处，附近有大量红树林生长，特别是堤岸附近的泥滩，过去是荒废的盐田，潮退时可见大量招潮蟹及弹涂鱼。

新基大桥地处棚屋建筑群之间。

大澳的天后庙竟然寄居于关帝庙旁边。

弓湾

品坪凌车径

偢景湾—梅窝

梅窝—贝澳

大屿山及离岛

东涌 大澳

羌山道—大澳

专家指点：何谓招潮蟹？

全世界已知的招潮蟹共有62种，特征是雄蟹的一只螯（通常是左螯），往往大得跟蟹身相当，雄蟹会挥舞大螯来求偶及保卫地盘。两眼具有细长如火柴棒的柄，甲壳颜色鲜艳，有特别的图案。常大量出现于红树林沼泽或泥滩上，只有退潮时才离洞觅食，会用小螯足挖取泥沙入口，滤食沙中有机物质，滤食后的泥沙就由口器吐出，呈丸状，称为拟粪。注意！招潮蟹易受惊扰而躲入洞内，观赏时要耐心守候，最好还是远观。

经典的大澳横水渡，只要数十港币便可租艇畅游水道。

取代横水渡的铁桥，只有数十米长。

宁静的大澳龙田村。

大澳送礼佳品，除了虾酱、茶果，还有咸鱼。

大澳南面的梁屋村，有一大块芦苇田，蕴藏大量生态资源。

沿途必看动植物

北方凹指招潮蟹 (Uca borealis)

甲壳和步足呈灰色或褐色，中央有H形的沟痕。雄蟹右大螯特别大，约与蟹身等长，状似老虎钳，雌蟹的小螯呈灰白色。退潮时，经常群集到水边觅食。

弧边招潮蟹 (Uca arcuata)

别名网纹招潮蟹，甲壳和步足以红褐色为主，背甲常见深色的网状花纹，变化极大。生性隐密，动作缓慢，遇干扰时会快速地奔回洞穴，最大特点是会在洞口筑起类似烟囱状的沙泥构造。

清白招潮蟹 (Uca lactea)

因全身呈白色而得名，背甲花纹变化多端，蟹钳雪白，天性活跃，是潮涧带常见的蟹种之一。

后记＋Tips：路线长　带好望远镜

14公里的路程实在长，但沿海岸线而走的小径路线明显、平缓好走，最高的山坡也不过100米，且有海风吹送，只要多作停留休息以及补充水分，自能应付。屿北界碑一段经常发生山火，特别是清明、重阳前后扫墓旺季不宜前往。如欲观赏中华白海豚，一定要带上望远镜。

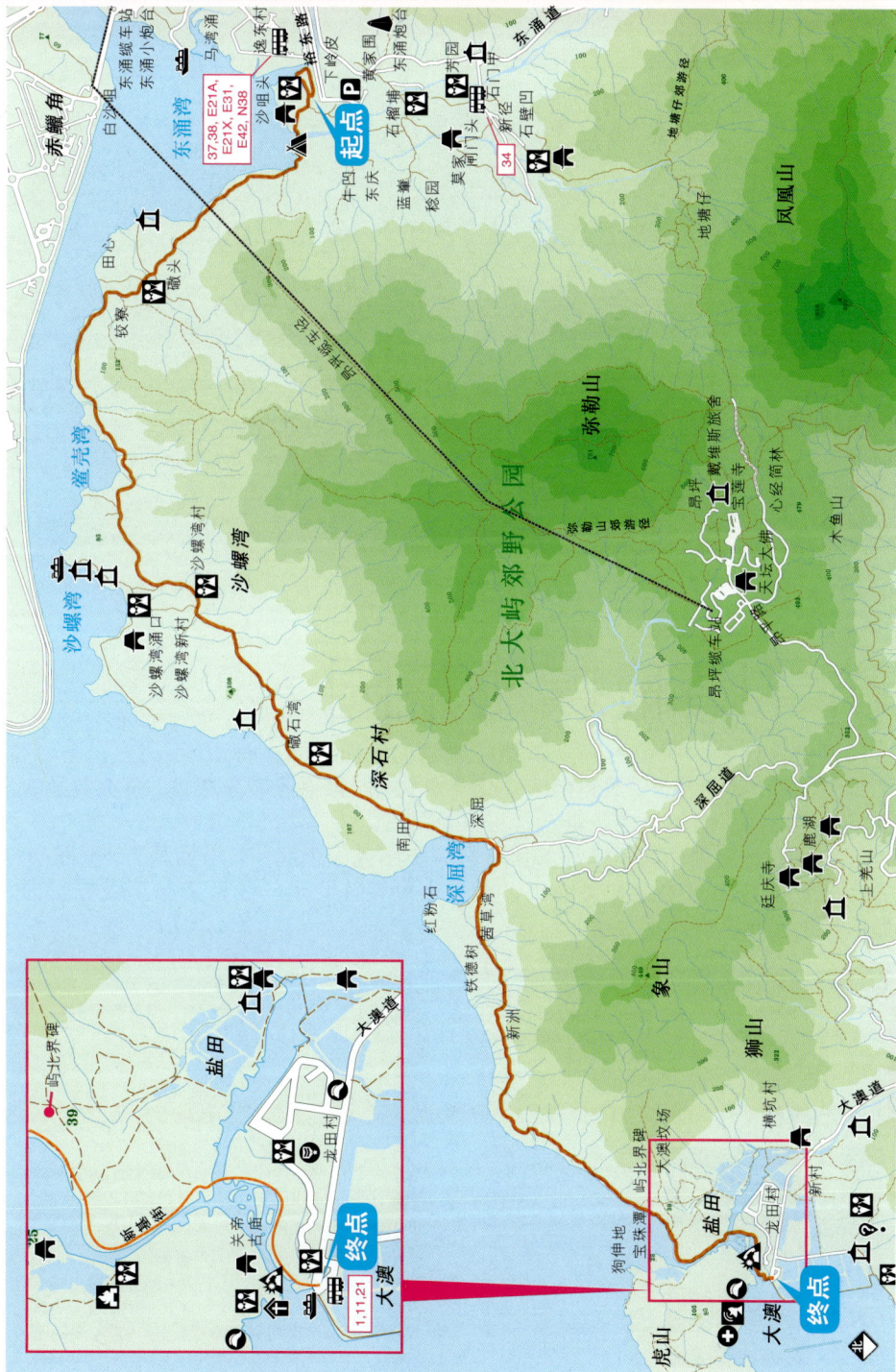

东涌缆车站
东涌小炮台
马湾涌
逸东邨
临东路
下岭皮
东涌炮台
黄家围
东涌道

起点

37,38, E21A, E21X, E31, E42, N38

东涌湾
白芒涌
牛凹
东庆围
石榴埔
莫家
蓝董
稳围
莫家园
侯王庙
石门甲
新径
34
石壁凹

赤鱲角

田心村
鹿颈
立

较寮

萤光湾

沙螺湾
沙螺湾村
沙螺湾口
沙螺湾新村

沙螺湾

张勒山

凤凰山

弥勒山
弥勒山郊游径

地塘仔郊游径
地塘仔

昂坪缆车站

戴维斯旅舍
昂坪
玉莲寺
心经简林
天坛大佛
宝莲寺
昂坪缆车径
木鱼山

北大屿郊野公园

藏石湾
深石村
南田
深屈湾
深屈
深屈道

红粉石
黄草湾
铁德树
新洲

廷庆寺
鹿湖
上羌山

象山

狮山

横坑村

新村
大澳道

横北界碑
39
新基
街市
古庙街

终点
大澳
1,11,21

大澳避风塘
屿北界碑

龙田村
盐田
狗伸地
宝珠潭
大澳
虎山

盐田
龙田村
新村
终点
大澳

马湾
昂坪缆车径
愉景湾—梅窝
梅窝—贝澳
中级 大屿山及离岛
东涌 大澳
羌山道—大澳

257

夏季的龙仔悟园，是观赏蝴蝶、蜻蜓的最佳地点。

羌山道—大澳
访寻隐蔽蝶舞荒园

潮流兴保护、保留古迹，本路线途经的龙仔悟园，有 40 年历史，亭台楼阁古色古香，荷塘花开，风景醉人。但年久失修，最近已响起警钟，游览要及时。而尾段的山径，堪称全港最难走，极具挑战性。

路线即是凤凰径的第 5 段和第 6 段，先由羌山道起步，沿西南方向山路走，先后登上观音山、羌山和灵会山，至分水坳转往北走，经万丈布至龙仔悟园，最后抵达大澳终点。

🔍 资料

路程：约10公里	需时：约4小时	最佳时节：秋冬季天凉较舒服，但夏季可赏蝶
中途补给：无	中途退出：从羌山下降至山腰，可右转直接向西走到万丈布，总行程可缩短1小时	
坡度：★ ★ ★ ★		

🚆 交通范例

交通工具	路线	下车位置	车费
新大屿山巴士：1	梅窝码头→大澳	深堀道	平日HK$10.7，假日HK$17.7
2	梅窝码头→昂坪宝莲寺	羌山道	平日HK$17.2，假日HK$27
11	东涌市中心→大澳	深堀道	平日HK$11.8，假日HK$19.2

交通工具	路线	上车/船位置	车费
新大屿山巴士：1	大澳→梅窝码头	大澳总站	平日HK$10.7，假日HK$17.7
11	大澳→东涌市中心	大澳总站	平日HK$11.8，假日HK$19.2
街渡：富裕小轮	大澳→东涌→沙螺湾→屯门	大澳海滨长廊新码头	平日HK$25，假日HK$30

*大澳往屯门街渡，落船位在慧丰园码头。

巨型的木凉亭附近有大量野餐台。

入口石级旁有路线图，很好找。

石级都由大石铺成，整齐好走。

Check point ① 观音山

　　凤凰径第5段的起点，位于羌山道、深堀道交界附近，入口处建有巨型木亭、路线图、厕所等。先由林荫石级登山，向434米高的观音山进发。起步不久便遇上分岔路，左路是羌山郊游径，右路才是本次要走的凤凰径。

　　观音山又名膝头哥山，由于从昂平道望过去，山形有如屈曲的膝头哥而得名，可惜身处山中是无法观赏的。观音山不高，绕过434米高的顶峰后，沿着山脊泥路前往羌山，坡度偶有升降。登山时正值秋季，山径两旁野草枯黄，感觉特别荒凉。

走过标距柱L037后，已可看见面前山形尖尖的羌山。

石级旁的厕所是旱厕，尚算清洁。

部分路段的石级没有仔细打磨，看起来虽原始，其实也很稳固。

由观音山下山，又是一列石级，左面可俯瞰碧绿色的石壁水塘。

从观音山到羌山途中，会经过一块刻字的石壁，上面写着"在石塘上思故乡，灵会山下见如来"，不知出自哪位高人。

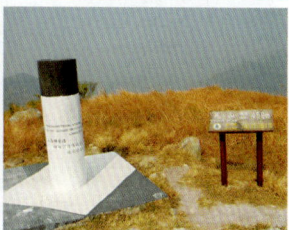
434米高的观音山顶，立有标高柱。

Check point ② 羌山

　　羌山原名姜山，由于羌山谷地水源充沛，山溪河岸长满姜花而得名。登上羌山的山径主要是黄泥路，从434米高的观音山走过来坡度不算高，没有石级也能应付自如。当登上459米高的顶峰时，连绵山岭随即映入眼帘，凉风阵阵，吹得人精神爽利。沿着山径下行有一分岔路口，若前行便是通往万丈布的捷径，而左路是经灵会山前往万丈布的凤凰径，路程较长，但景色更美。

站在羌山顶，即使略有烟霞，仍能看出面前山岭的起伏。

259

马湾

昂坪缆车径

愉景湾—梅窝

梅窝—贝澳

东涌—大澳

中级
大屿山及离岛

羌山道
大澳

马湾

品坪缆车径

愉景湾—梅窝

梅窝—贝澳

东涌—大澳

大屿山及离岛 中级

美山道 大澳

Check point ③ 灵会山

灵会山高 490 米，位于凤凰山西面，本来不难登临，但旅程至此，已经连续翻越多个山头，一路都缺少树荫遮挡，难免出现疲态。幸好举目四望尽是气势万千的巍峨山岭，走在山脊上有如腾云驾雾、君临天下，那股快感足以一洗劳累。翻过灵会山顶，下降到分水坳，要右转循着万丈布方向走。

连绵起伏的崇山峻岭，山径长路漫漫。

灵会山顶峰 490 米高，建有木牌，留影以证登顶成功。

从顶峰放眼望去，又是峰峦雄伟的慑人山脉。

走至分水坳的岔路口，要向右边走。

沿途选择通往大澳的方向便可。

走近龙仔悟园，是枝叶扶疏的树林，重拾旅程中久久未见的一片生气。

喧腾飞溅而下的万丈布，果然名不虚传。

Check point ④ 万丈布

从分水坳转往北走，再遇分岔路，继续靠右走至万丈布（左往水涝漕）。万丈布为香港九大石涧之一，瀑潭接连不断，远观涧谷，可见白瀑连群联结，恍如万丈之高而得名。万丈布设有露营地点，营内树林茂密，视野广阔，可观赏到林泉飞瀑。

前往万丈布的途中，有多条小径可通往万丈布源头的慈兴寺，此寺以筑有一座彩色飞龙雕塑及有外籍和尚而驰名，可顺道一游。走过万丈布河口之后，路径变成水泥路，转入茂密丛林不久后便是龙仔悟园。

通往万丈布的水泥径蜿蜒曲折。

Check point ⑤ 龙仔悟园

龙仔悟园设有荷花池塘、九曲桥、湖中亭、鲤鱼塘、花圃园林，甚至动物园，是江南风格的庭园设计。

龙仔悟园建于 1966 年，为纺织商人吴昆生的私人花园，因吴氏笃信佛教，法号悟达，故取名悟园。园中亭榭廊庑，配合有致，池塘上建有九曲桥，古色古香。每到盛夏，池中荷花盛放，蝴蝶、蜻蜓处处，蜂飞蝶舞，景致醉人，过去曾是凤凰径第 5 段的必游地点。

可惜近年来吴氏后人移居海外，原来打理庭园的园丁也已不在，悟园年久失修，部分建筑已见破烂，也不再于假日开放予公众参观，只能远观了。

从这条林荫石级拾级而上，就是龙仔悟园。

园中亭台楼阁虽显得残缺，却仍相当具有古风。

园内一砖一瓦都见证着历史，参观请勿破坏园中草木及建筑。

关闭的大门外写有"闲人免进"的字句，但其实园后有小路进入。不过悟园乃私人产业，硬闯后果自负。

九曲桥上的石栏有点松，甚至有部分倒塌，切勿倚栏而坐。

中级
大屿山及离岛

羌山道
大澳

马湾

昂坪缆车径

愉景湾—梅窝

梅窝—贝澳

东涌—大澳

大屿山及离岛
中级

羌山道
大澳

Check point ⑥ 大澳

游毕龙仔悟园继续上路，走到郊游点后已是凤凰径的第6段，之后的山径迂回曲折，夹道树荫，中途还有溪涧流过，凉风送爽，很是消暑。不过，当绕过尖峰山腰下坡时，山径便变得异常陡峭，路面布满沙泥碎石，更是崴脚，就连"之"字形下山法，都全不管用。沿途遇见不少游人用上一对登山杖，才不致滑倒，实在上了一课。最后，穿过梁屋村、盐田便是大澳。

抵达大澳时已是黄昏，可顺道欣赏夕照的水乡美景。

沿途有多座凉亭，临亭可见群山中的大澳。

沿途必看动植物

白带黛眼蝶
(Lethe confusa)

香港常见的眼蝶，多出现在林缘，经常在同一位置停留晒日光浴，故并不难拍摄。翅膀深褐色，前翅上端有明显的白色斜带，后翅边缘有并列和大小不一的黑色眼斑，展翅约长55毫米。

木兰青凤蝶
(Graphium doson)

展翅长70~80毫米，体形中等，春、夏、秋季皆常见，为较易观察的蝴蝶，与青凤蝶外形有点相似，但木兰青凤蝶翅上的斑较多，而且碎。飞行速度快，喜欢访花，也有在潮湿处汲水的习性。

走过公园便是终点了。

途中路经的溪涧相当清澈，泼水洗脸很清凉。

宝珠潭
屿北界碑
盐田
终点
龙田村
横坑村
大澳
梁屋村
新村
狮山
坑尾
南涌村
番鬼塘
尖峰山
凤凰径6段
300
牙鹰山
374
水涝漕
凤凰径5段
水涝漕石涧
万丈布
南大屿郊野公园
慈兴寺
飞龙
灵会山
大森
分水坳
羌山郊游径

象山
深屈道
400
廷庆寺
鹿湖
大风坳
上羌山
昂平路
羌山
深屈道
起点
观音山
434
凤凰径5段
羌山
459
石壁水塘
羌山郊游径
石壁
162
凤凰径8段
石壁监狱
大浪湾村
涌口
大浪湾

北

1,11,21

马湾
昂坪缆车径
榆景湾—梅窝
梅窝—贝澳
东涌—大澳

中级
大屿山及离岛

羌山道
大澳

后记＋Tips：山路陡峭　景致宜人

沿途群山连绵，气势非凡，龙仔悟园亦古色古香，景致宜人。头段深屈道至灵会山，虽上山路费力气，但走来尚且轻松。但走至尾段，碎石沙路极度陡峭，双脚负荷尤大，除了准备好登山杖外，建议戴上护膝。全程以轻便行装为上。

路线 石壁 60分钟, 狗岭涌 60分钟, 分流 90分钟, 煎鱼湾 90分钟, 二澳 60分钟 大澳

大屿山及离岛 中级

石壁 分流 大澳

石壁—水口

南山—伯公坳

吉澳

东平洲

南丫岛

长洲

从狗岭涌往分流，沿途是铁链栏杆的岸边山径，看似惊心，其实还算好走，景色壮丽。

石壁—分流—大澳
家喻户晓长途线

　　此路线即是凤凰径的第 7 段和第 8 段，是大屿山家喻户晓的登山路线，七八十年代已经兴起。一路循海岸而行，途经多个沙滩及古迹，路程虽长但平坦好走，景致多变。加上分流有全港独一无二的斑蝶度冬可供观赏，故一年四季皆有大量郊游爱好者前往。

　　旅程先由石壁水塘开始，经狗岭涌至分流，游遍分流东湾、庙湾和西湾后，经过煎鱼湾、二澳新旧村，最后抵达大澳水乡。

资料

路程：约17公里	需时：约6小时	最佳时节：四季皆宜
中途补给：分流村有商店	中途退出：无	坡度：★ ★

交通范例

起点 石壁水塘

交通工具		路线	下车位置	车费
新大屿山巴士:	1	梅窝码头→大澳	石壁水坝	平日HK$4.3，假日HK$6.2
	2	梅窝码头→昂坪宝莲寺	石壁水坝	平日HK$17.2，假日HK$27
	11	东涌市中心→大澳	石壁水坝	平日HK$11.8，假日HK$19.2
	23	东涌市中心→昂坪宝莲寺	石壁水坝	平日HK$17.2，假日HK$27

终点 大澳

交通工具		路线	上车/船位置	车费
新大屿山巴士:	1	大澳→梅窝码头	大澳总站	平日HK$10.7，假日HK$17.7
	2	大澳→东涌市中心	大澳总站	平日HK$17.2，假日HK$27
	11	大澳→昂坪宝莲寺	大澳总站	平日HK$11.8，假日HK$19.2
街渡：富裕小轮		大澳→东涌→沙螺湾→屯门	大澳海滨长廊新码头	平日HK$25，假日HK$30

*屯门下船位置在慧丰园码头

若由马路左转下石级，可经大浪湾村至大浪湾营地。

Check point ❶ 石壁

　　由石壁水塘的坝尾起步，先沿公厕旁的车路走，不久便会遇到两个分岔路口，只要循右路走便可以（左路可下到大浪湾村）。走至山腰，车路换成宽阔的引水道，引水道绕海岸线而建，一边是山，一边是海，可惜茂盛的树林遮掩了大部分海景。之后一个多小时的引水道路途，整齐而平缓，若是登山老手会略嫌平淡，但请忍耐，因为往后会越来越精彩。

起步点位于坝尾的南大屿山郊野公园路牌旁。

一起步走的都是柏油马路，很好走，附近设有公厕和路线牌。

转入引水道的路口。

这样的引水道，好走但没挑战性，就当为后面的旅程养精蓄锐好了。

初段路经的引水道水流急湍，若遇大雨，要小心突发性山洪。

狗岭涌营地不但绿意盎然，还有小桥流水，遇上有雾，极具诗情画意，乃小休的不二之选。

Check point ② 狗岭涌

途经多个野餐区后，终抵达狗岭涌路口。此时，先弃凤凰径左转向南走，经过凉亭，在亭旁小路绕山腰而走可直达著名的"屿南界碑"，乃1902年英军所建，用以标示香港与内地的分界线。界碑后有小路向右可登观景台，之后往西行，可经过小桥流水的狗岭涌营地，拾级而上接回凤凰径第7段前往分流。

沿路有清晰指示前往屿南界碑和观景台的木牌。

从狗岭涌观景台放眼望去是壮阔的石崖，远远还隐约可见分流。

一路上枝叶扶疏、满目翠木，越走越精神。

位于狗岭涌营地旁山岗上的屿南界碑，为尖顶花岗岩，碑上刻有经度及海拔。

狗岭涌营地占地1公顷，邻近的海湾水清沙细，被誉为大屿山最美营地之一。

266

分流东湾沙滩狭长，可能因此常有垃圾冲上岸，附近有很多外形有趣的断石，包括耸立于山岬位的分流石笋。

Check point **3** 分流

分流是大屿山的西南角极地，原名汾流，因岬角形似鸡翼，又名"鸡翼角"。沿崖边铁链栏杆山路的凤凰径走不多时，至告示牌旁有一分岔口，取左路走分流郊游径，可游遍分流东湾、分流石笋、分流炮台、天后庙、分流西湾等多个景点，还可继续走至最西南的分流角和灯塔，全程只约 1 小时。

分流另一闻名之处，是每年初冬（约 12 月）都有成千上万的斑蝶来度冬的奇景。包括虎纹斑蝶、拟幻紫斑蝶的斑蝶群，聚集于树林的树枝上取暖，遇上有阳光的日子便会一起觅食，场面极其壮观。每年都吸引大批蝶类爱好者前来赏蝶，但谨记只宜远观，千万不要走近打扰它们。

临海而建的分流天后庙位于分流庙湾，庙内有 1820 年及 1928 年重修的碑志，相信至少有近 200 年的历史。

分流炮台建于雍正七年 (1729)，是清政府用以防卫珠江河口的军事要冲，因为年久失修，现在只剩下围墙和拱门。

若不走分流郊游径，继续沿着凤凰径走到分流西湾，行程可减少约 30 分钟。

相对东湾，分流西湾比较清洁，也是看日落的胜地。

分流茂盛的风水林，正是冬季观赏斑蝶度冬的好地方。

大屿山及离岛
中级

石壁
分流
大澳

石壁—水口

南山—伯公坳

吉澳

东平洲

南丫岛

长洲

营地附近有一个小水池的水源。

前往煎鱼湾的水泥山径，是香港最西南 通往二澳旧村的密林，颇为荒凉阴森。
面的营地之一。

Check point ④ 二澳

离开分流西湾，继续走上坡山径的凤凰径，由此至二澳，需跨过响钟坳及根头坳两个山坳，中间夹着煎鱼湾，但上、下坡坡度不算高，一般人都可以应付自如。初段是整齐的石路，直到响钟坳转为泥径。

走着走着，路上树林藤蔓满布，还有拦路的大树干，一片阴森，这里便是二澳旧村，早年因有二澳村民为向政府抗议而把山径封闭，令此径一度荒废，杂草丛生，一定要打起十二分的精神、小心翼翼才能通过障碍，但反而为旅程添加趣味。

大澳日落也很有名，随季节气候有不同层次和颜色变化。

Check point ⑤ 大澳

走至二澳湾畔，是 1.3 公里长的延绵石滩，景观豁然开朗，沙滩中央是水涝漕石涧涧口，浅滩还有一小撮红树，常有水鸟来觅食。新修筑的水泥小径沿着沙滩、牙鹰山西坡海岸线伸延，沿途海岸景色秀丽，可遥望屿西对面的零丁洋，也是理想的日落和观星地点。由于路程实在长，抵达大澳时已近傍晚，可欣赏水乡夜景，别有一番韵味。

于南涌离开山径，接着走柏油车路，不用 10 分钟，便可抵达大澳巴士总站。

晚上的铁桥格外宁静。

268

宝珠潭　屿北界碑　象山
将军石　虎山　盐田　龙田村　横坑村　狮山　大风坳　昂坪路
石仔埗　大澳　1, 11, 21　梁屋村　新村　坑尾　大澳涌　332　羌山　鹿湖　大风坳
终点　南涌新村　番鬼塘　下羌山　坑背　长亭
牙鹰角　凤凰径7段　尖峰山　牛过田
青林角　牙鹰山　374　龙仔悟园　凤凰径5段　观音山
二澳　339
二澳口　水涝漕　水涝漕石涧　万丈布　羌山　石壁水塘　**起点**
二澳新村　羌山郊游径　石壁
鸡公山　二澳旧村　凤凰径8段　石壁监狱
南大屿郊野公园　大森　灵会山　涌口　东湾
根头坳　深坑沥　490　分水坳　羌山郊游径　大浪湾村　大浪湾
煎鱼湾　响钟坳　立岩咀
分流顶　白角
分流西湾　分流　凤凰径7段
分流村　屿南界碑
分流庙湾　分流东湾　狗岭涌
天后庙　分流炮台
石圆环
分流角　北

后记＋Tips：**长而好走　但通信困难**

　　初段石壁至分流十分好走，后段分流至二澳、大澳一开始有上下坡，但幅度不大且景色宜人，故路途虽然遥远，需一定体力，但并不难走。只要带上足够粮水、衣物和雨具，自能应付。唯一要注意的是，此路线沿途电话信号接收都很差，若同行者众多，应配备对讲机来互相沟通。

由水口半岛遥望石壁水坝和监狱，映衬背后连绵不断的观音山、狮子山山峦，气势万千。

石壁—水口避世生态之旅

　　全程有山有水有动物，沿途村庄民居寥落，人烟稀少，却更有逃离世俗烦嚣、回归宁静大自然之景。终点站的水口更是大屿山面积最广的湿地，吸引大量水鸟、海洋生物，是一条短小精悍的生态路线。

　　本路线即是凤凰径的第9段，由石壁水坝出发，从东面登山至石榄洲营地，然后绕海岸线走至箩箕湾，最后接上车路抵达水口结束。

资料

路程：约5.5公里	需时：约2小时	最佳时节：四季皆宜
中途补给：无	中途退出：无	坡度：★

交通范例

起点　石壁水塘

	交通工具	路线	下车位置	车费
新大屿山巴士：	1	梅窝码头→大澳	石壁水坝	平日HK$4.3，假日HK$6.2
	2	梅窝码头→昂坪宝莲寺	石壁水坝	平日HK$17.2，假日HK$27
	11	东涌市中心→大澳	石壁水坝	平日HK$11.8，假日HK$19.2
	23	东涌市中心→昂坪宝莲寺	石壁水坝	平日HK$17.2，假日HK$27

终点　水口屿南道

交通工具		路线	上车位置	车费
新大屿山巴士：	1	大澳→梅窝码头	水口村	平日HK$5.6，假日HK$10.8
	2	昂坪宝莲寺→梅窝码头	水口村	平日HK$17.2，假日HK$27
	11	大澳→东涌市中心	水口村	平日HK$11.8，假日HK$19.2
	23	昂坪宝莲寺→东涌市中心	水口村	平日HK$17.2，假日HK$27

石壁—分流—大澳

初级
大屿山及离岛

石壁
水口

南山—伯公坳

吉澳

东平洲

南丫岛

长洲

Check point **1** 石壁

乘巴士在石壁水塘大坝下车后往东走，左边是山清水秀的水塘美景；右边坝下则是壁垒森严的石壁监狱，水坝东面设有一观景台，从此遥望雄伟的凤凰山几乎触手可及。走到大坝尽头便有路线图和路牌，右转走水泥车路，一路沿凤凰径第9段走，即可经箩箕湾到水口。

起步不久，会有下坡小径通往堤坝下的古石刻，此石刻由本地考古学家陈公哲于1939年发现，相信属史前作品，属法定古迹。

湛蓝的石壁水塘背后，狮子头山与木鱼山双峰对峙耸立，中间还有大佛坐镇，好一幅如画江山！

石壁水塘堤坝长718米，高54米，坝顶则是双线行车路，上设多个巴士站。

从堤坝尽头起步，右转沿车路走即可。

前往古石刻的小路绿树夹道。

Check point **2** 东湾

游毕古石刻，沿东湾路可下行走至东湾。三面环山的东湾，滩浅而多碎石，但环境尚算优美。靠近石壁监狱那边筑有绵长的码头；东南面则有一片沼泽地，并有小溪从山涧流出。经过红十字会石壁营地，接入微微上坡的石级路登山，夹道绿树林荫，鸟叫虫鸣。

登至山坳，穿出丛林，极目远眺可见大、小鸦洲。再往前走，即见石榄洲营地的巨型木牌，牌旁有小路可下至营地，原址曾经是耕地，现在田埂仍清晰可见，不时还有牛只出现，只是苍蝇太多。

东湾除了长长的码头，还有长石堤。

从山坳位置远眺以大、小鸦洲为首的索罟群岛。

离开石滩踏上登山石级，夹道一片青葱，完全不辛苦！

从东湾山坡回望石壁水塘堤坝，如一片草坡。

石榄洲营地临近海滩，黄昏时分可欣赏日落景色。

笋箕湾最受露营人士称颂的就是洗手间附近的清溪，清澈得没法形容，还有大量咸淡水鱼。

欣赏沿途海景之余，也需小心跨过挡路的大石块。

Check point ❸ 笋箕湾

继续上路，绕石门山腰海岸线走，迂回曲折的黄泥路碎石满途，偶有巨石挡路，是行程中最崎岖的一段，但沿途凉风吹送，屿南一带的海岸线，以至由数十个大小岛屿组成的索罟群岛，都一览无遗，笋箕湾也已在望，所以并不难走。拐过山尖，大约20分钟便转入林荫蔽天、结蕨曼垂的小路。

踏上数十级石级，即抵达水清沙白的笋箕湾。滩后有树林和一条清澈小溪，加上人迹罕至，构成一个与世隔绝的桃源美景。湾畔设有营地，设施齐备，湾内的礁石地带也有很多鱼，适合垂钓。

崎岖小路走不多久，便转入林荫石板路，由于满布藤蔓，感觉反而有点阴森。

沿石门山西南山坡走，黄泥路径迂回曲折。

闻名已久的笋箕湾沙滩，景致宜人宁静，果然是露营的好地方。

路虽崎岖，但景观实在赏心悦目，前面便是笋箕湾。

水口湾拥有 2.5 公里长的辽阔泥滩，是大屿山面积最广的湿地。

Check point ④ 水口

　　依依不舍地离开箩箕湾，从滩后登上石级再接上车路，走近凉亭前是一大片草坪，笔直的水泥路中间有一道整齐的草丛穿插，衬托着路旁矮矮的栏杆更显景美。登亭能远眺水口湾与塘福庙湾相连的辽阔海湾景致。之后再多走 20 分钟，即可抵达与塘福庙湾相连的水口。

　　水口没有太多村屋，却是大屿山面积最广的湿地，特别是夏季潮退时，水口将出现长达 1 公里的泥滩，泥下有大量名为沙白的蚬，还有水口驰名的马蹄蟹，除了会吸引附近村民来拾蚬之外，更会吸引大批雀鸟来觅食。

由于马蹄蟹数量大减，敬请市民不要带走！

从箩箕湾登上石级，便可前往水口。

专家指点：石壁水塘解码

　　石壁水塘于 1957 年兴建，于 1963 年完成。曾是香港储水量最大的水塘，如今则为第三大，仅次于万宜水库和船湾淡水湖。水塘主坝上的车路连接大澳、梅窝及东涌，而石壁监狱则处于水坝之下。水塘的集水区极其广阔，东西面两条引水道总长度达 15 公里。

　　而水坝下的石壁监狱，则为高度设防的监狱，当年港英政府遗留的"等候英女王发落"的少年犯，便被囚禁在这里。

通往凉亭的水泥路，两旁是整齐的草坪。

全港红树品种有 8 种，在水口湾可找到 6 种。

沿途必看动植物

红鼻蝉
(Scieroptera sanguinea)

又叫红娘子、红蝉，一般容易在灌木丛中找到，相当常见，并有中药药用价值。体形比普通的蝉小得多，特征是拥有红色的鼻子。

棕背伯劳
(Lanius schach)

为本地普遍的留鸟，于水口极为常见。身长约25厘米，羽毛主要呈棕色、黑色及白色，头顶为灰白色，并有黑黑的眼罩。成鸟的额、眼纹、两翼及尾为黑色；幼鸟颜色较淡。

翠蓝眼蛱蝶
(Junonia Orithya)

俗名 Blue Pansy，属少见品种，但石壁至水口一带却非常容易见到。展翅长约50毫米，翅膀腹面为浅褐色，背面则呈黑蓝色，带黑绒光泽，并有一道白斜斑。特征是后翅背面有明显的眼纹。喜欢在地面停留，但一受骚扰会快速逃离。

马蹄蟹 (L.5imulidae)

因形状似马蹄而得名，又名海鲎(读音：hòu)，是用腮呼吸的原始节肢动物，口部位于身体中心内，跟蜘蛛和蝎子是远亲，在地球已存活了四亿年，故有活化石之称。

幼蟹会在潮间带沙滩生活，长大后就游到海底，直至繁殖期才于涨潮时游返岸边交配。雄鲎常伏身于雌鲎身上，如影随形，直到死为止，因此又称为"鸳鸯鱼"。受骚扰时会潜入沙中，以虫、软体动物及死鱼为食。由于此蟹全球数量正大减，游人观赏时，请勿骚扰，也不要带走它们。

矶鹬
(Actitis hypoleucos)

普遍的冬候鸟，身长约20厘米，上体暗绿色，斑纹不明显。腹部白色，但清晰可见腰部白色部分向上延伸至翼前，呈一似拇指状白斑。特点是嘴巴笔直细长，尾巴短，飞行时可看到明显的白色翼带。经常单独三两只出现于水口的泥滩，尾巴短短一直摆，脚短又跑得快。

后记＋Tips：简单好走　露营首选

全程依凤凰径而走，路径清晰，因为简单好走，坡度也不高，所以游人终年络绎不绝。途经两个营地皆风光明媚，水源充足，乃露营首选地。

塘福坪监狱

麻埔坪监狱

塘福中心

凤凰径10段

塘福庙湾

水口湾

鹿颈山

138

165

100

水口

石壁郊游径

终点

屿南道

100

100

石门山

179

箩箕湾

石鼓洲

东湾尾

凤凰径9段

东湾

红十字会

石壁营

立岩咀

东湾

195

起点

石壁水塘

石仔

涌口

石壁监狱

屿南道

162

长洲　南丫岛　东平洲　吉澳　南山─伯公坳　石壁 水口　大屿山及离岛 初级　石壁　分流　大澳

北

介于大东山与二东山之间的山头，布满近 20 间烂头营石屋，成为山上一大景点。

南山—伯公坳
大东山浓雾烂头营

海拔 869 米的大东山，是香港第三高峰，观赏日出一流。但最吸引人的地方是散布于山上，有六七十年历史的十来间小石屋——烂头营，因为地势高，长年被浓雾包围，恍如仙境，是大屿山的热门登山路线。

由南山管理站出发，取道凤凰径第 2 段，经双东坳登上副峰二东山，游遍烂头营后再登主峰大东山，最后下山至伯公坳离开。

资料

路程：约6.5公里	需时：约5小时	最佳时节：夏季大风，天朗气清风景较佳；秋季则较清凉
中途退出：无	中途补给：无	坡度：★★★★★

交通范例

起点
南山管理站

交通工具		路线	下车位置	车费
新大屿山巴士：	1	梅窝码头→大澳	南山营地	平日HK$2.4，假期HK$4.7
	2	梅窝码头→昂坪宝莲寺	南山营地	平日HK$17.2，假期HK$27
	3M	东涌市中心→梅窝码头	南山营地	平日HK$10.5，假期HK$16.2
	4	梅窝码头→塘福	南山营地	平日HK$5.6，假期HK$10.8

终点
伯公坳

交通工具		路线	上车位置	车费
新大屿山巴士：	3M	东涌市中心←→梅窝码头	伯公坳	平日HK$10.5，假期HK$16.2
	11	大澳→东涌市中心	伯公坳	平日HK$11.8，假期HK$19.2
	23	昂坪宝莲寺→东涌市中心	伯公坳	平日HK$17.2，假期HK$27

石壁—分流—大澳

石壁—水口

大屿山及离岛 高级

南山 伯公坳

吉澳

东平洲

南丫岛

长洲

Check point ① 南山

凤凰径第 2 段的起点牌楼位于南山烧烤场内，另可从南山营地巴士站下车后，沿大屿山林道走至南山管理站前起步。两个起点都要先从依山脊而建的石级登山，夹道林荫蔽天，几乎密不透风，蚊子也多，并不好受。不过，密林内却随处可见不同品种的昆虫，昆虫爱好者一定深感满足。

穿过丛林，凉风送爽，眼前景观豁然开朗，脚下踏着草坡路，梅窝码头、银矿湾以至贝澳都尽收眼底。山路越走越陡，视野开始因为烟雾而变得朦胧，途中还需跨过数条小溪，走过标距柱 L010 后，终于抵达旅途的第一个分岔口——双东坳，右路通往 766 米的莲花山，左路即可登二东山。

起点附近的指示牌列明前往伯公坳只需 2.25 小时，但已有经验者，且沿途不作停留计算，计划行程时宜加上一两小时。

起步初段的密林，蕴藏大量昆虫可供观赏。

由丛林间已可一窥二东山的巍峨。

沿途必看动植物

黄猄蚁 (Oecophylla smaragdina)

会在树上用树叶筑巢，工蚁还会含着幼蚁穿梭叶间吐丝，使巢稳固。身体呈橙红色，无光泽。属杂食性，会进食其他昆虫，故从前农民利用它们来捕食并防治柑橘园害虫。攻击性极强，会主动袭击人类，如被咬，伤口会很痛兼红肿。

矍眼蝶 (Ypthima baldus/Five-Ring)

"矍"的读音为"霍"，虽然英文名为 Five-Ring，但后翅腹面其实有六道眼纹。展翅 35~45 毫米，翅膀呈褐色，前翅有一对大眼纹，外形跟黎桑矍眼蝶很相近，只是黎桑矍眼蝶的后翅眼斑排列较接近直线。多在接近地面的地方出没，多停留，受骚扰也只会短距离飞走。

平顶眉眼蝶 (Mycalesis zonata)

是一种全年可见的蝴蝶。展翅 45~50 毫米，秋冬时，翅膀上的眼斑明显较小和模糊；夏季时，眼斑则大而明显。多在林荫下生活，常停留，只作短距离低飞，爱吸食树液和腐果。

黑翅竹蝗 (Ceracirs fasciata)

雄性体长 20~30 毫米，雌性体长 27~34 毫米。身体呈黄绿色，触角黑色，顶端颜色稍淡，复眼后及前胸背板侧面有黑色眼后带。前翅前缘域绿色，中部黑色，后缘域黄绿色。在我国云南是主要危害丛生竹的害虫。

螽斯 (Sympaestria truncata-lobata)

俗称蝈蝈，是最为人熟悉的鸣虫，雄虫在求偶时会摩翅而歌，发出清脆的"唧、唧"声。有草绿色和褐色两种，体形与蝗虫相似但触角细长，节数多达 30 节以上。喜欢吃瓜果、豆类等，有人将它当作宠物，用小竹笼饲养观赏。

石壁─分流─大澳
石壁─水口
大屿山及离岛 高级
南山 伯公坳
吉澳
东平洲
南丫岛
长洲

穿出密林，山坡长满野草。

Check point ② 二东山

二东山为大东山的副峰，顶峰海拔 749 米高，是香港第五高峰，由一百多米海拔的起点，一口气攀上 749 米高的二东山，走到衣衫湿透、气喘吁吁。山上烟雾缭绕，颇有意境，但若是夏季六七月前来，山上风速可达每小时 30km，那时万里晴空，可以看到东涌市，甚至机场全貌，又是另一番风景。

Check point ③ 烂头营

就在前往大东山的一片迷雾中，十余间散落山头的"大东石室"便出现眼前，即是俗称的烂头营，堪称全港坐落最高的度假屋群，同行无不大喜，快步奔往石屋逐一细看。

每间石屋均有编号，面积三十余平方米，外表虽简陋，里面却五脏俱全，有厅，有睡房、厨房、洗手间，并筑有水箱及接驳水管引水，连抽水马桶也接驳私家化粪池，从前南面其中一间甚至附设有小泳池。

数十年来烂头营拥有权不断易手，现在大部分都属于宗教团体所有，属私营，不对外开放。其中循道卫理中心管有 8 号屋，可尝试联络查询。石屋属古迹，有幸入住谨记要小心保存原貌，切勿遗留垃圾。

循道卫理中心电话：2527-2026

烂头营中最出名的一间——18 号石屋，外墙写有石屋租赁的查询网址，但近来网址已不能用了。

细心一看，每间小石屋外形都不尽相同，有新有旧，都被浓雾包围。

当年屿南道尚未兴建，筑石屋时使用的一沙一石，都得靠人力从梅窝搬运上山。

专家指点：烂头营由来

石屋建于 20 世纪 30 年代，相传当年由一个英资大机构，向政府申请兴建营舍做度假屋，用以舒缓员工的思乡情绪，也有传是洋人传教士为避暑而建。原名大东石屋的烂头营一名，相信是来自英文旧名称 Lan Tau Camp，因为使用营地的都是外籍人士，所以附近乡民也称之为鬼楼。

278

石壁—分流—大澳

石壁—水口

大屿山及离岛 高级

南山 伯公坳

吉澳

东平洲

南丫岛

长洲

几经艰辛登上大东山 869 米高顶峰，成就感胜过所有劳累。

前路漫漫的登山泥路，仿佛没有尽头。

山上漫山黄草，感觉荒凉，但不时遇见其他登山客，颇为热闹！

山顶零星分布大小不一的怪石。

Check point ④ 大东山

　　大东山位于凤凰山东面，海拔 869 米，是香港第三高峰。英文名字叫 Sunset Peak，又名日落峰，是观赏日落的好地方。每当夕阳西下，漫山遍野被映照成金黄色，景致绝佳。当年烂头营选址这里，正是冲着日落美景而来。

　　继续走凤凰径，山径会绕过大东山顶南面，但沿途右手边不时有小径可登顶。今日大东山山体高耸，但在远古时是一片汪洋。20 世纪 70 年代，曾有一名英籍儿童在此拾获一块化石，证实是一亿五千万年前形成的海洋生物化石。

伯公坳烧烤场只有两个火炉。

下山途中可见同样被雾笼罩的凤凰山。

隔篱的石级，可登上凤凰山。

Check point ⑤ 伯公坳

　　离开大东山顶峰，山径随即换成下山路，下坡幅度急，雾水令碎石泥路更易崴脚，必须使用登山杖帮助才能应付。小心翼翼下坡途中放眼一望，面前是伟峻的凤凰山，气势跟大东山不相伯仲。一直下至野餐区，便抵达伯公坳，走至马路即可乘巴士离开。

后记＋Tips：上下落差大　下山必备登山杖

　　烂头营极具特色，值得一游，但必须付出极大的体力代价。山高路远，沿途上下落差极大，极需体力。大东山、二东山山上经常被大雾笼罩，视线受阻，有一定难度与危险性。尤其尾段从大东山下至伯公坳，路陡又烂，必须配备登山杖，小心上路。

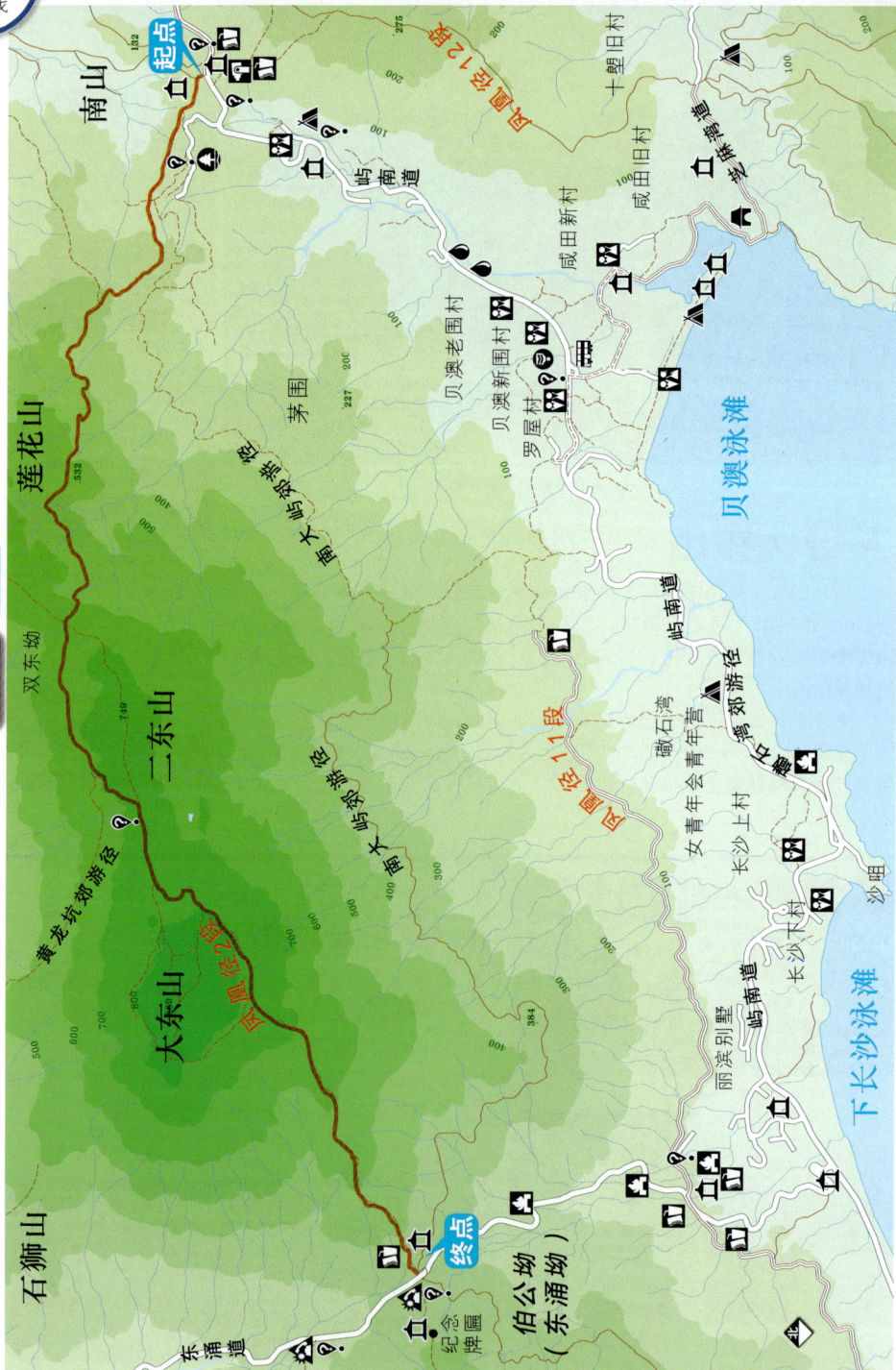

南山

莲花山

二东山

大东山

石狮山

起点

南大屿郊游径

茅围

屿南道

凤凰径12段

十塱旧村

咸田旧村

咸田新村

芝麻湾道

贝澳老围村

贝澳新围村

罗屋村

贝屋村

贝澳泳滩

屿南道

黄龙坑郊游径

双东坳

凤凰径2段

凤凰径11段

敬石湾

女青年会青年营

湾仔郊游径

伯寮郊游径

长沙上村

沙咀

长沙下村

屿南道

丽滨别墅

下长沙泳滩

终点

伯公坳（东涌坳）

纪念牌匾

东涌道

路线 吉澳码头 →30分钟→ 天后宫 →30分钟→ 澳背塘

离岛郊区　初级路线

石壁─分流─大澳

石壁─水口

南山─伯公坳

大屿山及离岛　初级

吉澳

东平洲

南Y岛

长洲

每逢夏季，吉澳浅滩都有大量枫砂白海星，海星都拥有很强的再生能力，故可见 4 到 7 腕足的海星。

吉澳水中满天星

　　跟深圳盐田咫尺之隔的吉澳，"之"字形的小岛拥有绵长的海岸线，蕴藏丰富的海洋资源，有着极高的生态价值。每逢夏季，浅滩上遍布海星，俨如天上繁星，美不胜收！地处僻隅，交通不便，反令岛上的自然美景得以保存，山清水秀，风光旖旎。

　　游览吉澳，目的地通常只有澳背塘，行走路程极短，由吉澳码头出发，走过天后宫后横越西澳，最后抵达澳背塘。

🔍 资料

路程：约3公里　　　　　　需时：约1小时
最佳时节：夏季赏海星、波子蟹最佳　　中途补给：吉澳大街有酒家、商店
中途退出：无　　　　　　坡度：★

🚆 交通范例

起点/终点
黄石码头

现今只有沙头角码头设有定期航班前往吉澳，但进入沙头角必须有禁区证。普通大众要想游览吉澳，只有包船。最方便的是到西贡黄石码头，当场找船家租快艇，一般6~8人包船费约HK$800，航程40分钟，还可顺道游鸭洲、荔枝窝，都是一个价钱，每人只合HK$100。
另可在大埔三门仔租游艇，航程2小时，30人约HK$3000~3500，胜在可游泳。

💬 专家指点：吉澳解码

　　位于沙头角以东，大鹏湾西南水域，面积约2.4平方千米。另有曲岛（Crooked Island）之称，因岛形呈"之"字形，形成天然避风港，曾是香港著名渔港之一，但时代变迁，原居民大部分已移居海外，目前岛上约住有 200 户人家。岛民深信岛上有龙脉横越，故每隔 10 年就会举行盛大的"安龙太平醮会"，到时会有天后出巡、太平巡游、神功戏，上届甚至放烟花，醮期长达 6 天，属香港现存醮会中所罕见，可惜下一届要等到 2016 年。

🔵 **281**

石壁—分流—大澳

石壁—水口

南山—伯公坳

东平洲

南丫岛

长洲

大屿山及离岛 初级

吉澳

Check point ❶ 吉澳码头

由吉澳码头下船，右转前往吉澳村公所方向、沿着吉澳岛上唯一的街道——吉澳大街走，街上有海鲜酒家、海味干货店。

码头一带有大量鱼排。

没有招牌的米铺，铁折上有通花"白米"字装饰。

岛民早于20世纪80年代便大量移民，故废屋在吉澳随处可见，部分已倒塌、长满杂草。

村内的土地公，是典型的客家镬耳式设计。

这间废屋的厨房炉头仍保存良好，成为游客的必游点。

因早年移民海外的岛民早已富起来，对天后宫常加修葺、粉饰，故寺庙至今仍美轮美奂。

Check point ❷ 天后宫

一直沿吉澳湾畔前行，先后经过已停办的吉澳公立学校，以及筑有瓦顶的水警警岗，便来到吉澳最闻名的天后宫。吉澳天后宫建于清乾隆二十八年(1763)，特别在大门张贴的门神，是洋人造型。对面海边还有一棵枝干横卧的细叶榕，被村民奉为姻缘树。

水警警岗前有一石滩，面前是新建的码头和鱼排，再远处便是深圳盐田港的货柜码头。

公立学校旁的古井。

吉澳公立学校 2005 年已被封校，封校前也只有数名学生而已。

天后宫前海旁有两尊古炮，估计于 19 世纪生产，至今已有大约 200 年历史。

传说与情人坐在姻缘树下，若抬起头时，刚好有果实掉落口中，身边那人便是命中注定的另一半。

专家指点：吉澳洋人门神由来

吉澳天后宫大门上的门神，面色白、鼻梁高，十足的外国人，原来跟香港的殖民历史有关。话说 1899 年，驻港英军强行接收新界并登陆吉澳岛，乡民唯有关门闭户，连天后宫也不例外。英军于是破门而入，将天后宫大门打破。后来英军为缓和乡民的反英情绪，于是重新修葺大门，奈何英国人对门神全无认识，唯有将扑克牌上的皇帝造型化为门神了事。

Check point 3 澳背塘

离开天后宫，循庙旁的坡路小径，转往左走，经过西澳，向本次旅程的最终目的地——澳背塘进发。吉澳澳背塘原是香港近代最大的人工珍珠养殖场，因日本的养珠业崛起而没落，现场留下一条 40 米长的浮桥遗址，构成一幅沧海桑田的美景。

浮桥对着的浅滩，正是海星群和波子蟹等大量海洋生物的聚居处，每年五六月是海星的繁殖期，浅滩里星罗棋布，美不胜收。观赏时要小心地走，不要踩到它们，更千万不可拾起当飞镖乱扔。游毕澳背塘，沿路折返回码头，或者可沿山径向南走，登上 120 米高的黄幌山，可远眺外形有趣的笔架洲。

只要沿着天后宫旁这条半石级半坡路的小径走，即可抵达澳背塘。

前往澳背塘的途中，路经西澳时路过的荒废水井。

283

石壁—分流—大澳
石壁—水口
南山—伯公坳
大屿山及离岛 初级
吉澳
东平洲
南丫岛
长洲

澳背塘驰名的 40 米浮桥，原是珍珠养殖场。

后记＋Tips：
穿凉鞋
日落前要离开

路程短、风景亮美，大人小孩皆宜。为方便下到沙滩玩，最好穿着凉鞋。但玩归玩，岛上并无地方过夜，日落前一定要走。游毕谨记一尝岛上驰名的山水豆腐花、砵仔糕和弹牙墨鱼丸。

碧水蓝天的澳背塘，水清沙细，恍如置身马尔代夫。

沿途必看动植物

三点蟹
(Portunus sanguinolentus)

正确名称是红星梭子蟹，是常见的食用蟹，主要栖息在水深 20~30 米的泥沙地。秋末正值盛产季节，肉质甘甜，雌蟹更有丰富蟹膏。最明显的特征是壳背上有 3 个褐色斑点。螯脚长，前缘有棘。最后的步脚表面具有软毛，后部表面光滑无刺。

波子蟹
(Mictyris brevidactylus)

又叫短指和尚蟹，一般蟹都是横行，以减少行走阻力，但波子蟹却是直行。常成群结队地移动，有如行军部队，故又称兵蟹。体呈球形，背甲呈蓝色，细长的步足与螯则呈白色。退潮后会集体到滩面上觅食，也能躲在地下隧道中进食，只要发现洞口四周有拟粪，便会见到其踪影。

灰山椒鸟
(Pericrocotus divaricatus)

春、秋二季的过境鸟，身长约 20 厘米，身上只有素净的黑、白、灰三色，特征是雄性头部拥有黑色的过眼线，并延伸至头顶与后颈。常成小群活动，偶尔亦可见上百只大群在树冠层啄食昆虫。

木棉顶

环仔

鸡公头

娥眉湾

观音洞

飞鼠岩

石壁—分流—大澳

涌湾顶

99

蒲泥洲

猫眼洞

2

涌湾

娥眉洲

红花岭

石壁—水口

洋洲（对面洲）

118
108

大角头

榕角

头壳

鸡公岭
122

吉澳角

鸡篓岩

门仔

窜二埠

南山—伯公坳

100

澳背塘

门仔湾

王角头

王角尾

桂桥谷

王角头

长石咀

东澳湾

高地顶

蒲鱼排

白沙头湾

大屿山及离岛

初级

阿肯塘

吉澳

深涌

东平洲

高棚顶
70

西澳
立
19

终点

起点

中间澳

码头

天后宫

水月宫

吉澳土地宫

船湾（扩建部分）郊野公园

赤角头

吉澳渔民村东澳

56

黄幌山
100
120

南丫岛

吉澳湾

白沙头

白沙头咀

白沙咀

澳土角

一笔梁

一点梨洲

长洲

中 级路线

石壁—分流—大澳

石壁—水口

南山—伯公坳

大澳

大屿山及离岛 **中级**

东平洲

南丫岛

长洲

东平洲的晨曦。

东平洲 千层页岩绝景

　　外形像一弯新月的东平洲，位于香港的最东北面，是境内最后升上水面的一块陆地。岛上以奇石见称，壮观的千层页岩几乎成了本地的地标，风光秀丽，令人大开眼界，被誉为"香港四大绝景"之一。

　　此外，东平洲也是香港第四个海岸公园，沿岸一半珊瑚一半海藻，蕴藏数之不尽的海洋生物，绝对令人目不暇接。难怪成为近年来最热门的生态旅游地点。

　　旅程取道东平洲郊游径，以顺时针方向环岛一周，逐一漫游更楼石、难过水、龙落水等岛上景点。

专家指点：东平洲解码

　　位于大鹏湾内，狭长的岛屿，长约3公里，宽约500米，面积约1.16平方公里。原名应是平洲，为避免跟大屿山附近的坪洲混淆，于是加上"东"字以作识别。而之所以叫平洲，皆因全岛地势扁平，最高点也不过48米。于2001年11月被划为香港第四个海岸公园，以保护岛上和海岸的自然资源。

　　全盛时期曾有超过两千名居民，岛民多来自大鹏湾，且以平洲为籍贯，说着与港其他地方不同的平洲话（又称大鹏话）。由于位置接近深圳大鹏半岛，昔日曾是非法入境者的登陆胜地。

交通范例

起点/终点　**马料水码头**

交通工具	路线	航班	船费
翠华船务	马料水 ←→ 东平洲	1小时40分钟	来回HK$90

*详细船期资料，请看书末附表。

资料

路程：约6公里
最佳时节：四季皆宜，但夏季风景最美
中途退出：抵达洲背海螺洞前或斩颈洲前，皆有山径返回码头

需时：约4小时(经难过水)
中途补给：沿途村落设有商店
坡度：★

石壁·分流·大澳

石壁·水口

南山—伯公坳

主澳

中级 大屿山及离岛

东平洲

南丫岛

长洲

Check point ① 王爷角码头

从马料水码头出发，航程中可饱览赤门海峡，以至远方的深圳大、小梅沙，故一个多小时的航程，转眼便过。不久，一片像浮于水面的扁平小岛，便跃现眼前。

东平洲码头位于王爷角，旁边设有凉亭、洗手间及郊游地图。几乎所有游人都循着东平洲郊游径绕海岸线走，从码头左转，顺时针方向沿湾畔前行，一路跟着人潮走便是。

每逢假日都有大批游人到东平洲。

清澈见底的湛蓝海水，市区难求。

东平洲于 1979 年被划入船湾郊野公园范围，郊游径起步不久，便见此木牌。

💬 专家指点：千层页岩何来？

东平洲的页岩 (shale)，俗称千层岩，有"香港第一名岩"之称。页岩是水成岩，亿万年前，水成岩在水底形成后，因为地壳变动被挤压，最后被推上地面，形成层层叠叠的独特奇观。页岩抗蚀能力低，容易受风化和海浪侵蚀变形，造成平坦的特征，岩层中不难发现各种矿物晶体和化石。不提不知道，东平洲上所有页岩都是微微向东倾斜的。

Check point ② 亚妈湾

起步不久便有一沙石滩——亚妈湾，滩畔建有堪称香港境内最东端的天后宫。连同隔篱的亚爷湾（大塘湾），是东平洲海岸公园的两大核心区，禁止捕鱼和船只停泊。因为内湾地区水流慢，适合珊瑚生长。故两湾拥有达 1.8 平方公里的珊瑚层，覆盖率高达 50%，是香港最大的珊瑚层之一。每当潮退，沿岸便可看见无数石珊瑚暴露水面，还有超过 130 种珊瑚伴生海产，如小丑鱼、海葵等。

亚妈湾经记录有超过 40 个品种的石珊瑚，以十字牡丹珊瑚、中华扁脑状珊瑚及黑珊瑚为主。

东平洲天后宫设计一般，但相信有超过百年的历史。

潮退时，石珊瑚会露出水面。

更楼石四边直削，足见大自然的鬼斧神工。

Check point ❸ 更楼石

　　沿着海岸前行，经过亚妈咀、妈咀角，终走至东平洲的第一个景点——更楼石。更楼石一共有两座，一左一右庞然巨石，各高七八米，远看犹如古时的更楼，因而命名。面向东面大鹏湾的更楼石，是继凤凰山后另一观赏日出胜地，不少游人冒险攀上更楼石平台上，但请量力而为。

登上更楼石，放眼脚下辽阔海蚀平台上的潮池。

海蚀平台

　　更楼石对面，是全岛最大片的海蚀平台，一层又一层的页岩斜斜叠起，形状各异，形成大片像云层般的石滩，游人无不忙于拍照，万分兴奋。因为页岩都微微向东斜，当风浪不断拍打落平台或涨潮，石缝中间便形成一个个小水池，称为潮池。部分可水深及腰，水中常有虾、蟹、海胆、鸡泡鱼等，因为日晒蒸发水分，水中动物都要调节身体以适应高盐分兼少氧的生存环境。

因为潮池常有被困的海洋生物，故吸引大量雀鸟来此觅食。

专家指点：更楼石成因

　　更楼石于地理学上属海蚀柱，临海悬崖岩石的裂缝，长年累月受尽海浪侵蚀，力量有如被刀切割，最后只剩下最坚硬的更楼石屹立海岸。

沿途必看动植物

白纹方蟹 (Grapsus albolineatus)

俗名岩蟹，头胸甲呈圆方形，额域有多处突起，整体呈蓝绿色，并密布白色斑纹，螯掌节为紫红色渐变白色。拥有长满尖刺的脚爪，具有钉鞋的功能，故能攀爬上海岸岩礁觅食藻类。

Check point 4 难过水

在更楼石附近的难过水，顾名思义，非常"难过"。难过水其实是山崖下的海蚀平台，只有退潮时，平台露出水面才能通过。涨潮时，惊涛拍岸，浪花溅起，惊险万状，绝对不宜涉险强渡。若遇涨潮，唯有沿着崖后的水泥山路前进。

难过水崖下陡峭，望而生畏，刚潮涨时，巨浪会忽然涌来，深可及腰。

沿途必看动植物

海胆 *(Echinoidea)*

正式学名是海胆纲，是棘皮动物，与海星、海参属同门。与其他棘皮动物相似，海胆都是五幅性对称的，但并不易见，要在其干壳上才能见到。棘刺本身中空及易碎，断掉的棘刺可再生。香港水域，包括东平洲盛产紫海胆，每年三月更是丰收期。肉虽然较少，但口感纯净。身躯呈圆拱形，直径约4.5厘米，表面长满无数短刺，在水中呈深紫红色。

自2001年，东平洲被列为第带四个海岸公园后，游人就不可以再在海岸公园范围内带走任何海洋生物！

洲背不止崖多，潮池也多，形成独特的潮池生态，如细心看，不难在潮池中看到海胆、海葵、石鳖。

惊涛骇浪，可见洲背多么风高浪急。

Check point 5 洲背

离开难过水，开始游走东平洲的洲背。因为地壳变动的折曲现象，使得东平洲西岸的洲背隆起，形成的悬崖特别多，崖下峭壁水也深。洲背海岸受高地所挡，缺乏光线照射，加上水流急，所以盛产海藻。这里经记录一共有超过65种海藻，在龙落水附近的海岸，更长有繁茂的海藻床，包括多种褐藻、红藻及绿藻，是全港最大的海藻繁殖场。因此，也吸引来以海藻为食的海胆，于是又造就另一盛产——海胆。

沿洲背前行，右边会有山径返回码头，途中更会经过一座林中池塘。

石壁－分流－大澳

石壁－水口

南山－伯公坳

吉澳

中级 大屿山及离岛

东平洲

南丫岛

长洲

龙落水长一百多米，厚度 70~80 厘米，直插入海，游人都爱走在龙脊上。

Check point **6** 龙落水

　　走过海螺洞，一条长长的石脉随即出现在眼前，直奔出海，就是东平洲有名的神龙落水。石脉岩边呈巨型三角锯齿状，气势磅礴，的确恍似龙脊。传说龙头蜿蜒伸至塔门东部，龙尾直插大鹏湾。不远处海岸还有另一景点龙麟咀，片状石块犹如龙麟般铺满滩岸，蔚为大观。

> **专家指点：龙落水成因**
>
> 龙落水本身为坚硬的燧石层，抗蚀能力强，当岩石两边受压力，抗蚀能力弱的石层倒下，本来呈水平层理的燧石，便折曲重叠，形成龙落水的地理现象。不止东平洲，其实马屎洲也有类似景观，名为神龙出水。

沿途必看动植物

太平洋长臂虾
(Macrobrachium)
　　广泛分布于太平洋水域，体长约4厘米，身体近透明，甲壳上有棕色细纹及红色斑点，最大标记是有一对长而明显的第二步足，用来摄食和避敌。多栖息于珊瑚礁、海边，常成群于低潮带的石缝中出现。

花狭口蛙
(Kaloula pulchra)
　　棕色的背部有一个深棕色的大三角形斑，看来像花瓶而得名。特征是头小、嘴小、身体圆胖、四肢短小。善于挖掘，利用足部挖洞，仅需数秒即可将身体埋入土中。每逢夏季雨后的繁殖季节，雄性会发出像牛吼般的求偶声。交配时，雄蛙腹部腺体会分泌黏液，将自己黏在雌蛙背部，以免分开。

海葵 (Actiniaria)
　　看起来像花，但其实是捕食性动物。通常色彩鲜艳，属无脊椎动物，没有骨骼，大多生长在水浅的礁区，通常吸附在岩石或珊瑚上，带有毒性，用带刺细胞的触手捕食小动物。不过，小丑鱼、虾、蟹和寄居蟹等许多动物也会和海葵共生。

红颈瓣蹼鹬
(Phalaropus lobatus)
　　属春秋季的过境鸟，并不常见。爪间有不完全的蹼，善于游泳又善于飞行，常以没有规则的曲线在水面蹿动，飞行则似燕子。体形细小，身长只有20厘米，嘴细长而黑，上体灰，羽轴色深；下体则偏白，飞行时翼上的宽白横纹尤其明显。

沿浅滩一直向前走便是斩颈洲。

斩颈洲南端入口附近，是一大座页岩。

斩颈洲北端的出口，是沙滩和海蚀平台。

直崖中间是一条相当挡风的走廊，两旁是层理分明的页岩切面。

Check point 7 斩颈洲

又名断头洲，本是与岛相连的山嘴，和更楼石一样，也因岩石有裂缝，海浪侵蚀后形成洞穴，最后顶部塌下，久经风化后就变成如刀割般的直崖。两崖中间的小峡谷，常有凉风阵阵，行程至此已走过 2/3，无论眼前景色有多美，也难掩倦意，在这里好好休息一番最好不过。

由龙落水前往斩颈洲途中有山径返回码头，沿此路走会经过岛上唯一的警岗及旧军营。

当海浪打落垂直的页岩，水会沿岩石裂缝向下渗流，形成垂直的侵蚀效果，称为垂直溶蚀。

蜂窝状侵蚀为另一种侵蚀现象，当岩石上的螺分解石上的化学物质后，被分解后的化学物质加上雨水侵蚀，便形成表面蜂窝状的侵蚀效果。

Check point 8 洲尾角

走至湾畔尽头，便是全岛最北端的洲尾角，这里有著名的猫公洞，是页岩层中被海水侵蚀而形成的大洞穴。由于洲尾角的地层顺走向入海，海蚀作用特别强烈，页岩和海蚀平台上都布满小洞，犹如月球表面。

石壁─分流─大澳

石壁─水口

南山─伯公坳

主澳

中级 大蚧山及离岛

东平洲

南丫岛

长洲

水清沙细加上丰富的珊瑚层，常有人在此潜水。

海边石滩破落的小屋，很有度假的感觉。

Check point ❾ 亚爷湾

来到旅程尾声，继续沿湾畔前进，右方可见以页岩砌成的村屋群，此乃东平洲的一大特色，只是大部分村屋已荒废，被弃置于路旁一隅。走至俗称亚爷湾的大塘湾，是岛上最长的滩岸，滩后的大塘村，里面有东平洲驰名的山水豆腐花，也有小酒家，供应新鲜海鲜小菜，值得一试。

新昌商店电话：2666-9915

新昌供应小炒和特色饮品，是全岛最具人气的店，也提供东平洲独特的"商店度假屋"，房间里只有一张床，住宿费 HK$25/位。

后记＋Tips：留意潮涨时间 切勿乱扔垃圾

(1) 每逢假日都有大量本地旅行团前往东平洲，如欲避开人潮，下船后可先右转、以逆时针方法行走郊游径。(2) 要过难过水，出发前最好先上香港天文台网站查询潮水涨退时间。(3) 行经密林时，要小心有青竹蛇。(4) 深色的石上通常长满青苔，要小心脚滑。(5) 洲背地区接收香港电话网络；内陆地区则收大陆电话网络。(6) 注意回程航班时间，万一错过航班，唯有在岛上找商店投宿过夜，或到码头找电话号码叫快艇离开，前往大埔的收费一般过千。(7) 东平洲实在是香港硕果仅存的生态宝库，游览时切勿乱扔垃圾，若能多做一点，如光顾岛上酒家时自备餐具，帮忙带走被冲上岸的垃圾更佳。记住爱惜自然！

新昌驰名的山水豆花(HK$6)，又甜又滑。

💬 专家指点：东平洲海产勿带走

根据香港法例第 476 章，在海岸公园捡拾任何海洋生物及其部分，均触犯法例，包括已死的海产或贝壳。违者一经定罪，最高可被罚款 HK$25,000 及入狱一年。

沿途必看动植物

白鹡鸰 (Motacilla alba)

香港的白鹡鸰有留鸟、冬候鸟，也有过境鸟，唯独没有夏候鸟。身长约 20 厘米，上身灰色，头顶和鸟嘴黑色，下身白色，翼黑色，其中以雄鸟较黑。拖着长长窄窄的尾巴，时常上下摆动，常见于海边走动觅食，飞行时呈波浪状起伏，边飞边发出"叽、叽、叽"的叫声。

石壁－分流－大澳

石壁－水口

南山一伯公坳

主澳

大屿山及离岛 中级

东平洲

南丫岛

长洲

白鱲湾

洲尾角
崖角　猫公洞
北塘　洲尾

欧公山　长沙湾　37

斩颈洲

东平洲海岸公园
大塘湾

平洲海

船湾(扩建部分)
郊野公园

陈屋　大塘

邹屋　20

起/终点

李屋

王爷角

亚妈湾

亚妈咀

南塘　峯脚下　天后庙　沙头　奶头　妈角咀

龙麟咀

龙落水　洲背　26　鹤岩顶　更楼石

海螺洞　郑屋

▲45

平洲环岛郊游径　难过水

沿途必看动植物

青竹蛇 (Bamboo Pit Viper)

学名应是白唇竹叶青蛇，是香港最常发现的毒蛇，被咬后伤口会十分痛并严重红肿，毒性强可致命，如被咬要立即报警求助。平均长约50厘米，最长可达90厘米。背及胁腹均为青草绿色，腹部为米黄色，尾部有啡红色线，雌性的腹部及背部交接位带黄色横纹，雄性则为白色。主要栖息于耕地边缘、灌木林及草地，以捕食蛙类、蜥蜴、雀鸟及小型鼠类为主。一般夜间行动，即使于漆黑无光的环境下也能准确地活动，但日间也会出没。

独角仙 (Allomyrina dichotoma)

又名兜虫，体长40~62毫米，身体呈红褐至深黑褐色。特征是雄性头部前方有鹿角状长触角，前胸背板中央亦有小触角；雌性则无触角，颜色也较无光泽。当雌性受到雄性或人类威胁时，会挥舞锐利的前脚攻击对方。日本人非常崇拜独角仙，日本武士的头盔正是模仿独角仙的头部形状做成的。

石壁・分流・大澳　石壁・水口　南山―伯公坳　圣澳　东平洲　大屿山及离岛 初级　南丫岛　长洲

南丫岛
浪漫大风车

南丫岛新地标——南丫风采发电站，是全港第一座风力发电站。岛上郊游路线平缓好走，景点众多，看山、看海、看古迹样样齐全。码头附近，西式餐厅、酒吧、小画廊、工艺店林立，有如南欧度假小镇，登山过后也不愁没节目，难怪每到假日总是游人如鲫！

　　旅程行走南丫岛家乐径的一部分，先由榕树湾码头出发，走至大湾肚附近，沿马路直登南丫风采发电站，继续游览洪圣爷湾沙滩，之后沿山径至芦须城，经神风洞、天后宫后抵达索罟湾码头。

位于大岭村的大风车，风车旁设有观景台公园，尽览无敌海景，景致醉人。

🔍 资料

路程：约7.5公里　　　　需时：约2.5小时　　　　最佳时节：四季皆宜
中途补给：榕树湾内街、洪圣爷湾沙滩。若遇假日，连山顶青年营附近都有车载汽水摊。
中途退出：无　　　　坡度：★

🚆 交通范例

		交通工具	路线	航程	船费
起点 榕树湾码头		港九小轮	中环→榕树湾码头	30分钟	周一至周六HK\$16.1，周日及假期HK\$22.3
终点 索罟湾码头		港九小轮	中环→索罟湾码头	30分钟	周一至周六HK\$19.8，周日及假期HK\$28

*中环4号码头上船，详细船期资料，请看书末附表。

70% 的岛民都住在榕树湾，湾内泊满小艇，色彩缤纷。

Check point ① 榕树湾

从榕树湾码头下船，先右转沿海滨走，是全岛最热闹的榕树湾大街，沿路都是海鲜酒家、酒吧和咖啡店，也有精致的小店，售卖地道手工艺品、书或环保产品。旅程前不妨先放慢脚步细看一看，甚或吃顿丰富的午餐再出发。

走至天后庙分岔路左转走内街村路，此后一直向东南方向直走，途经大园、大湾等村落，是全岛人口最密集的地方，沿路都有清晰路牌指引，不怕走错路，其实大部分游人的目的地都一样，向大风车和洪圣爷湾进发。

刚一下船便见南丫岛的地标——三枝香的发电厂大烟囱。

榕树湾大街是海鲜酒家的集中地，很多更建于岸边，有无敌海景相伴。

位于榕树湾大街的迷你警察报案中心。

榕树湾远景。

内街村路两旁新旧村屋夹杂，路上林荫处处，睡在路旁的小猫、小狗懒洋洋的。

榕树湾天后庙至少已有130年历史，最特别的是庙前有一对西洋风格的石狮，据闻建成以来，渔民都收获丰富。

南丫岛驰名的建兴阿婆豆腐花，就在前往洪圣爷湾的必经路上，豆花真的是又凉又滑。HK$6/ 碗

295

石壁—分流—大澳　石壁—水口　南山—伯公坳　吉澳　东平洲

大屿山及离岛　南丫岛

长洲

石壁－分流－大澳

石壁－水口

南山－伯公坳

吉澳

东平洲

大屿山及离岛
初级

南丫岛

长洲

大风车以固定叶片的水平轴式迎风设计，由三块叶片、引擎舱和圆柱塔杆所组成，每分钟可转动15~24转。

大风车底下的电子显示屏，即时显示风速、累积产电量，以及减少的二氧化碳排放量。

Check point ❷ 南丫风采发电站

　　往洪圣爷沙滩方向走，约30分钟便抵达宽阔的车路，沿车路直上，即可抵达位于大岭村山坡上的南丫风采发电站。沿路设满指示牌，相当好找。走至半路，已看见巨型的大风车矗立在山丘上，缓缓转动。大喜，马上加速往山上狂奔。

　　不说不知道，风车要有每秒3米的风力，才能推动运作。但当风力达到14米，即使风再大，发电机的产电量也会到达极限，若风力增至25米更要停止运作。选址南丫岛大岭，正因为这里的风速稳定，一般大岭的平均风速约每秒5.5米。

发电站附设有展览中心，一个个小凉亭下的展板，介绍风能和其他可再生能源资料，成为学校的旅行热点。

沿途必看动植物　绿凤蝶(Pathysa antiphates)

香港常见的蝴蝶品种，展翅宽65~80毫米，拥有细而长的后翅尾，形态优美。多在树林灌木草丛中出现，异常活跃，飞行速度快，警觉性高，访花吸蜜的时间特别短，难以让人接近。

💬 专家指点：大风车解码

南丫风采发电站占地2500平方米，71米高，由香港电灯公司花五年时间、斥资1500万兴建，于2006年2月23日正式启用。发电机由德国制造，每年可生产100万度电，足够250户四人家庭使用，每年可减少350吨燃煤量，相当环保。

沿这条长车路走，便可近观大风车。另外大湾肚附近的车路，一样可达。

每逢假日，洪圣爷沙滩游人甚多，并不宁静。

Check point ③ 洪圣爷湾

　　游毕发电站下山，继续续走家乐径的山路前往洪圣爷沙滩。沙滩面积不大，属沙石滩，但救生员、烧烤炉、商店、洗手间等设施齐备，是中途补给、小休的首选地。

　　离开洪圣爷湾，沿绿色栏杆的家乐径继续前进，山坡地带的水泥路微陡，但相当好走，只是树荫不多，有点晒。不过好处是沿途可饱览南丫岛西面海岸风光，也是细看南丫发电厂的最佳位置。走至一山边，设有梯级通往临海的观景亭，可远眺长洲及大屿山，是照相留影的好位置。

洪圣爷沙滩因面对南丫发电厂而闻名，附近有很多僻静的度假屋出租。

家乐径中途会穿过树林、竹林，可从叶缝间看海，别有一番风情。

临海而建的观景亭，挡风，景又美，在此小憩一流。

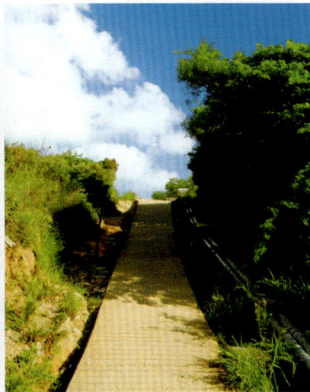
绿树丛荫配衬蓝天白云，令人心情舒畅。

石壁—分流—大澳

石壁—水口

南山—伯公坳

吉澳

东平洲

大屿山及离岛 初级

南丫岛

长洲

从家乐径可眺望南丫岛中部夹湾的水泥厂，再远处是索罟湾鱼排。

Check point ④ 芦须城

由观景台沿路继续前行，便到达第二个凉亭，沿路南下可达芦须城，是整个旅程中最陡的一段。唐朝时，此处是岛上的工业重地，居民会烘干贝壳制造石灰，学校前面有两个石灰窑可供参观。现在芦须城最闻名的是芦须城沙滩，又名昂龟湾，位置偏僻人流少，环境特别宁静优美。

山坡的家乐径沿途可饱览索罟湾鱼排及海湾景色，但赏景时要留心路上常有越野单车飞驰而过。

隐蔽的芦须城沙滩，从前每逢七八月，便有大海龟于晚间爬上海滩产卵，引来村民捕捉，现已绝迹。

沙滩旁建有一座巨型观景亭，有长廊连接一直伸至海中心。

沿途必看动植物

青凤蝶 (Graphium sarpedon)

也是香港郊区常见的蝴蝶，展翅宽 70~85 毫米，翅呈黑色，前后翅中央有青色带状条纹，另后翅外缘还有 5 个青色月斑。常在树林出现，有登峰习性，特别喜欢一小群地聚在潮湿的地面一起汲水。

石壁－分流－大澳
石壁－水口
南山－伯公坳
吉澳
东平洲
大屿山及离岛
南丫岛
长洲
初级

沿海岸而建的家乐径曲径通幽，一边树一边水，很有诗意。

Check point ⑤ 索罟湾

来到旅程尾声，继续沿海岸的家乐径走，会途经神风洞，是第二次世界大战时期日军使用过的隧道。然后循海湾路迂回前行，夹道一片青葱，不久便见屹立索罟湾畔的天后宫，再经过一系列村屋和海鲜酒家，便抵达索罟湾渡轮码头。

若嫌登山路段太短，意犹未尽的话，走至索罟湾后，可继续沿家乐径绕菱角山走一圈，途经石排湾、东澳，可欣赏骑楼石、棺材石等有趣石群，总行程约增加1.5小时。

专家指点：深湾——绿海龟唯一产卵地

性情温驯的绿海龟（Chelonia mydas），是高度濒危动物，受到香港法例第187章《动植物（濒危物种保护）条例》保护。名副其实，龟身上下不论肌肉、脂肪以至软骨都是绿色的。一般身长70至150厘米，体重约200公斤，也有记录超过400公斤。在香港有记录的海龟一共有5种，其中以绿海龟最多，也只有它会在本港繁殖。成年的绿海龟会在繁殖季节，洄游到出生地附近的浅海交配。交配后，母龟就会于晚上爬上沙滩挖洞产卵。小海龟的存活率极低，每1000只才有1只能长为成龟。

深湾是绿海龟在香港唯一经常产卵的地点，每年6月至10月是绿海龟繁殖季节，一律列为禁区。可惜的是，因为城市发展、污染，近年来深湾的绿海龟都不再产卵。

神风洞据说是第二次世界大战时，日军神风敢死队用来收藏突击用的神风快艇的，因年久失修，现在不准进入。

索罟湾较榕树湾来说较纯朴宁静，保留着一份渔港风情。

南丫岛南北两端各有一天后庙，索罟湾天后宫，建于道光六年（1825），已有一百多年历史。

石壁─分流─大澳
石壁─水口
南山─伯公坳
吉澳
东平洲
大屿山及离岛 初级
南丫岛
长洲

永远的万里晴空。

后记＋Tips：轻松易走　但缺树荫

　　风景绝美，无须太多装备，便可以轻松好走，一家大小假日消闲，情侣谈情拍照皆宜。甚至可在榕树湾内街租单车，变成环岛单车游，租车费约 HK$25/4 小时，需时约 1.5 小时。只是中段山路欠缺树荫，很晒，要准备太阳帽或遮阳伞。

专家指点：南丫岛解码

　　古称舶寮洲，曾是前往广州贸易的外国商船的停泊地。由于岛屿位于香港南面，岛形似"丫"字，因此得名"南丫岛"。面积约 13.7 平方公里，是香港第三大岛屿，约有 6000 名居民，最著名的南丫岛民，首推国际影星周润发。

　　南丫岛昔日原为传统渔乡，直至 20 世纪 80 年代香港电灯公司在岛上兴建发电厂，于是有大批洋人工程师聚居，奠下华洋杂处、新旧并融的独特社区。岛上居民崇尚自然，讲究环保，注重保护生态，才令南丫岛的天然美景得以保持。

专家指点：南丫发电厂解码

　　一直是南丫岛地标的 3 支香，是南丫发电厂的烟囱，位于洪圣爷湾对面的菠萝咀，占地 50 公顷，同样由香港电灯公司兴建，于 20 世纪 80 年代开始为香港岛、鸭脷洲及南丫岛居民提供电力。主要以煤作为发电燃料，总发电量约为 3420 兆瓦，现今发电厂正增建一间以天然气发电的新厂房。

沿途必看动植物

美凤蝶 (Papilio memnon)
　　展翅可达 110~130 毫米的大型蝴蝶，主要在林缘和柑橘园出现，喜欢访花吸蜜。雄性和雌性外貌上有很大差异，雄性没翅尾，外形与蓝凤蝶相近；雌性外形多变，有翅尾的和无翅尾的都有。

石排湾

火药洲
龙山排

北角

南咀

曾仔勥

北角山

海怡半岛
鸭脷洲村

鸭脷洲

玉桂山

北角新村

石角咀

白鸽坑

鸭脷排

牙较湾

起点

榕树奥码头

风车

鹿洲湾

鹿洲

榕树湾

天后庙

蟛蜞礅

南丫岛家乐径

横塱

大湾肚

波罗咀

电力站

洪圣爷泳滩

鹿洲村

鹿洲山

桔仔湾

南丫岛家乐径

下尾湾

索罟湾

码头

铁沙塱

索罟湾码头

南丫岛家乐径

菱角山

模达湾

崖头

模达村

黄竹角

芦须城泳滩

芦须城

神风洞

终点

索罟湾

榕树下

石排湾

东澳湾

骑楼石

下尾咀

山地塘

东澳

深湾

圆角

大角

北

石壁—分流—大澳

石壁—水口

南山—伯公坳

吉澳

东平洲

长洲

初级
大屿山及离岛

南丫岛

西湾街渡码头附近，日落余晖景致一流。

长洲 历史文化漫游

长洲是香港最受欢迎的离岛旅游地点，每逢节假日人头涌动，每年一度的太平清醮更闻名中外。岛上衣食住行购物休闲娱乐样样都有，方便得不得了。长洲山不高，景点众多，奇石处处，都极富历史文化价值，游走一趟，如同上了一堂中国历史文化课。

旅程取道长洲家乐径环岛一周，先由码头出发南下，经大兴堤路、西湾路至张保仔洞，再沿山顶道往南氹湾，绕过花坪续游东湾。最后沿长北路漫游北部山岭后回码头结束。

资料

路程：约13公里	需时：约5小时
最佳时节：四季皆宜	中途补给：随处可见
中途退出：沿途有小路可返回市中心	坡度：★

交通范例

起点

中环5号码头

交通工具	路线	航程	船费
新渡轮	中环 ←→ 长洲	普通48分钟	周一至周六：普通HK$12.6，快船HK$24.6
		快船32分钟	周日及假期：普通HK$18.4，快船HK$35.3

*详细船期资料，请看书末附表。

专家指点：长洲解码

顾名思义，解作长长的岛屿，形如哑铃，故又名哑铃岛。面积约2.46平方千米，约有3万人，民风简朴，是离岛区中人口最稠密的岛屿。其实，长洲本是两个小岛，因为海浪将海沙带到两岛之端，形成沙嘴。经过日积月累的沉积，两条沙嘴不断延长，最终形成连岛沙洲。长洲西湾长年风平浪静，成为天然的避风塘，早在明朝，长洲已为渔船集散的地方，及至清乾隆年间更发展成城市。著名的长洲岛民除了奥运金牌得主李丽珊外，还有艺人郭晋安，以及殖民地时期四大华人探长之一的韩森。

专家指点：长洲看樱花

长洲关公忠义亭附近，种满十多棵樱花树，是全港最具规模的樱花群，一般每年3月开花，花期一星期。这些樱花树属山樱，是1975年从台湾引入，岛民最初以为是桃花，至近年经传媒报道才被世人发掘。而关公忠义亭色彩夺目，每日6:30～16:30开放。

Check point 1 码头

刚一下船，即感受到长洲的热闹气氛，转右沿着海岸顺街道南下，一路平房开满礼品杂货店、海鲜酒家、度假屋招租小摊等，熙来攘往，单车铃声响个不停。顺着海傍街紧接大兴堤路、西湾路，一直走至西湾。其实这段路景点不多，大可跳过不走，渡轮码头旁的街渡码头有小艇前往西湾张保仔洞，收费HK$5/位，航程只有5分钟。

西湾的避风塘防波堤。

每逢假日，长洲码头便万人空巷，度假屋和酒家店员都会主动上前拉客。

来往码头和西湾的街渡收费不贵，所以很受游客欢迎。

长洲一共有4座天后庙，分别是北社天后古庙、南氹天后古庙、西湾天后宫，以及这座大石口天后古庙。

Check point 2 张保仔洞

到了西湾，顺着路牌指示，沿张保仔路走至最西端海岸，便能到达张保仔洞。装满海盗王一生传奇的张保仔洞，只是个又小又窄的天然石洞，入口并不明显，洞内漆黑一片，又湿又滑，只能容一人通过，狭窄曲折。出口更窄，身体稍胖都难以通过，由入口走至出口只需5分钟。

专家指点：张保仔解码

张保仔是清嘉庆年间的著名海盗，活跃于粤东一带，后来获朝廷招安。据说，位于西湾崖边的张保仔洞是一天然山洞，为张保仔躲避朝廷追捕的藏身之处，是他收藏宝藏的秘密地点之一。

部分路段被巨石阻隔，路窄，要一个跟一个慢慢走。

顺石级而下，即可通往张保仔洞。

转弯后便是张保仔洞，现场挂有入洞注意事项，标明要带手电筒，还有入口大石与第二步踏脚石相差1米。

五行石

游完张保仔洞，沿梯级经水泥小径可步行鲔鱼湾和另一名胜五行石。沿岸怪石嶙峋，大开眼界，不过路面湿滑，要小心脚下。再循岸边郊游径前行，穿过石滩，便是沙石滩白鱲湾，奇岩异石更多。

鲔鱼湾其中一小段要爬石而上，路面湿滑，常有游人跌倒。

五行石由五块高达五米的大石所组成，石间有路可行，置身其中，恍如置身武侠小说中的石阵。

白鱲湾位置偏僻，游人不多，但时有垃圾被冲上岸。

五行石附近的另一怪石，石头都长出植物来。

Check point ❸ 南氹

离开白鱲湾，接上山顶道西，向长洲东部进发。途经火葬场、义冢、众乐园，便来到南氹湾，湾内建有天后庙及公园。接着，继续循湾畔前行，经过鲍思高青年中心后接上绿意盎然的思高路。

南氹天庙坐北向南，背山面海，附近还设有洗手间。

思高路夹道绿树成荫，鸟语花香，相当舒服好走。

家乐径沿路设有大量凉亭供休息，走过火葬场，不久便到思亲亭。

思亲亭之后便是这义冢石牌，附近人迹罕至，的确有点阴森。

所谓众乐园，不过是两座凉亭，但红白色的设计，煞是抢眼。

小长城由麻石筑城小径，附近天然峭壁、石崖甚多，临海建有凉亭。

小长城

绕过花坪，走到明晖路交会处，顺着芝麻坑向北面海岸直走，可走到有"小长城"之称的芝麻坑家乐径，因路径迂回曲折而得名，可直接到达观赏合称三石朝阳的花瓶石、铃石和人头石，近岸处还有馒头石。

临亭可远眺附近的东湾。

位于东湾旁的观音湾泳滩，也是李丽珊的训练基地。

Check point ④ 东湾

返回明晖路，走一段石级，先到建有观音庙的观音湾。接着，享负盛名的东湾泳滩便出现在眼前，因长年海浪带来沉积物而形成的东湾，是奥运金牌得主李丽珊的训练基地，沿东堤路向北走，可到滑浪风帆纪念公园，现场也有风帆和独木舟出租。近年，附近的关公忠义亭名气比东湾更盛，原因是忠义亭每到春天便开满樱花。

循长北路家乐径走到最东端，建有北眺亭，居高临下，景色一绝。

建于清乾隆四十八年（1783）的北帝庙内保存不少文物，包括一把相传铸于宋代的大铁剑。

往东端海岸走，可远眺长洲东北方的北角咀岬角。

Check point ⑤ 北部

旅程接近尾声，顺东堤路前行往北。走到国民小学向左走国民路，再向右沿北社街直达玉虚宫，就是每年举行太平清醮的北帝庙。游完沿庙后小径上山，循水泥山径的长北路、长贵路漫游山野，最后经船厂、制冰厂沿岸边走回码头结束。

石壁—分流—大澳

石壁—水口

南山—伯公坳

东涌

东涌

东平洲

南丫岛

初级

大屿山及离岛

长洲

大屿山

后记＋Tips：合家欢假日消闲

　　长洲如东涌般方便，家乐径简单易走，游毕又可顺道买海味礼品、吃海鲜，绝对是合家欢的假日郊游消闲路线。但凡事总有两面，长洲人太多，相对可赏的昆虫雀鸟少，唯有北部山区才有常见的蝴蝶。而登山爱好者也会感觉挑战性太低。张保仔洞阴暗湿滑，一定要带上手电筒并小心慢行。

长洲家乐径长北路
大贵湾
大贵湾新村
东湾仔
北角咀
仙公洞
东湾
东提新村
天后古庙
北帝庙
长洲东提路
码头
长贵村
东堤路
北长洲海峡

起/终点

渡轮码头
码头
新兴海傍街
东湾路
大兴提路
长洲避风塘
长洲医院
石刻
观音湾
馒头石
芝麻坑
南蛇塘
大菜园区
观音庙
花坪
长洲西堤路
天后庙
西湾路
水坑
大石口
仙人井
南氹
南氹湾
长洲家乐径
张保仔洞
天后宫
自助美经援村
西湾
九宫塘
山顶西南路
白鳍湾
鲗鱼湾
五行石

北

专家指点：太平清醮解码

　　传统上太平清醮的举行日期必须求神问卦决定，现在多定于农历四月初八举行。庆典长达一星期，最后一晚以抢包山结束。其间一律禁止杀生并进行斋戒，全岛食肆只供应素食，连岛上的麦当劳也只供应香菇包、薯条等。

路线 塔门码头 →20分钟→ 天后古庙 →20分钟→ 中围 →20分钟→ 渔民新村 →20分钟→ 榕树村 →10分钟→ 塔门码头

大屿山及离岛

初

级路线

初级
大屿山及离岛

塔门

蒲台岛

坪洲

吊嵌洲

麦理浩径

卫奕信径

港岛径

凤凰径

塔门常见的黑枕燕鸥。

塔门水鸟天堂

位于赤门海峡吐露港之北的塔门，英文名为 Grass-Island（草洲），岛上的确绿茵处处，青山碧海，景致宜人。岛的四周水质清澈，珊瑚、海产丰富，尤其盛产鲍鱼、紫菜，不只吸引游人，也成为水鸟的觅食天堂，每到夏、秋季，都吸引大批观鸟团远道而来。

游览塔门岛，都从塔门码头出发，先游天后古庙，然后逐一游览中围、东面海岸、渔民新村、榕树村等，环绕南半岛一周。

专家指点：塔门岛解码

古称"佛塔门"，因东南沿岸巨石如林，像佛塔般竖立海岸，渔民以此为航，故称之。邻近西贡半岛的塔门，面积约 1.69 平方公里。四面环山，即使冬季刮北风，湾内依然风浪平静，故昔日是渔船的热门停泊处。高峰期，约有 2000 人居住岛上，除原居民外，还有已上岸的水上居民。村落都集中于岛的南面，现在岛上只剩下渔民新村、榕树村等 3 个村有人住，捕鱼为生已少，主要开设商店、餐厅招待游客。

塔门官方网站：**www.tapmun.hk**

资料

路程：约4公里　　　需时：约1.5小时　　　最佳时节：夏季
中途补给：岛上设有商店和海鲜酒家　　中途退出：无　　坡度：★

交通范例

起 / 终点

马料水码头/
黄石码头

交通工具	路线	航班	船费
翠华船务	马料水码头 ←→ 黄石码头 (经塔门)	平日：一日2班	周一至周五HK$18
		假日：一日3班	周六、周日及假期HK$28
翠华船务	黄石码头 → 塔门	平日：一日7班	周一至周五HK$9.5
		假日：一日12班	周六、周日及假期HK$14

*详细船期资料，请看书末附表。

Check point **1** 天后古庙

从塔门码头下船后往左走，经过避雨亭，再穿过数个村庄，便看到天后古庙的阶梯，上面一字排列着天后庙、关帝庙及观音庙。塔门的天后古庙，一向深受各方渔民爱戴，香火鼎盛。每年农历三月二十三天后诞辰，善信齐集天后宫前空地，由村中长老燃点系有红布的火箭爆竹，直射上天，善信如拾得落下红布，便可换取炮山及天后神座返家供奉。为安全，现在仪式已改用抽签形式代替。

石级边的天后古庙建于康熙年间，已有三百多年的历史。

从塔门岛上远眺南方西贡的蚺蛇尖，山形尖尖的很易认。

码头附近的避雨亭。

Check point **2** 大草坪

天后古庙后有山径可经下围登 125 米高的茅平山，沿庙旁小径向东面海岸走，是一片绿油油的、辽阔的绿草坪，准确地说出塔门英文名字的出处。草坪上偶尔有黄牛散步吃草，东岸各处山坡有观海亭，临亭放眼海天一色，更是观赏日出的好地点。

岛上的大草地上常有黄牛，地上难免有牛屎，欲在草地午睡者请小心。

草地不远处就是大海，说是置身东南亚小岛也有人相信。

岛上的电信发射站，另外天文台也有在岛上设置空气质量监测站，以对比市区的空气质量。

塔门东北海岸可看到对面的大亚湾，浅滩处有大量的珊瑚和海产品。

Check point ③ 吕字叠石

塔门东岸面向大鹏湾，弓背湾一带的石滩长年有巨浪拍岸，形成危崖峭壁，上有无数嶙峋怪石。沿着梯田般草坪上的石板路行走，路旁临海建有长椅，看海一流。不久，便可看到海边石滩的大堆怪石，其中一组叠石呈"吕"字形，便是塔门闻名的吕字叠石。

叠石附近还有塔门洞，是一个天然的海蚀洞穴，洞口高约5米、宽3米，相传是塔门洞直通天后庙内的神台，在神台也能听到岸边的海浪声。信不信由你，但沿岸石滩波涛汹涌，气势非凡，蔚为大观。最后，继续沿海边小径前行，经过渔民新村、榕树村便可返回码头，回程前不妨先进村吃点海鲜或买点海味。

海中工作的渔民，正在和巨浪对抗。

塔门古今都是一个宁静渔村，码头对面有大量鱼排。

由两块大石相架而成的吕字叠石，高约6米。

通过塔门遥望高流湾及西贡蚺蛇尖。

初级
大屿山及离岛
塔门
滘台岛
坪洲
弓屎洲
麦理浩径
卫奕信径
港岛径
凤凰径

塔门岛下的海洋世界极美，所以是潜水胜地。

专家指点：塔门盛产鲍鱼

塔门四面环海，水质清澈，海中大石层多且深，为鲍鱼繁殖提供了藏身之处，所以盛产鲍鱼。鲍鱼以肥美爽口著称，早在50年代初，塔门居民已徒手潜入水底捕鲍，每日也可捕到三至五斤，但后来吸引四周渔船前来分一杯羹，过度捕捉，几乎绝产，现在岛上只剩下少数渔民仍以捕鲍为生。

沿途必看动植物

黑枕燕鸥(Sterna sumatrana)

夏候鸟，特征是拥有如燕子般的长长分叉尾，头侧还有一条黑色贯眼纹直至枕后相连。身长约30厘米，上体、翅和尾上覆为浅蓝灰色，下体白色。爱群栖，或与其他燕鸥混群，常于沙滩及海滩出没，从不到大陆。

褐翅燕鸥(Sterna anaethetus)

夏候鸟，每年夏天都会到香港外围小岛如塔门繁殖。身长约35厘米，头顶及过眼线为黑色，眉线白色，因而又名白眉燕鸥。背部大致暗灰褐色，喉及腹部白色。因脚上有蹼，能在海面浮游，然后俯冲入海啄食小鱼，经常在开阔的海上成群出没，比较容易观察和拍摄。

蒲台岛 坪洲 马咪洲 麦理浩径 卫奕信径 港岛径 凤凰径

初级
大屿山及离岛
塔门
蒲台岛
坪洲
弓哥洲
麦理浩径
卫奕信径
港岛径
凤凰径

赤洲口

北湾

塔门

弓洲
37
狮子滚球

茅平山

孝天角

▲125

100

东湾

龙颈筋

涌尾角

上围

下围

洲仔角

起/终点

天后古庙

中围

码头

榕树村

塔门洞

塔门渔民新村

迭石

塔门口

大滩海

北

塔门为一方便游览的小岛，岛上设施齐备，看山看海，行山、钓鱼、观鸟、食海鲜皆宜，玩乐多元化，无须装备也可轻松上路，故一直是本地旅行团的热门路线。唯一要注意是，岛上环境空旷，夏季会很晒，记得戴遮阳帽。

塔门

大屿山及离岛 中级

蒲台岛

坪洲

弓洲洲

麦理浩径

卫奕信径

港岛径

凤凰径

从大湾仰望蒲台岛上山头，怪石千姿百态，正是过境雀鸟的天堂。

蒲台岛 香港南极观鸟天堂

　　蒲台岛是香港最南面的岛屿，因盛产形如蒲团的海苔而得名。岛上以奇岩异石见称，著名奇石如棺材石、佛手岩、灵龟上山等数之不尽。除了登山，也是极好的观鸟路线，地处过境鸟的必经之地，岛上满布密林，正好为雀鸟提供栖身之地。近年来在港发现的雀鸟新记录，八九成都出自蒲台，每年春季，甚至有雀鸟远道从北极而来，惊喜处处。

　　路线以蒲台岛码头为起点，沿蒲台郊游径登山，先游巫氏古宅、棺材石，然后登上牛湖顶观日亭。再一直到南极南角咀，续游僧人石、佛手岩，最后经石刻、码头往西北走至天后庙、响螺石结束。

资料

路程：约6公里
最佳时节：春、秋观鸟最佳
中途退出：无

需时：2.5～3小时
中途补给：大湾设有商店
坡度：★★

交通范例

起点/终点 香港仔海旁码头

交通工具	路线	航班	船费
翠华船务	香港仔←→蒲台岛	约1小时	单程HK$20 来回HK$40

*详细船期资料，请看书末附表。

专家指点：蒲台岛解码

　　蒲台岛是蒲台群岛的主岛，其余小岛包括横澜岛、螺洲、墨洲等。面积3.69平方公里，现在不超过一百人，都集中在大湾居住。地处香港最南端，对面就是南中国海。岛上最高点为东面的东头顶，海拔约242米，而东部沿岸石滩，昔日盛产紫菜。

从山上俯瞰大湾及庙角一带,海天一色,景致醉人。

Check point ① 码头

于蒲台岛大湾湾畔下船,沿小径穿过零星的村庄和海味档,可看到昔日的蒲台学校遗址,校旁的林荫石级,便是郊游径的登山路口。顺石级而上,一路都是铺砌得齐整的水泥路,回头可见大湾及庙角一带海岸风光,四周宁静,海风阵阵,很是舒服。

由香港仔码头起航,船上可近观临海的海洋公园,现正在进行大规模扩建。

蒲台岛码头位于大湾湾畔,航程约莫1小时。

蒲台郊游径第一段的入口。

面向南中国海的蒲台岛对面海面,泊满渔船。

蒲台学校已荒废多年,现在牌匾上名字已经褪色。

石屎山径平缓好走,转入密林不久便是巫氏古宅。

坪洲

马屎洲

麦理浩径

卫奕信径

港岛径

凤凰径

巫氏古宅天花部分已崩塌，只能远看，不宜走近。

从残留之墙壁装潢及地台砖块看，可知古宅昔日甚具规模。

Check point ❷ 巫氏古宅、棺材石

　　走着走着，就会走进一密不透风的林间，看到竖立着的私人物业警告牌，巫氏古宅便近在咫尺。古宅建于 20 世纪 20 年代，户主姓巫，相传古宅选址是块风水宝地，后因户主搬迁而荒废，久而久之便被传成鬼屋。

　　现场藤蔓满途，古宅只剩颓垣断壁，杂草丛生，加上光线严重不足，感觉分外阴森恐怖。继续沿径前行，不久眼前景观突变，水泥路也变为天然岩石铺成的长石排。沿径而上，还可远观蒲台岛另一名胜——棺材石。

从这黄色牌后小路走，便可达巫氏古宅。

山径两旁尽是奇形怪状的大石。

站在长石排上，可远眺横卧于对面山坡的棺材石。

沿途必看动植物

斑胸
(Muscicapa griseisticta)

　　春、秋二季的过境鸟，香港少见。羽色大致呈灰褐色，腹部较白，上有明显的褐色斑点，身长约 15 厘米。爱栖息于山区疏林或灌丛，故很易发现。以金龟子、鳞翅目昆虫等为食粮。

青背鸬鹚
(Phalacrocorax capillatus)

　　春季过境鸟，2005 年才首次有在香港出现的记录，故吸引不少海外观鸟迷前来观赏。大型水鸟，身长可达 80 厘米，背部羽毛主要呈黑绿色，且富有光泽。嘴长且尖，先端弯曲呈钩状。喜爱集群生活，营巢于悬崖峭壁上，以鱼类为食。

观日亭近西面有小路可走回巫氏古宅。

Check point ❸ 牛湖顶

　　走完长石排，遇分岔路转右，路径变回水泥山径。沿径直奔，不到 15 分钟就可到达此行的最高点——牛湖顶标高柱。牛湖顶只有 188 米高，山顶建有观日亭，景观开阔，举目四望，山水相连海岸景观尽收眼帘，寒风凛冽，爽得很。

沿着石级走便是视野无阻的观日亭，小憩首选。

南角咀面向辽阔的中国南海，沿岸波翻浪涌，气势磅礴！

倚坐崖边的光头僧人，与灵龟石遥遥相对，引发无穷幻想！

Check point ❹ 南角咀

　　离开观日亭，沿石级急下，没多久可到达昂装，是前往南角咀的山径交会处。南角咀为蒲台岛最南的地方，也为香港的南极，岬角地势险要但山头遍布奇石。决定往南走、顺时针绕南角咀一圈，沿山坡而上，首先看见的是"灵龟上山石"和僧人石，惟妙惟肖。经过灯塔、淘金岸，便到南中之南的南角咀，下看惊涛拍岸，很有气势。再经过金龟昂头、佛手岩后返回昂装交会处。

从南角咀折返昂装途中，可见岸边屹立一块垂直裂开四条的巨石，为著名的佛手崖。

塔门

中级 大屿山凤凰径

蒲台岛

坪洲

马屎洲

麦理浩径

卫奕信径

港岛径

凤凰径

中
级路线

大屿山及离岛

塔门

大屿山及离岛
中级

蒲台岛

坪洲

马湾

麦理浩径

卫奕信径

港岛径

凤凰径

响螺石就在天后庙旁的崖上，为一斜置巨石，形如海螺，且有"掩"有"笃"，十分逼真。

Check point ⑤ 庙角

在昂装交会处向西北方向往码头的山径走，经过已有三千多年历史之摩崖石刻返回起点附近的码头。再沿着摆满生晒海味、紫菜的小径继续走，跨过小桥就会看到数间建于沙滩畔的海鲜酒家，提供蒲台岛驰名的泥粥和紫菜羹。继续沿岸往西走，很快便可到达天后庙，以及屹立庙侧的响螺石，游完便可沿路折返回码头。

摩崖石刻位于海旁石级的小平台上，于1978年被列为受保护文物，并有玻璃罩保护，但风化非常严重。

尾段沿路竹木夹道、枝繁叶茂，很好走。

位于大湾的海鲜酒家，都是高脚棚屋，很有趣。

蒲台岛居民靠捕鱼及捞海苔为生，为求顺风顺水，便兴建了天后庙，已有160多年历史。

沿途必看动植物

三宝鸟
(Eurystomus orientalis)

春、秋季的过境鸟，罕见。身长约30厘米，整体羽色为暗蓝灰色，但喉部为亮丽的蓝色，配上宽阔的红嘴和红脚，形成强烈对比，飞行时可见双翼有明显的对称白斑。常栖息于近林开阔地的枯树上，飞行姿势似夜鹰般笨重，常三两只于黄昏时一起出动。

宝兴歌鸫
(Turdus mupinensis)

春季过境鸟，2006年才有首次在港出现的记录，极其珍贵。身长约23厘米，上体羽色为褐色，下体呈黄色，并带明显的黑色斑点。叫声为一连串的节奏，通常会连叫3～5声。一般栖息于灌木丛，单独或小群活动，警觉性极高。

螺洲
200
200
北流仔
270

北流角

细排

螺洲门
北流湾

中级
大屿山及离岛

蒲台岛

东楼
北流仔
100

大排

响岩
大排塘顶
东头顶
242
200

坪洲

152
山寮
牛湖
大排湾

马屎洲

庙背
大湾
大坑尾
长石排
牛湖顶
100

响螺石
天后庙
蒲台郊游径
棺材石
牛湖
大冰
东咀顶

庙角
大湾
巫氏古宅

渡轮码头
湾仔
188
观日亭

墨洲
石刻
100
大冰湾
大角头

墨洲门
起/终点
南冰湾
昂装
散排

墨洲排
39
佛手岩
乌龟石
僧人石

南角咀

麦理浩径

卫奕信径

港岛径

凤凰径

北

后记＋Tips：留意回程航班　随时发现新记录

　　山路并不难走，奇石目不暇接，游毕还有海鲜吃，适合一家大小。只是沿途略晒，要补充足够水分。带上望远镜观鸟，走时保持肃静，小心留意树林，随时发现香港的新记录。最后，要留意回程航班时间，万一错过航班便要在岛上过夜。

317

塔门

蒲台岛

大屿山及离岛 初级

坪洲

马屎洲

麦理浩径

卫奕信径

港岛径

凤凰径

手指山以东山冈上筑有凉亭，拥有360度环回景观，被喻为坪洲天涯海角。

坪洲 宁静小岛昆虫乐土

　　位于香港岛与大屿山之间的坪洲，是香港最多庙宇坐落的岛屿，也是继大屿山、长洲后第三个拥有居屋和公共屋村的离岛。尽管如此，岛上没一辆汽车、没半点废气，仍能保持宁静而朴素的小岛情怀，更是昆虫和爬虫类的天堂，蝶乱蜂喧。还不止于此，每当晚上，北面沿岸甚至看得见对岸的迪士尼烟花。

　　郊游路线为循环线，从码头出发，先沿南山路登手指山，下山后再循南湾的家乐径返回码头，继而漫游北部。经坪利路、家乐径到钓鱼公，续游东湾、龙母庙，最后返回码头结束。

资料

路程：约5.5公里	需时：约2.5小时
最佳时节：四季皆宜	中途补给：龙母庙有商店
中途退出：龙母庙后有小径返回码头附近的市中心	坡度：★

交通范例

起点/终点　中环6号码头

交通工具	路线	航班	船费
港九小轮	中环←→坪洲	普通38分钟　周一至周六：普通HK$14.4，快船HK$26.8
		快船25分钟　周日及假期：普通HK$20.7，快船HK$39.4

*详细船期资料，请看书末附表。

专家指点：
坪洲解码

　　坪洲外形像一个"凹"字，面积很小，仅0.98平方公里，但却建有公共屋村金坪村及居屋苑坪丽苑。约有5000人。最高点为手指山，海拔95米，可以远眺香港迪士尼乐园及愉景湾。坪洲有路连接大利岛，岛上建有污水处理厂。坪洲并没有任何汽车，居民只能以单车代步，连小型救护车和消防车也以电力发动。

坪洲

塔门
蒲台岛
大屿山及离岛 初级
坪洲
马湾洲
麦理浩径
卫奕信径
港岛径
凤凰径

坪洲新建的渡轮码头，除了中环，还有航班往返梅窝、长洲。

公众码头位于渡轮码头旁边，现只有乘船前往愉景湾。

Check point ① 码头

由中环乘渡轮前往坪洲，看着维港两岸繁华闹市逐渐远离，终于感觉脱离烦嚣。从坪洲码头上岸，跟着人潮，沿露坪街直入坪洲著名的天后庙。之后取道商铺林立的永安街，有许多旧式冰室和礼品杂货店，但没有长洲、大屿山般拥挤和吵闹的叫卖声，而是一片休闲。沿着永安街紧接圣家路一直向南走，穿过坪洲健康院和游乐场，当见到圣家小学和祠堂，便左转走南山路。

坪洲天后庙建于乾隆时期，有两百多年历史，庙中放有两个人高的鲸鱼骨。

永安街街道狭窄，旧式冰室林立，最出名的是瑞华茶餐厅。

途经的坪洲游乐场，有很多色彩缤纷的花圃。

天后庙隔篱便是金花庙，据说是已故影星关德兴师傅，在梦中得到金花娘娘指示而建的。

穿过健康院的牌坊便是南山路。

沿途可见岛上居民自制的酒樽装置艺术，已成游人必拍的景物。

专家指点：张保仔受命保护坪洲

清末，海盗张保仔横行香港水域，境内唯有坪洲被打劫，张保仔甚至把坪洲列为保护区。相传张保仔来到香港海域，本准备洗劫坪洲，并把船只停泊在天后庙前海边，正待冲上岸，忽然一阵狂风，将贼船桅顶上的红旗吹折，张保仔大惊失色，率众到天后宫参拜，许诺永不攻打坪洲，结果随即风平浪静，他还求得"保家卫园"的签文，于是宣布令后保护坪洲。为纪念此事，庙内两柱仍挂着一对庙联："海静波澄，浩荡神恩敷赤子；民丰物阜，巍峨母德济苍生"。

专家指点：奉禁封船碑

就在永安街天后庙前的墙边，嵌有一块具有历史价值的"奉禁封船碑"。话说清代，坪洲已是个繁盛的渔港，但官府压榨平民，每遇用船之时，便恃权征用民船，所谓"封船"就是征用渔船，渔民失去本船，生活无依，唯有告到县政府去，于是清政府便特别立碑禁止。

沿途必看动植物

黑颜单突叶蝉 (Lodiana Brevis)

香港常见，外形独特很易辨认。身长约9毫米，身体呈绿色，上有两条黄色宽阔横纹。

319

坐落在山坡崖边的凉亭，被喻为坪洲天涯海角，尽览360度景观，风光无限。

Check point ❷ 手指山

循南山路缓缓上坡，夹道村屋别墅、竹篱雅舍，路不算陡，相当好走，不知不觉已一口气登上坪洲最高点的手指山山顶，山顶建有凉亭和标高柱。虽然只有95米高，但整个坪洲岛包括东湾、北部，以至青马大桥及港岛南岸都尽收眼底，风景赏心悦目。

走过这段楼梯，直登手指山顶，已是整个旅程中最耗费体力的一段。

南山路沿路都是村屋别墅，部分设计很有型。

标高柱所设位置不高，但已能居高临下。

手指山山顶除了有凉亭，还有巨型大石。

从手指山山顶凉亭放眼远望，可清楚看到腰果形的坪洲岛。

天涯海角

从抽水站的坡路走至山腰，再沿小路向海边走，山坡尽头的崖边，建有临海凉亭，就是坪洲的天涯海角。站在亭上，能饱览360度视野无阻的海岸景致，享上凉风拂面，脚下海涛泊岸，风景更胜手指山顶，不能不到！

沿着芳草处处的小路往海边走，便是天涯海角。

亭内只有座椅两张，风凉水冷，情侣谈情一流。

从天涯海角望出去，近岸有两座荒岛，一座是银洲，另一座是小交椅，再后面是港岛和西九。

左侧竖排导航：塔门　蒲台岛　大屿山及离岛 初级　坪洲　马屎洲　麦理浩径　卫奕信径　港岛径　凤凰径

路过的小石滩，尽头会接上水泥路。

有机农场名为开心乐田园，提供冰凉汽水、啤酒，还有新鲜有机蔬菜售卖。

Check point ③ 南湾

离开天涯海角，沿海岸线山径往西走，不久便抵达南湾，在这里可接上新铺设的郊游径。途中会经过小石滩、有机农场、抽水站和骨灰龛，来到圆通讲寺和公厕的分岔口，继续往前行便是之前走过的圣家路。之后，一直循着圣家路、永安街返回码头起点即可。

圆通讲寺是一座小规模的佛教寺院。

这里便是郊游径和圣家路的分岔口，夹在中间的是公厕。

沿着桥前行便是大利岛，岛上可远眺愉景湾。

远望大利岛石滩，常见有居民来钓鱼。

从码头沿富坪街、坪利路走，旁边便是低密度公屋和居屋，美如度假别墅。

前面的是七姊庙，后面的是哪吒庙。

观音庙与隔篱哪吒庙和七姊庙，面积都不大，组成三连寺。

一片坦途的坪利路，偶然会见路旁有居民晒咸鱼。

Check point ④ 北部

来到码头，沿岸边的富坪街后接坪利路向北走，会经过宁静的公屋和居屋村，还有3间几乎平排而建的小庙宇，路的尽头便是连接大利岛的小桥，岛上建有污水处理厂，北面石滩还有造型各异的大石和叠石，不妨一游。

塔门
蒲台岛
初级 大屿山及南面
坪洲
马屎洲
麦理浩径
卫奕信径
港岛径
凤凰径

初
级路线

大屿山及离岛

塔门

蒲台岛

大屿山及离岛 初级

坪洲

果洲

弓背洲

麦理浩径

卫奕信径

港岛径

凤凰径

钓鱼沙洲

返回坪洲，取道绕北部海岸而建的新行人径漫步，可远眺对岸大屿山的迪士尼乐园、青马大桥，每到夜晚，都有情侣特意前来观赏迪士尼烟花，衬上海水倒影，景致醉人。继续向东面进发，经过沙滩和电信塔分岔路，左转走不远便是一座连岛沙洲，洲上有一巨型叠石，称为钓鱼公。附近还有其他巨型石头矗立海中央，都很有趣！

新的行人径，是特意修筑用来在此观赏迪士尼烟花的。

钓鱼公为叠石，又叫史诺比石，神奇的是整块大石底下只有两点支撑，但稳如泰山。

由此角度可清楚看到沙洲外貌。

Check point 5 东湾

游毕钓鱼公巨石，沿郊游径南走，徐徐下山，经过大龙村，便是狭长的东湾了。东湾酷似长洲的环境，是漫步的好地方，滩旁还建有烧烤场地和洗手间。来东湾，必游的是龙母庙（悦龙圣苑），龙母为河神，据说触摸庙内的龙床可消灾解难，并带来好运。龙母庙有斋菜供应，每年农历五月初八龙母诞更设有庙会。最后，取道庙旁的志仁街向西走，便可经永安街、露坪街返回码头离开。

东湾不算水清沙细，但胜在形长，而且人少。

悦龙圣苑原址在葵涌，20世纪60年代末期因地铁发展被逼搬迁，得龙母指示迁往坪洲。据说龙母庙的风水境界甚高，山环水抱，所以长年香火鼎盛。

后记＋Tips：
老幼咸宜
自备地图

路程短，一路轻松好走，景点又多，老幼咸宜，游毕还可顺道吃海鲜、购买礼品。前往大利岛的新路上，在夜晚更可观赏迪士尼烟花。只是岛上路牌指示有些不够清晰，需自备地图上路。

沿途必看动植物

白胸翡翠 (Halcyon smyrnensis)

又叫白喉翡翠，属本地留鸟。习惯由天亮直至黄昏，全天张开长长的尖喙，发出连串高亢独特的鸣叫声。身长约28厘米，头呈深褐色，颈部、喉部及胸部白色，与上背、翼及尾部的彩蓝色形成强烈对比。叫声响亮而清脆，似笑声。

疣蝗 (Trilophidia japonica)

体长25~30毫米，身体呈灰褐或褐色，体色会随环境改变，头、胸背面具有小瘤状突起，后脚腿节有黑色条纹，体侧有绒毛，生活于平地至低海拔山区，常栖息于体色相近的土坡或岩石上。保护色很强，受到骚扰时会隐身不动，再跳离，成虫于夏、秋两季较多。

沿途必看动植物

泽蛙 *(Rana limnocharis limnocharis Boie)*

适应力很强，只要有水有遮蔽的地方，都有可能见到它们的踪迹。身长约5厘米，属于中型蛙。体色多变，可为青灰色、褐色或深灰色。上下唇有深色纵纹，两眼间有深色"V"形或"W"形斑纹，体形略胖，鼓膜和颞褶明显，背部有许多不规则的短棒突起。

角翅弄蝶 *(Odontoptilum Angulatum)*

展翅长40~50毫米，特征是翅缘参差，褐色的翅膀上有黑色、棕色和白色的斑纹。经常在花间张开翅膀吸食花蜜，飞行快速。

塔门

蒲台岛

初级 大屿山及离岛

坪洲

马屎洲

麦理浩径

卫奕信径

港岛径

凤凰径

钓鱼公

大利岛

污水处理厂

20

坪洲家乐径

大龙村
33

坪利路

山顶村

东湾

金坪村
坪丽苑

金花庙
天后宫
洪圣庙

志仁街

富坪街

渡轮码头

起/终点

公众码头

永安街

龙母庙

手指山
95

围仔村
20
40

圣家路

第一新村

元岭仔

南山路

大窝

旧码头

南湾

北

塔门

蒲台岛

坪洲

大屿山及离岛 中级

马屎洲

麦理浩径

卫奕信径

港岛径

凤凰径

从盐田仔山上可远眺马屎洲闻名的连岛沙。

马屎洲地质宝岛

　　位于大埔吐露港内海的马屎洲，是香港境内最早升上水面的陆地，蕴藏极其丰富而多元化的地质资源，地质、化石、海岸植物极多，素有"地质宝岛"之称，是中学、大学地理考察的热门场所。此外，马屎洲更与毗邻的盐田仔有着一条天然沙堤，形成连岛沙洲。

　　路线由大埔三门仔村开始，沿山径绕过盐田仔山腰抵达沙堤，之后循着马屎洲自然教育径游走海岸。

专家指点：
马屎洲解码

马屎洲只有61公顷大，是香港的第四个特别地区，用以保护珍贵的地质资源及教育大众，由马屎洲、丫洲、洋洲以及一个位于盐田仔旁的小岛组成。

区内的岩石，是香港现存最古老的，这里曾发现只有地质年代中的"二迭纪"时代出现的菊石、腕足动物、苔藓虫、海百合及其他植物化石，距今2.8亿年，比"侏罗纪"时代还要早一亿年。岛上岩石中还藏有大量动植物化石和特别的地理现象，考察价值极高。

资料

路程：约5公里	需时：约2.5小时	
最佳时节：四季皆宜	中途退出：无	坡度：★
中途补给：沙堤附近，逢假日会有船家接载游人前往三门仔		

交通范例

起点/终点	交通工具	路线	航班	车费
大埔三门仔	九巴：74K	大埔墟铁路站→三门仔	三门仔新村总站	HK$4.4
	专线小巴：20K	大埔墟铁路站→三门仔	三门仔新村总站	HK$5.4

Check point 1 盐田仔

从三门仔小巴站进村，循着村径小路前行，经过儿童游乐场、荒废的三门仔新村小学，便可见长长的林荫石级，正是经盐田仔通往马屎洲的山径，入口处竖有路牌和吐露港潮水涨退资讯。

盐田仔过去是渔村，早年岛上居民主要从事晒盐工作，设有盐田，故以此称之。面积小于 1 平方公里，海岸有小型的红树林，海拔最高点也只有 96 米。拾级而上，毫不费力，树荫渐稀，景观也渐开阔，丫洲、洋洲、马屎洲海景尽收眼底。

通往马屎洲的石级入口。

盐田仔山坡上的山径，最高点可清楚看到已长草的沙堤。

Check point 2 沙堤

绕过盐田仔山腰，路径变成铺得整齐的下坡梯级，直达马屎洲沙堤。马屎洲本为独立小岛，沙堤是近代才形成的。原理是海浪把随水漂流的沙石、贝壳，甚至垃圾冲到马屎洲与盐田仔之间的岬角浅滩，日积月累，渐渐沉积成沙堤，把两地连接起来，地理学上称为"连岛沙洲"。

故此，沙堤的沙都很粗，还混杂贝类，甚至垃圾。每当退潮，沙堤便会升上水面，成为通往马屎洲的特别通道。不过，为方便游人，政府已将沙堤加高，再不受涨潮影响。

沙堤尽头，竖有马屎洲特别地区的木牌，旁边修筑有凉亭及指示牌，已正式进入马屎洲范围了。

沙堤上的沙很粗，不容易走，还混有垃圾、渔网，要小心慢行。

塔门
蒲台岛
坪洲
中级 大屿山及离岛
马屎洲
麦理浩径
卫奕信径
港岛径
凤凰径

塔门

蒲台岛

坪洲

大屿山及离岛 中级

马屎洲

麦理浩径

卫奕信径

港岛径

凤凰径

走至东岸教育径尽头，可遥望船湾淡水湖堤坝。

Check point ③ 马屎洲

马屎洲自然教育径全长1.5公里，走毕需时1小时，由凉亭起步，沿马屎洲南岸浅滩、逆时针方向顺边走向东岸。首先走过一沙滩，踩着踩着，脚下感觉有点怪，细看才知脚下并非沙粒，而是碎碎的砾石和贝壳。

继续沿海岸走，眼前尽是色彩缤纷和奇形怪状的远古岩石，还有大量特色地质现象，一路都有传意牌以作介绍。放眼远望，南面可见马鞍山，东面可见船湾淡水湖长长的堤坝，景色一流。

一路都是浅滩路，遇上水面有雾，犹如人间仙景。

满是贝壳、砾石的石滩。

由马屎洲远望八仙岭。

纹理鲜明特别的岩石俯拾皆是。

海岸植物墙

除了石头，岛上还有大量海岸植物，如黄槿、露兜树等，这类植物的特点是能适应水源含盐的生长环境，其根部能抓紧沿岸泥土，形成一堵墙，降低巨风的侵蚀作用。边走边看，很快已走至东岸教育径尽头，意犹未尽的话，可继续游走西、北岸，绕马屎洲一周，只是西岸全为大岩石块，尖峭岩石及矮树更多，部分路段要离岸涉水而过。

沿岸还有一个小型红树林，有很多植物可供观赏。

326

沿途必看动植物

草海桐 (Scaevola sericea)

常见的海滨沿岸植物，一年四季皆开花，其花非常特别，花冠只有一半花瓣。叶肉较厚，表面还有一层蜡，作用是防止水分流失。肥厚的叶片还可食用，但味道不太好，大概只有闹饥荒时才会有人吃吧！

黄槿 (Hibiscus tiliaceus)

属本地原生的海岸植物，枝叶茂盛，密不透风，能忍受海边的烈日和强风，是很好的防风固沙树种。黄色的花冠呈钟形，与大红花是亲戚，花期几乎为全年，其暗红色的花心，是古时小孩子的化妆品，可当指甲油。又称粿叶树，其叶可用来制茶粿。

蟛蜞菊 (Alternanthera philoxeroides)

又叫空心莲子草、空心苋、水花生。叶对生，表面有贴生毛。头状花序单生于叶腋，花梗可长达 1~6 厘米。味苦，但是中医药材，有清热、解毒功效。

*请勿采摘或进食

露兜树 (Pandanus tectorius)

俗名假菠萝，其果实外形的确像菠萝。是岸边常见的海岸植物，叶片修长且以螺旋式长于枝顶，边有锐刺，登山时经过要小心。要特别注意的是，生长在海岸的露兜树叶底会有明显的倒钩，而内陆品种则不明显。小时候流行饲养金丝猫，那用来存放金丝猫的叶笼便是用露兜树叶做的。

马屎洲 3 大奇岩

石英斑岩

表层一丝丝的白色条纹便是石英，原因是亿万年前，地底的熔岩流入石块的裂缝，当中的二氧化硅在石缝内壁沉淀及凝固，经过风化后，就成为石英斑岩，岛上随处可见。

龙落水

龙落水不只东平洲独有，马屎洲也有。原理是当页岩受到地壳板块活动，层理变得倾斜排列，又因不同层理对侵蚀拥有不同的抗性，当岩石被海水侵蚀后，便变得参差不齐，像龙背骨一样。

摺曲

当坚硬的岩石受到强大的横压力，但又不致使之断裂或变成断层，便会变形出现折曲的现象。

后记＋Tips：涉水而行　小心石边划脚

旅程无可避免要涉水而行，故请穿着凉鞋，并多准备一套衣物以备需要时替换。出发前，也最好先致电天文台查询潮汐涨退时间。此外，观赏海岸岩石时要留意石面凹凸不平，表面湿滑，部分石块或化石松散、边缘锐利，小心刮伤脚，最好用登山杖协助前行。

香港天文台查询电话：187-8001

塔门　蒲台岛　坪洲　大鸦山及南丫　马屎洲　麦理浩径　卫奕信径　港岛径　凤凰径

中级

专家指点：观岩注意事项

远古岩石属天然遗迹，欣赏时切勿随意破坏、发掘或采集石块化石，要好好保存，下一代才有机会欣赏这个珍贵的宝库。

大屿山及离岛
中级

马屎洲

塔门

蒲台岛

坪洲

麦理浩径

卫奕信径

港岛径

凤凰径

船湾淡水湖

主坝

船湾海

船湾海

洋洲

马屎洲

马腰

牛寮下

水浇田

沙洲

终点

盐田仔

马屎洲自然教育径

剥鸡井

吐露港

联益渔村

三门仔新村

74K

起点

20K

船湾避风塘

船湾詹屋

船湾李屋

船湾陈屋

沙栏

比华利山别墅

三门仔路

汀角路

虾地下

黄鱼滩

终极挑战！

看完前文介绍的 57 条郊游路线，仍意犹未尽，或者嫌路程太短，想要更进一步向高难度挑战的话，香港还有麦理浩径、卫奕信径、港岛径，以及凤凰径 4 条终极长途远足径。

蒲台岛

坪洲

马屎洲

四大长途
远足径

麦理浩径

卫奕信径

港岛径

凤凰径

专家指点：长途远足注意

长途远足极耗体力，装备和食物一定要准备充足。翻山越岭，尤其是腿脚负荷很重，合适的登山鞋及登山杖缺一不可。沿途要留意标距柱编号和地标，也要定时补充水分和休息，最重要的是量力而为，可以分几次完成，放慢脚步更能体会真正的郊游乐趣。

塔门

蒲台岛

坪洲

马鞍山

四大长途
远足径

麦理浩径

卫奕信径

港岛径

凤凰径

部分麦径路程颇长、极富挑战性，故深受郊游人士热爱。

最热门**麦理浩径**

麦理浩径 (MacLehose Trail)，为全港最长、最早开设，也是最热门的远足径。以前港督麦理浩爵士的名字命名，于1979年10月26日启用，并由麦理浩亲自剪彩。位于新界区的麦理浩径，全长100公里，横跨新界东西两端。贯穿西贡东、西贡西、马鞍山、狮子山、金山、城门、大帽山，以及大榄总共8个郊野公园，途经连绵的山脉，包括香港最高的大帽山，绕过水塘、沙滩，沿途景色变化多端，风光秀丽。

麦径第6段的大埔公路入口。

始自北潭涌　终于屯门

一共分10段，长度由5至16公里不等，全部行程约35.5小时，一般人约可在3天内完成。共有200支标距柱，约每500米一支。路线由北潭涌开始，绕过西贡半岛后，转走九龙群山，再从城门开始往北走到大帽山，之后改往西走，最后以屯门为终点。大部分路径均依山而建，只有小部分较为费力，各分站交通方便，中途亦多补给。

竞赛热门路线

麦理浩径深受远足爱好者欢迎，也是不少大型远足竞赛的热门路线。最著名的包括每年11月第二个周末，由乐施会举办的毅行者筹款活动。起点为北潭涌，终点则在扫管笏宝龙军营。最快完成时间约10小时。

麦径第1段北潭涌往浪茄。

浪茄 LONG KE　1¼ 公里 Km　½ 小时 hr.

🔍 资料

路程：约100公里	分段：10段	
需时：约35.5小时	坡度：★ ★ ★ ★	

麦理浩径分段

第 ① 段

北潭涌至浪茄

以北潭涌为起点，大部分路径平坦，只有小量略带坡度。沿西贡对外路绕过万宜水库南边，经过万宜水库的西坝和东坝，最后到达最富乡土味的浪茄沙滩。

路程：10.6 公里　**需时**：约 3 小时　**难度**：★

浪茄

第 ② 段

浪茄至北潭凹

此段经过多个迷人的沙滩。由西贡东郊野公园的北半部，沿郊野公园的边界而行，跨越 314 米高的西湾山，然后下吹筒坳、大浪西湾，经咸田湾，过大浪村西走，最后经赤径抵北潭凹终点。

路程：13.5 公里　**需时**：约 5 小时　**难度**：★★

第 ③ 段

北潭凹至企岭下

跨过北潭凹至企岭下海之间这人迹罕至的高地，极体力才能完成。从北潭凹出发，先上 300 米的嶂上，然后向西南走，经过鸡公山和雷打石山，下达企岭下通往西贡的公路完结，极体力才能完成。

路程：10.2 公里　**需时**：约 4 小时　**难度**：★★★

第 ④ 段

企岭下至大老山

此段跨越马鞍山郊野公园，穿过黄竹洋村，继而绕过海拔 702 米的马鞍山顶峰，穿过大金钟和丘陵起伏的昂平高原，最后转西行至位于飞鹅山道的基维尔童军营。

路程：12.7 公里　**需时**：约 5 小时　**难度**：★★★

马鞍山

第 ⑤ 段

大老山至大埔公路

此段为麦理浩径最靠近市区的部分，横跨狮子山郊野公园，比大部分段落的海拔低。先由大老山起，西行山脊至沙田坳，再到达 495 米高的狮子山北面，经 458 米的毕架山至大埔公路。

路程：10.6 公里　**需时**：约 3 小时　**难度**：★★

第 ⑥ 段

大埔公路至城门水塘

麦径中最短的一段，仅 4.6 公里长，从九龙水塘出发，途经金山郊野公园，沿路为本地猕猴的聚居地。循着孖指径下的山谷前进，会走过战时遗留的遗迹，及至城门水塘为终点。

路程：4.6 公里　**需时**：约 1.5 小时　**难度**：★

第 ⑦ 段

城门水塘至铅矿凹

继大埔公路至城门水塘段后，第二短段落，令人难以忘怀的是岭下景色。由城门水塘宏伟的堤坝起步，上针山、草山，再下行至铅矿凹。

路程：6.2 公里　**需时**：约 2.5 小时　**难度**：★★

第 ⑧ 段

铅矿凹至荃锦公路

跨越香港最高的大帽山。由铅矿凹向西攀登山脊，一直伸至大帽山。经过大帽山山顶的石路，然后下达到荃锦公路。

路程：9.7 公里　**需时**：约 4 小时　**难度**：★★

第 ⑨ 段

荃锦公路至田夫仔

由荃锦坳起步，一直缓缓下降，以距离大榄涌水塘 2 公里的田夫仔为终点，相当好走。

路程：6.3 公里　**需时**：约 2.5 小时　**难度**：★

第 ⑩ 段

田夫仔至屯门

尾段是麦理浩径中最长的段落。从田夫仔起步，通过狭窄的山谷往大榄，沿大榄涌水塘北面行至西面引水道，沿此向下步至屯门最终点。

路程：15.6 公里　**需时**：约 5 小时　**难度**：★

塔门

蒲台岛

坪洲

弓洲

四大长途远足径

麦理浩径

卫奕信径

港岛径

凤凰径

深圳

罗湖

上水

新田

米埔

新界

流浮山

南生围

林村
郊野公园

元朗

锦田

石岗

大帽山
郊野公园

M145　M140

铅矿坳

青朗公路

大棠

大榄
郊野公园

河背水塘

⑨

荃锦坳

M155

M150　大帽山

M135

城门
郊野公园

⑦

M130

针山

M125

屯门

M200

M175

田夫仔

M160

牛寮

白石桥

川龙

M170

M165

上塘

城门水塘

M180

⑧

大榄涌
水塘

M185

扫管笏

大榄涌

圆墩

深井

荃湾

葵涌
金山
郊野公园

下城门
水塘

走私坳

M190

M195

屯门公路

青山公路

青山湾

M120

⑥

大埔公路

九龙水塘

M110

M115　笔架山

马湾

青衣

大埔道

花瓶顶

大白湾

大屿山

坪洲

山顶

四大长途
远足径

麦理浩径

塔门

蒲台岛

坪洲

马鞍山

卫奕信径

港岛径

凤凰径

麦理浩径

鹿颈
船湾郊野公园
八仙岭郊野公园
沙罗洞
马屎洲
船湾淡水湖
赤门
西沙路
企岭下海
西贡西郊野公园
石屋山 481
嶂上 391
岩头山 452
黄石码头
M050 土瓜坪 M045
蚺蛇尖 468
M040
大埔滘自然护理区
马鞍山
牛押山 677
马鞍山
黄竹洋
M070
鸡公山 399
M065
画眉山 M060
雷打石 379
M055
牛耳石山
北潭凹 M001
大浪坳
大蚊山
大浪
咸田
M035
大浪湾
吐露港
M075
大金钟 536
M080
昂平
水浪窝
大网仔路
大网仔
北潭路
北潭涌
西贡东郊野公园
西贡西湾路
鹿湖
吹筒坳
西湾
M030
M025
西湾山 314
沙田
大老山公路
石芽山
M085
黄牛山 604
M090
马鞍山郊野公园
西贡公路
西贡
上窑
摆头墩 M005
元五坟
西坝万宜路
万宜水库
M020
浪茄
狮子山郊野公园
M095
M105 沙田坳 M100
大老山
沙田坳道
狮子山
龙翔道
飞鹅山 602
大蛇顶 278
M010
粮船湾
M015
破边洲
九龙
蓝田
将军澳
新清水湾道
牛尾海
桥咀洲
滘西洲
吊钟洲
维多利亚港
鲤鱼门
清水湾半岛
清水湾
香港岛
东龙洲

塔门
蒲台岛
坪洲
马屎洲
大浪湾
四大长途远足径
麦理浩径
卫奕信径
港岛径
凤凰径

大滩
湾仔
海下
海下路
塔门

原始山路特别多，是卫奕信径的一大特色。

最富生物资源
卫奕信径

　　卫奕信径（Wilson Trail）是香港唯一一条由南至北，贯通港、九、新界的长途远足径。全长78公里，是继麦理浩径后第二长的远足径。于1996年正式启用，名字以钟情香港山水及远足活动的前港督卫奕信爵士的名字命名。路线翻越多个崇山峻岭，气势万千，又闯进众多渺无人烟的荒野和乡村，感受最原始的自然美景。当中途经的九龙水塘、城门水塘、鹿颈、南涌，都是香港最富生态价值的地方。

位于九龙水塘的卫奕信径启用纪念牌。

始于港岛南区　终于新界北

　　卫奕信径共分为10段，贯穿了大潭、鰂鱼涌扩建部分、马鞍山、狮子山、金山、城门、大帽山及八仙岭合共8个郊野公园。路径始于港岛大潭郊野公园的赤柱峡道，一直向北伸展，渡海后接上九龙半岛的蓝田，越过魔鬼山、五桂山等后转向西面，到达九龙群山，再从金山郊野公园开始往北走至九龙坑山，向东登上八仙岭，最后以新界北面的南涌为终点。

　　走完全程大约需要30小时，和另外3条长途远足径比较，卫奕信径途经不少崎岖山路，对体力和意志都是极大的挑战。

WILSON TRAIL
衞奕信徑

前港督卫奕信爵士在港期间经常远足。

🔍 **资料**

全长：约78公里	分段：10段
需时：约30.5小时	难度：★★★★★

（侧栏）塔门　蒲台岛　坪洲　马屎洲　麦理浩径　四大长途远足径　卫奕信径　港岛径　凤凰径

卫奕信径分段

第 ① 段

赤柱峡道 至 阳明山庄

极需体力完成的一段，由港岛南区赤柱峡道起步，已是陡斜的漫长山路，途经大潭郊野公园多个山岭，包括孖岗山及紫罗兰山，直至阳明山庄为止。

路程：4.8公里　需时：约2小时　难度：★★★

第 ② 段

阳明山庄 至 鲗鱼涌

由阳明山庄起步，经过渣甸山的石矿场，走过毕拿山，又翻过柏架山。之后沿大风坳往北落山，到达康怡花园和康景花园之间的水塘公园，最后接上金督驰马径，依鲗鱼涌下山。

路程：6.6公里　需时：约2.5小时　难度：★★

第 ③ 段

蓝田 至 井栏树

正式应从蓝田港铁站出发，途经的魔鬼山有碉堡遗迹，之后再经过照镜环山、长龙田、五桂山、凹头、马游塘、大牛湖及新地村。

路程：9.3公里
需时：约4小时
难度：★★

路线途经不少军事遗迹。

第 ④ 段

井栏树 至 沙田坳

由井栏树出发，取道古旧的西贡古道，一直在森林中前进，极耗体力。路经大蓝湖村、大老坳，直至沙田坳，途中可远望狮子山、飞鹅山等九龙山。

路程：8公里　需时：约3小时　难度：★★★

第 ⑤ 段

沙田坳 至 九龙水塘

此段拥有众多下山的大斜坡，为十段中最好走的一段。先由沙田坳向西北进发，沿途尽览新界北部群岳，但最难忘的还是望夫石。

路程：7.4公里　需时：约2.5小时　难度：★

第 ⑥ 段

九龙水塘 至 城门水塘

沿途有水塘美景相伴，景观扣人心弦，金山路还有无数活泼的猕猴，故相当热门。

路程：5.3公里　需时：约2小时　难度：★★

第 ⑦ 段

城门水塘 至 元墩下

初段围绕城门水塘蜿蜒前进，走到水塘峡角后方缓缓登山，走过幽深的树林、荒弃的田园，登上铅矿坳，最后徐徐下山，朝着大埔进发，相当难对付。

路程：10.2公里　需时：约4小时　难度：★

第 ⑧ 段

元墩下 至 九龙坑山

首先穿越大埔市区，再向九龙坑山进发，径道不断攀升，相当吃力。

路程：9公里　需时：约4小时　难度：★★★

第 ⑨ 段

九龙坑山 至 八仙岭

顺着九龙坑山北面下山，绕过绿意盎然的鹤薮水塘，继而沿石级攀登黄岭，居高临下，新界群山连绵山势尽收眼底。

途经的原始树林，蕴藏丰富生态资源。

路程：10.6公里　需时：约4.5小时　难度：★★★

第 ⑩ 段

八仙岭 至 南涌

最后一段从八仙岭仙姑峰向西北方向前进，过"横七古道"下山，接着越过数个原始美丽的山谷，景致渐渐开扬，最后到达南涌终点。

南涌

路程：6.8公里　需时：约2小时　难度：★★

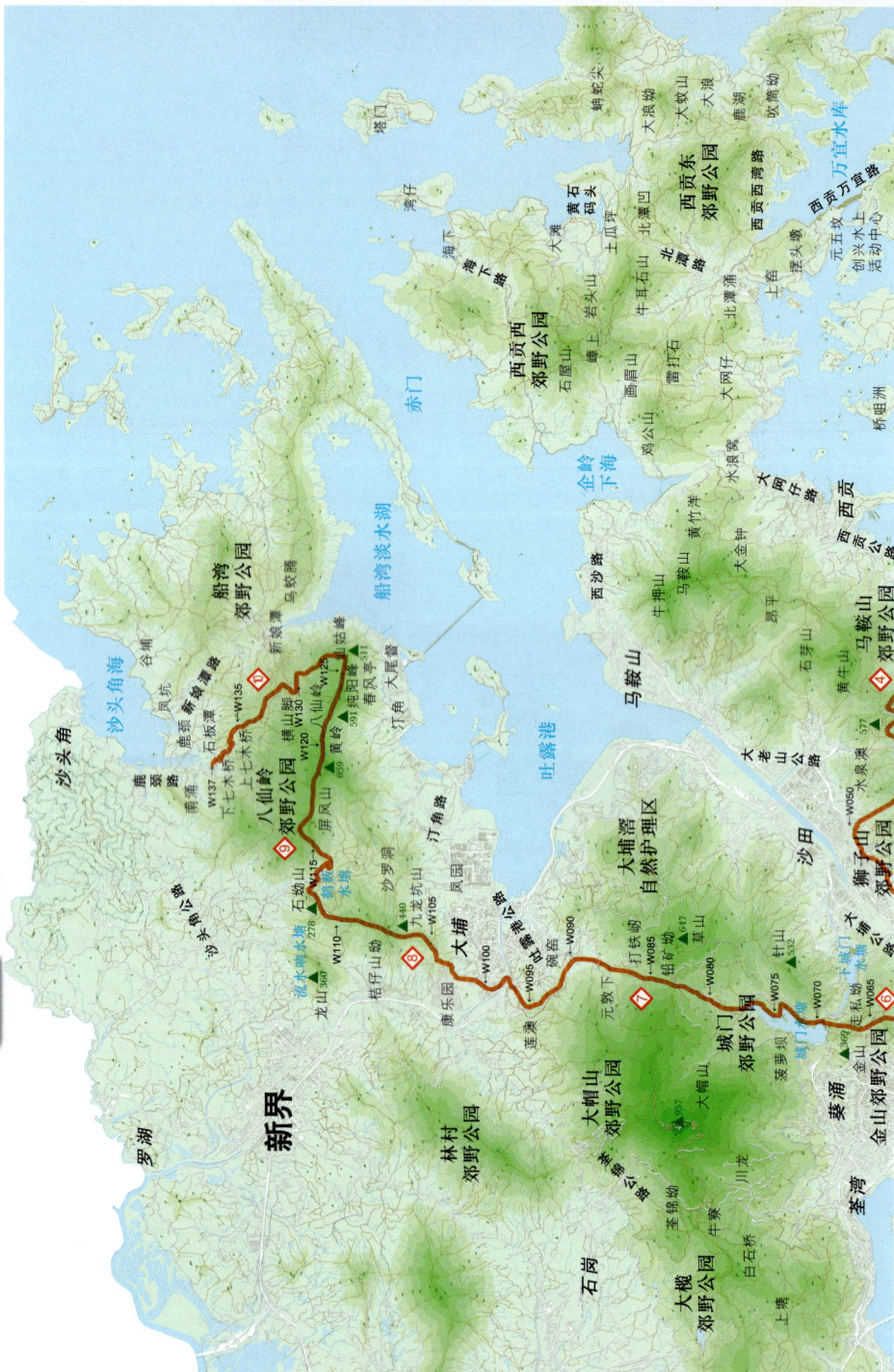

塔门
蒲台岛
坪洲
马屎洲
麦理浩径
沙头角
四大长途远足径
卫奕信径
港岛径
凤凰径

新界

沙头角海

船湾郊野公园

西贡西郊野公园

西贡东郊野公园

万宜水库

船湾淡水湖

八仙岭郊野公园

大埔滘自然护理区

马鞍山郊野公园

狮子山郊野公园

大埔

城门郊野公园

大帽山郊野公园

林村郊野公园

大榄郊野公园

金山郊野公园

葵涌

荃湾

罗湖

赤门

吐露港

塔门

蒲台岛

坪洲

弓背洲

麦理浩径

卫奕信径

四大长途
远足径

港岛径

凤凰径

大蛇顶
粮船湾

大蛇湾

碧水洲

吊钟洲

牛尾海

清水湾

东龙洲

蒲台岛

石澳
郊野公园

龙脊

赤柱

将军澳

五桂山
炮台山
调景岭

鲤鱼门

柴湾

大浪
郊野公园

石澳

大潭
郊野公园

（鳗鱼涌扩建部分）

蓝田

油塘

太古

大潭

大潭
郊野公园

英皇道

小西湾

大潭中
水塘

大潭
水塘

兰山
紫罗

黄泥涌峡

香港岛

中环

薄扶林
郊野公园

薄扶林水塘

香港仔
郊野公园

山顶

湾仔峡

香港仔
上水塘

香港仔
下水塘

香港仔

龙虎山
郊野公园

薄扶林
郊野公园

九龙

沙田坳

沙田坳道

狮子山

大老山

飞鹅山

新清水湾道

牛寨

大埔公路

大埔坳道

毕架山

笔架山

尖山

九龙水塘

青衣

青衣

维多利亚港

南丫岛

337

虽然港岛径以路线平缓见称，却拥有极多山顶俯瞰景观。

很多路线已成为港岛居民的晨练路线。

最好走港岛径

港岛径（Hong Kong Trail）为四大长途远足径中最短、最好的一条。全长只 50 千米，于 1985 年正式启用。起点位于山顶的炉峰峡，终点则为大浪湾，从西到东跨越整个香港岛。最大特色是路径与市区相距不远，除了方便之外，更能同时感受香港的繁华与宁静。

当日完成考验耐力

全程一共分为 8 段，长短不一，大部分都是平路，如够耐力，就可在一天内一气呵成完成整条港岛径。路线以山顶缆车站做起点，向东面曲折延伸，横跨 5 个郊野公园及港岛所有水塘区，最后以大浪湾为终点。

鸟瞰香港全景

港岛径内有很多适合摄影的景色（如鸟瞰香港全景）、研究香港历史文化，以及自然景色的好地方。每年绿色力量都举行绿色力量环岛行，为香港环境教育工作筹款。但有一点要注意，港岛区的郊野公园内，并无任何指定的露营地点。

浅水湾坳是港岛径中最重要的分岔口。

🔍 资料

总路程：约50公里	分段：8段
需时：约15小时	难度：★★★

左侧竖排导航：塔门　蒲台岛　坪洲　马屎洲　麦理浩径　卫奕信径　**四大长途远足径**　**港岛径**　凤凰径

港岛径分段

第①段

赤柱峡道至阳明山庄

极需体力完成的一段，由港岛南区赤柱峡道起步，已是陡斜的漫长山路，途径大潭郊野公园多个山岭，包括孖岗山及紫罗兰山，直到阳明山庄为止。

沿途枝繁叶茂，景致宜人。

路程：4.8公里　需时：约2小时　难度：★★★

第②段

薄扶林水塘至贝璐道

由薄扶林水塘道向南行，沿柏油车路至薄扶林水塘抽水站，后转入石级上行至石屎路的驰马径，最后沿引水道旁的小径至贝璐道。

路程：4.5公里　需时：约1.5小时　难度：★★

第③段

贝璐道至湾仔峡

此段由贝璐道上山至姜花涧，接着取道田湾山径，跨过多条山溪，最后于近湾仔峡的香港仔水塘道作结。

路程：6.5公里
需时：约1.75小时
难度：★★

从山顶卢吉道往薄扶林水塘的石级。

第④段

湾仔峡至黄泥涌峡

从湾仔峡起步，途经金夫人驰马径至中峡道，全程都是车路或石屎小径，相当好走。最后沿布力径下山马路到黄泥涌峡道及黄泥涌水塘道交界。

路程：7.5公里　需时：约2小时　难度：★

第⑤段

黄泥涌峡至柏架山道

港岛径中仅有的两条难行路段之一，上下幅度极大，几乎全为泥径。由大潭水塘道出发，攀上渣甸山，再沿山路往柏架山。

路程：4公里
需时：约1.5小时
难度：★★★

第⑥段

柏架山道至大潭道

由柏架山道大风坳起步，经大潭水塘直达大潭道。大部分路段都是车路或林荫山径，没什么难度。

路程：4.5公里　需时：约1.5小时　难度：★

第⑦段

大潭道至土地湾

此段以大潭笃水塘北岸的大潭道起步，沿小路环绕风景宜人的大潭湾一直走到石澳道。全段轻松好走，只有末段略为费力。

路程：7.5公里　需时：约2小时　难度：★

第⑧段

土地湾至大浪湾

末段最长、最艰辛的一段，最大卖点是可走过被《时代》周刊选为亚洲最佳登山路线的龙脊。由石澳道近土地湾出发，横越烂泥埕顶山与云枕山之间的龙脊，最后到达大浪湾终点。

路程：8.5公里　需时：约2.75小时　难度：★★★

塔门

蒲台岛

坪洲

马屎洲

麦理浩径

卫奕信径

凤凰径

四大长途远足径

港岛径

西九龙

尖沙咀

青洲

西环　上环

中环

会展中心

金钟　湾仔

铜锣湾

龙虎山郊野公园

薄扶林郊野公园

H005

H001

山顶

跑马地

薄扶林道

薄扶林水塘

H010

H015

香港仔郊野公园

湾仔峡

数码港

H035

H040

H020

H025

香港仔上水塘

H045

H050

香港仔水塘道

H030

香港仔下水塘

黄泥涌峡

香港仔

黄竹坑

浅水湾道

海洋公园

鸭脷洲

深湾

南朗山

深水湾

海洋公园

熨波洲

北角

榕树湾

东博寮海峡

鹿洲

银洲

南丫岛

索罟湾

崖头

山地塘

凤凰山一名,是由于主、副峰分别称为凤、凰,故此得名。

凤凰径沿途郊游设施充足。

最原始体验
凤凰径

全长 70 公里的凤凰径(Lantau Trail),是最多山路、最富原野气息的长途远足径。于 1984 年 12 月 4 日正式启用,路线贯通面积极广的大屿山郊野公园,横跨整个大屿山南部。重点是翻过香港第二高峰凤凰山,景色迷人。凡在凤凰山上观赏过日出的游人,均会被它磅礴的气势所折服。

设备完善

凤凰径共分 12 段,长度由 2 公里至 10 公里不等,设备完善,每隔 500 米放一标距柱,每段交接处,均设有告示牌张贴地图。每个分岔路口都有黄色路标,上面清楚地刻有地名、步行时间、距离长度等,指引清晰。

循环路线

以大屿山东岸的梅窝做起点,向西一路伸展,初段跨越大屿山的两座高山:二东山和凤凰山,中段越过灵会山抵达西岸的大澳水乡,再南走分流海湾、狗岭涌。最后沿屿南海岸,经过塘福、长沙、贝澳等地返回梅窝,形成一条循环路线。

第5段终点龙仔悟园。

资料

总路程:约70公里	分段:12段
需时:约23.5小时	难度:★★★★

凤凰径分段

第 1 段

梅窝至南山

最轻松好走、最短的一段。以梅窝码头为起点，循屿南路蜿蜒而上，途经礼智国村，没多久便到达终点的南山。

路程：2.5 公里　需时：约 0.75 小时　难度：★

第 2 段

南山至伯公坳

此段由石级开始登山，向 869 米高的大东山进发。沿着二东山东南面的山脊上走，几经艰辛登上莲花山与二东山之间的双东坳，横越七百多米的草坡，重点是能一睹零星分布整个大东、二东山头的烂头营石屋。

路程：6.5 公里　需时：约 2.75 小时　难度：★★★

第 3 段

伯公坳至昂坪

第三段要攀登大屿山最高、海拔 934 米的凤凰山，极需体力完成。先从伯公坳拾级而上，越过"南天门"，再上行 200 多米便抵上凤凰之巅，及后从主峰的西南面经"天梯"下山至昂坪高原作结，这段亦是观赏日出的最佳路线。

路程：4.5 公里　需时：约 2.25 小时　难度：★★★

第 4 段

昂坪至深屈道

此段起点位于"凤凰观日"牌楼，先向南下坡，后与石壁郊游径接合，绕过石壁水塘北面，经大风坳到终点深屈道。

路程：4 公里　需时：约 1.25 小时　难度：★★

第 5 段

深屈道至万丈布

经过凤凰径牌楼，便到达羌山道。沿着石级迂回上山，不久走到羌山郊游径，继续向西南方登上 400 多米高的膝头哥山。接着走观音山、羌山及灵会山 3 座山峰。之后在灵会山南下到达分水坳，经过慈兴寺及万丈布，到达龙仔悟园完成。

路程：7.5 公里　需时：约 2.75 小时　难度：★★

第 6 段

万丈布至大澳

离开悟园，就会有小路接连羌山引水道，越过"能任亭"，再向北前进。往后下山的路径变得陡斜难走，斜路尽处便是梁屋及南永村。

路程：2.5 公里　需时：约 1 小时　难度：★★

第 7 段

大澳至狗岭涌

为 12 段中路程最长的一段，但途经最西南面的海域能观赏中华白海豚。从大澳南涌出发，沿着屿西海岸经过二澳，穿越鸡公山至煎鱼湾。越过乡钟坳之后便是分流。最后循碎石小路向东行便会到达狗岭涌。

路程：10.5 公里　需时：约 3 小时　难度：★★★

第 8 段

狗岭涌至石壁水塘

起点为狗岭涌营地的入口，此处竖立着屿南界碑。沿着引水道前进，会合羌山郊游径，越过大浪湾营地，便是石壁水塘。

路程：5.5 公里　需时：约 1.5 小时　难度：★★

第 9 段

石壁水塘至水口

由石壁水塘堤坝东行，沿凤凰径南行至石壁警岗后左转，经过石榄洲营地，沿石门山西南坡走，路径迂回曲折，最后越过箩箕湾便到达水口。

路程：6.5 公里　需时：约 2 小时　难度：★

第 10 段

水口至东涌道

此段从水口出发，大部分沿引水道走，平缓好走。中途有分岔路连接往屿南道及南大屿山郊游径，终点为东涌道。

路程：6.5 公里　需时：约 2 小时　难度：★

第 11 段

东涌道至贝澳

越过东涌道便是凤凰径第 11 段，全段几乎沿引水道而行。越过石湾后走山径，攀过高低起伏的梯级抵达屿南道，途经罗屋村至折入小贝澳完成。

路程：4.5 公里　需时：约 1.25 小时　难度：★

第 12 段

贝澳至梅窝

从贝澳公立学校旁的芝麻湾道出发，初段沿贝澳湾畔前进，越过贝澳隧后径道折向东北，经芝麻湾半岛至十塱旧村。越过山顶拾级而下，经过白富田营地，由山村小路转出便是荔枝村及梅窝。

路程：9 公里　需时：约 3 小时　难度：★★

343

沙洲

赤鱲角

博览馆

香港国际机场

东涌

沙螺湾

嘲头

东涌湾

牛凹

黄龙坑

昂坪360缆车

深石村

北大屿山
郊野公园

石门甲

禾寮墩

石狮山

深屈

751

弥勒山

地塘仔

东涌
道

虎山

449
象山

322
狮山

大澳

大澳道

羌山

L035

深屈道

大风坳

羌山道

昂坪
天坛大佛

934
凤凰山

④

南大屿山
郊野公园

L030

L025

狗牙岭

伯公坳

③

L020

L015

牙鹰角

⑥
L055

尖峰山 339

牙鹰山
L050

二澳

373

水涝漕

鸡公山

L060

牛过田

观音山

459
L040

羌山

L085

石壁水塘

L110

⑩

L105

塘福

屿南道

466
大磡森

万丈布

灵会山

⑤

⑧
L075

分水坳
L045

石壁

东湾

大浪湾

L090

L100

塘福庙湾

水口

⑨

石门山

鹿颈山

根头坳

⑦
L065

深坑沥

狗岭涌

石榴洲

L080

L095

笋箕湾

响钟坳

L070

分流

马湾

大小磨刀

阴澳湾

汲水门

塔门

花瓶顶

大阴顶

阴澳

大山

四白

蒲台岛

犁壁山

三白

香港迪士尼乐园

大嶂峒
302

二白坳

大白湾

坪洲

榴花峒
465

愉景湾

老虎头

北大屿山公路

大蚝湾

白芒

大蚝

坪洲

婆髻山
482

刀屻
529

望渡坳

红花颁

大水坑

周公岛

禾上坳

狗虿湾

东涌道

白银乡

梅窝

银矿湾

喜灵洲

莲花山

双东坳

L001

L139

869 ②

大东山

L010

二东山
749

南山

L005

L135

L130

水井湾

长洲

L120

②

牛牯湾

L115

咸田

L125

芝麻湾

贝澳湾

芝麻湾道

长沙

303

老人山

芝麻湾半岛

望东湾

大浪

二浪湾

大浪湾

长洲

石鼓洲

四大长途远足径 凤凰径 港岛径 卫奕信径 麦理浩径 弓洲 坪洲 蒲台岛 塔门

登山装备

登山装备最重要的是轻便，但要因个人需要和路线环境而改变，以下12件是基本所需，不论路程远近皆必备。

❶ 地图和指南针

一定要使用准确的地图，书店售卖的多是市区的街道图，并不适合郊游。最好使用香港政府地政总署专门发行的郊区地图，全套分为5个区域，售价HK\$50~60，登山路线、坐标和设施都有详列，可于香港地政总署地图销售处或网上订购。

使用时，应以防水的胶袋或专用地图袋装好，地图袋可于各大登山用品店购买。至于指南针，应选择有透明底板和度数转盘的设计，鸭寮街十多元已有交易。注意，指南针有颜色的部分指向的是北面，千万别弄错！

香港地政总署地图销售处
电话：2231-3187
网址：**www.landsd.gov.hk/mapping/tc/paper_map/cm.htm**

❷ 背包

背背包可以使双手空出来，方便于保持平衡，背包尺寸因个人需要而异，千万不要贪大，足够放置所需物品便可以。一般1天的旅程，20L容量已足够；若是短途，其实腰包都可以。

选购时，最重要的是通风和舒适，背包带要宽一点的。大型背包一定要有腰带，可使重量转移至腰部分担、保持平衡，所以背时一定要系紧。如今购买背包都送饮水袋暗格或防水雨罩，使用时更加方便。

❸ 服装

最重要的是轻便和透气，但要注意季节。夏季衣物要吸汗透气，且要穿着舒适。虽然天气热，但轻薄和浅色的长袖衫裤其实更能防晒和预防蚊虫叮咬，尤其是经过灌木草丛。

冬季穿着则不宜笨重，要保暖应采取多层穿衣法，热时方便脱掉。其实，一件防水的风褛便四季皆宜。另外，不论春夏秋冬，都需多带一套衫裤和袜子，并放入防水胶袋保存。

❹ 登山帽

很容易被忽视但极为重要的一环，特别是夏季太阳猛烈，一两小时便足以晒伤。夏季配戴的登山帽最重要的是通风和散热快，亦应选择渔夫帽或附有帽裙的设计，以保护耳朵和颈部避免晒伤。冬季则可戴保暖帽或防风帽，以减低体温流失。

专家指点：GPS全球定位仪

简称 GPS 的全球卫星定位系统 (Global Positioning System)，能显示出精确度极高的坐标，还会自动记录走过的路线，方便意外时可走回头路折返，故每队登山队都应有一部傍身，外地登山更是必需品。现在的 GPS 已发展到如手机大小，更具防水功能，操作亦很简单，售价由 HK\$1000 起，大型爬山用品店有售。不过，它始终是辅助工具，接收亦会有盲点，远足时依然需带地图和指南针。

❺ 登山鞋

登山鞋相比一般运动鞋更加坚固耐穿，而且防水及透气功能较佳。一般平坦的郊游径，如本书介绍的初级路线，着波鞋已足够。相反，若路程崎岖要穿山鞋，即本书介绍的高级路线。

选购时，同样要以轻便和舒适为主，过重的登山鞋会增加足踝负担，反而更容易抽筋。中筒的设计可保护足踝避免扭伤，但香港天气比较湿和热，外国登山人士常穿的高筒GORE-TEX反而烧脚，长时间穿容易生水泡，香港并不适用。此外，登山时宜穿两双袜以减低脚部摩擦，所以选购登山鞋时，尺码应略大。

❻ 登山杖

上下山路崎岖时，用以借力、帮助平衡，对长途旅程极为重要。上山时要缩短，下山时就要伸长。其实，遇上长途又崎岖的路程，即本书的高级路线，使用两支登山杖更能帮助平衡，若不幸受伤，登山杖还可充当夹板和担架。

登山杖因牌子不同，售价由HK$150至HK$700不等，但不一定越贵越好，因人而异。手柄有1字、T字和7字形3种，各有优点。其中T字形较轻，但短，下山时帮助不大；而1字形较长，有较好的抗性震，可惜较重。

另外，杖尖部分的金属嘴，应选择最轻的钨炭合金，而附设的胶嘴，是登石屎地时，用以保护金属嘴和防滑。部分登山杖还可充当相机脚架，真的比较好用！

❼ 饮水

适当补充水分能有效预防中暑和抽筋，建议每人至少带2公升清水，但要看路程长短和天气。饮水还有窍门，应该每隔30~60分钟补充一次，若感到口渴才喝水，可能已经脱水。此外，大量出汗会使身体流失大量矿物盐，饮用含有电解质的饮品如宝矿力等，效果更佳。

💬 专家指点：要注意防晒

太阳的紫外光线分为UVA和UVB两种，一般人熟悉的防晒系数SPF只有效防UVB，而防UVA的系数，会以PA+表示，加号愈多防晒度愈高。登山时所用的防晒品，可用SPF 15至30，以及PA++的防晒系数已足够，过高的系数反而会阻塞毛孔、阻碍出汗散热。但流汗会冲走皮肤上的防晒液，所以每隔2小时要补搽一次。

若皮肤晒伤，变得炙热发红，可用去皮的新鲜芦荟轻敷患处或搽上保湿产品。另外，眼睛也很需要做好防晒，一副弧形贴面的户外太阳眼镜就最适合。

❽ 食物

登山的运动量极大，途中的午餐应选择轻便和高热量的食物，如芝士火腿三明治、水果之类。还要预备能快速补充体力的高热量零食，如朱古力、能量棒、果仁等，以备不时之需。尽可能先拆除包装，用保鲜盒装，以减少废物。

💬 专家指点：小心选择驱蚊水

山里蚊子很多，被蚊子叮咬有可能感染登革热或日本脑炎等疾病，所以登山前必须喷上驱蚊水。在选择驱蚊水时，多数驱蚊产品中含有化学成分避蚊胺DEET，有研究指出孕妇使用该成分有可能影响胎儿。推荐选择珮氏驱蚊爽，它不含DEET，适合任何年龄人士使用，且含欧洲野红茄提取物IBI-246，驱蚊更有效。

347

❾ 手提电话、对讲机

途中可查询天气，一旦发生意外，可作紧急求救、充当手电筒，甚至发出求救信号，所以要充足电。不过郊外地势起伏不定，部分地方网络接收较微弱，若同行人数众多，可使用对讲机互相联络，购买时需留意机背面有没有贴上电信管理局的牌照标贴，才是合法，鸭寮街的电信用品店约售百多元一对。

❿ 急救包

每人都应随身携带急救包，急救包内至少备有绷带、纱布、伤口敷料、药水胶布、消毒药水、即弃手套和剪刀等。市面的大型药房或爬山用品店都有售，大部分都附有急救指南，视急救包里用品多少，售价由HK$30至HK$200不等，选择时看路线形程和人数而定。(急救方法请看后页)

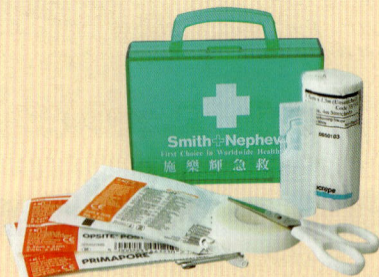

此急救包在大型连锁药房有售，内有绷带、伤口敷料、药水胶布、消毒盐水、剪刀和急救指南，一般路线若人数不多足够用。售价HK$39。

⓫ 万用刀

一般一天的旅程，带一把小折刀足够。若选择万用刀，具有折刀、罐头刀和开瓶器功能也可以，功能过多根本用不着，只会增加负荷。

⓬ 求救用品

除了手提电话、手电筒、哨子、绳索和反光镜等，都是迷路时求救的好帮手，而放大镜则可以生火。

💬 专家指点：生态郊游必备望远镜

单纯登山远足，上述12件用品已足够，但若打算沿途欣赏多一些自然生态，看看蝴蝶、雀鸟，甚至山猪、松鼠等野生动物，一定要有性能优良的望远镜。观赏蝴蝶、雀鸟必须用专业的直身望远镜，因为够重，拎起来才不易移位。十元八元的小型望远镜太轻，景观角度太窄，只适合看演唱会用。

好的望远镜除了要重、看得够远、景观角度宽广，镜片的聚光能力要强，售价合理。观赏蝴蝶、雀鸟，应选择10毫米×42毫米的规格，视品牌，售价由HK$200至几千不等，但以深水埗鸭寮街的摄影器材店最好买。

鸭寮街的专业望远镜，10毫米×42毫米只售HK$200~HK$300。

郊游前需知

忌

1. 切勿单独远足。
2. 切勿采摘野生植物进食和饮用溪水，以免食物中毒或感染疾病。
3. 切勿乱扔垃圾和吸烟，慎防山火。
4. 切勿大声喧哗，刺激或逗玩任何野生动物，更不应喂饲它们，就算是拍照，也应关掉闪光灯。
5. 所有野生动植物，包括昆虫、花果，只宜观赏，不宜触摸。
6. 切勿携带贵重物品和信用卡，够用的现金和八达通便足够。

宜

1. 宜有登山教练或资深远足者同行，新手可先参加团体举办的郊游团测试一下自己的能力。
2. 应按照队友的能力，选择适当的远足路线，量力而为，并充分了解所选路线及潜在危险。
3. 出发前，应先通知家人有关的远足路线及回程时间。
4. 远足前一晚，要有充足睡眠。
5. 准备环保袋，以便带走途中产生的垃圾，若能帮忙清理沿途垃圾更好。还可自备餐具，以便途中进膳之用。
6. 留意天气，天气恶劣、不稳定、太热或暴雨过后，都不宜远足。途中还要留意天气突然变化，可致电1878-200查询即时天气，或收听收音机广播。

实用网站推荐

香港康乐及文化事务署"登山乐"路线推荐：
www.lcsd.gov.hk/healthy/hiking/b5/index.php
香港卫生署远足小锦囊：
www.cheu.gov.hk/b5/info/accident_02.htm
香港渔农署郊游路径介绍：
www.afcd.gov.hk/parks/trails/Chi/hiking/index.htm
郊野公园条例查询：
www.afcd.gov.hk/tc_chi/country/cou_con/cou_con_faq/cou_con_faq.html
郊野公园交通查询：
www.afcd.gov.hk/tc_chi/country/cou_wha/cou_wha_tra.html
香港行山网：www.hiking.com.hk
绿洲：www.oasistrek.com/index.html
香港天文台：www.hko.gov.hk
香港旅游发展局：www.discoverhongkong.com
香港旅游业协会：www.tichk.org

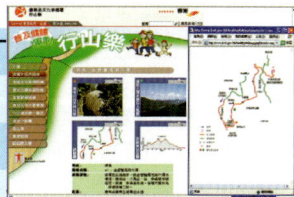

康民署网页设有40条郊游路线推介，详附地图和交通资料。

专家指点：如何计算路程需时

预先计算路线所需时间，便能控制回程和休息时间、减低因误时而错过末班船、末班车等风险。远足人士一般采用拿史密夫定律 (Naismith's Law) 计算路程时间，方法如下：

每公里 15 分钟；
每登高 10 米加 1.2 分钟；
每下降 10 米加 0.6 分钟。

* 登山新手和老幼需要多 1/3 的时间，另外天气和地形也有影响，所以计算结果只能作为参考。

通信服务

从内地致电香港

香港的国际电话号码是852，没有区号，一般的家居、商务及手机号码为8位数字。家居与商务电话多以数字2开头，也有不少以数字3为首；手机则多以数字9、6开头。从国内致电香港需先拨00852，然后拨打电话号码即可。

从香港致电内地

内地的移动全球通和联通CDMA手机预付2000～3000元话费开通国际漫游后，即可在香港使用，不过收费很贵。从香港拨打内地一般市话：001-86+区号+电话号码。从香港拨打内地手机电话：001-88+手机号码。香港的Wi-Fi覆盖范围相对较广，但也不是随手都能找到。习惯拿手机上网或者是微博控的人，建议购买一张香港当地的手机卡，套餐价格不贵，使用方便，而且可以打国际长途。

可在机场、各电信商分店或电器商店购买香港手机SIM卡。不同的电话卡及电信供应商的致电内地方式各异，请参阅各产品的使用说明书。另外，大部分酒店都提供长途电话服务，价钱一般比使用电话卡贵，但也比较方便。或者，使用公共电话。香港的街头有很多投币式公共电话，可以投币、电话卡及信用卡拨打电话，每次投币HK$1可通话5分钟。公共电话亦提供一般紧急电话，如999等的免费拨打服务。

主要郊野公园游客中心及管理站：

渔农自然护理署热线	2422-9431	香港仔郊野公园管理站	2553-7545
西贡郊野公园游客中心	2792-7365	薄扶林郊野公园管理站	2550-4685
城门郊野公园游客中心	2489-1362	大潭郊野公园管理站	2812-1861
大帽山郊野公园游客中心	2498-9326	羌山郊野公园管理站	2985-6483
九龙山郊野公园管理站	2729-6579	东涌坳郊野公园管理站	2988-8927
马鞍山郊野公园管理站	2640-2310	水警海港警署	2885-9385
大埔滘郊野公园管理站	2656-1232		

紧急求助服务：

火警、报警、急救	999	民安队攀山抢救中心	2713-5334
警察热线	2527-7177	政府飞行服务队	2305-8212
香港手机求救	852-112	香港野外定向总会	2504-8111
香港消防处救伤	852-2723-3355	圣约翰救伤队	香港2576-6555
香港救护车服务	852-2576-6555		九龙2713-5555
山火控制中心	2720-0777 (24小时)		新界2639-2555
香港医疗辅助队	2762-2033 (24小时)		

查询电话：

香港天气预告(中/英)	1878-200/1878-066
台风及民政事务查询	2835-1473
香港旅游发展局旅游热线	2508-1234
香港旅游业协会	2807-0707
香港酒店业协会酒店订房服务热线	2383-8380
香港海关热线	2815-7711
入境事务处	2824-6111
查询电话号码(国语)	852-1088

机场及交通实用电话：

香港国际机场	2181-8888
香港铁路有限公司(港铁)	2881-8888
香港九龙巴士(九巴)顾客服务热线	2745-4466
新巴顾客服务专线	2136-8888
城巴顾客服务专线	2873-0818
香港山顶缆车有限公司	2849-0668
香港电车公司	2548-7102
香港公共小巴	2804-2500

自救智慧

郊游时遇上意外，先要保持镇定，以下是郊游常见的意外急救法，只供参考，经初步处理后，若情况严重，还是要尽快就医。

注意！ 很多人都将病症相似的中暑和热衰竭混为一谈，其实两者的急救方法各异，施救错误随时弄巧反拙。

大型药房或爬山用品店所售的冰包，用手一挤就自动变冷，郊游时非常有用，如扭伤可用来敷患处消肿，甚至消暑，售价约HK$10。

中暑

病症： 头痛、晕眩、发热、脉搏强但无汗

处理方法： 尽快让患者降温。将患者移往阴凉处，解开其衣服，用湿毛巾替患者抹身，向患者洒水或扇风，让其体温稍降，待患者体温下降后，要擦干身上的汗或换上干衣服。注意，即使患者口干，也不宜急于大量补充水分，可用湿毛巾湿润嘴唇。

热衰竭

病症： 皮肤大量出汗、湿冷、面色苍白、头痛、晕眩、恶心、脉搏及呼吸急促而微弱

处理方法： 尽快让患者补充盐分和水分。将患者移到阴凉处躺下，用湿毛巾敷在其额上，让患者慢慢饮大量清水或电解质饮料。即使患者最后清醒，也应去医院就诊。

足踝扭伤

病症： 患处疼痛、活动困难、肿胀

处理方法： 先稳定患处，可用绷带或毛巾包扎固定受伤部位，把患处抬高于心脏位置或以冰垫敷患处以减少肿胀。

骨折

病症： 伤处剧痛、患处不能活动、肿胀、变形

处理方法： 必须稳定住受伤部位，如上肢受伤，可用绷带或毛巾包扎固定；如下肢受伤，则需要将伤肢固定于没有受伤的腿旁，并在空隙间放软垫（可用毛巾或衣服折叠而成）加以固定。

抽筋

病症： 肌肉疼痛、无法放松

处理方法： 由于肌肉疲劳过度，或大量流汗引起肌肉收缩所致，可通过伸展方法使收缩的肌肉放松，但切忌来回拉扯，每个静止动作应维持30秒至半分钟，并以中柔力度按摩。若是流汗所致，可让患者慢慢啜饮清水或电解质饮料补充。

创伤

病症： 有伤口及出血（开口创伤）、表面无伤口（闭口创伤）

处理方法： 急救员应戴上手套，避免直接接触伤口及血液，处理伤口时应在光线充足的环境下进行。轻微擦伤可以用自来水彻底清洁伤口，再用清洁的敷料遮盖患处包扎，并在伤口上施压。

休克

病症： 肤色苍白、呕吐、冒汗、晕眩、呼吸浅而促、脉搏促而弱

处理方法： 让患者躺下、抬高双腿，头转侧，以维持气道畅通，用衣物或毛巾盖暖患者，可用湿毛巾湿润嘴唇，但切勿饮食。

血糖过低

病症： 软弱无力、饥饿、出汗、苍白、皮肤冷而湿、脉搏强、呼吸弱

处理方法： 扶患者坐下或躺下，保持气道畅通，给予含糖分的饮品或食品，检查脉搏及呼吸。

蛇咬

处理方法： 千万不要惊慌乱跑，应减少活动，以延缓蛇毒扩散，也不要试图用嘴吸出毒血。最重要的是立即就医，若同行友人捕获咬人的蛇，可一同送往医院，以便识别蛇毒种类。若因送医院路途遥远要包扎伤口，也应每隔半小时放松。

心脏病

病症： 胸前有压迫感、胸部绞痛、呼吸短促

处理方法： 坐下及稳定情绪（检查呼吸及脉搏，有需要可施行心肺复苏法）。

中风

病症： 突然严重头晕、神志不清、口部瘫痪、嘴角下垂、流出涎沫

处理方法： 让患者侧卧，垫高头部及双肩，保持气道畅通，替患者保暖，并检查脉搏及呼吸，需要时可施行心肺复苏法。

実用资料

野外摄影技巧

瀑布、溪流

拍摄瀑布或溪流，要拍摄出活动的流水效果，相机快门要慢，光圈则要细，但实际数字多少就要现场试拍几次才会知道，最重要的是切记关掉闪光灯。为防手震，拍摄时必须配合脚架，或可充当脚架的登山杖。如没有，可将相机放在石上。

 正常快门

 慢快门

花草、昆虫近摄

其实要想拍出好看的照片一定用专业的单镜反光相机，特别是花草等微细的景物，用小型DC近摄，效果反而更好。不过话分两头，近距离拍摄小昆虫又容易吓走它们，所以拍摄前先要了解它们的习性。蝴蝶飞行速度快，不宜近摄，应该从远处用长镜对焦来拍摄。而有固定飞行路线的蜻蜓，可以预先将DC藏在它途经的地方，再用遥控拍摄。

小型DC很多都有微距拍摄功能，拍摄时手一定要稳！

注意! 近距离拍摄切记关闪光灯，否则照片会过度曝光。而且，用闪光灯近距离照射小昆虫，更有可能伤害到它们。

雀鸟

有超微距拍摄功能的DC镜头紧贴望远镜拍摄，但效果并不理想。要拍出美丽的雀鸟，一定要用专业相机，并至少要配备300~400毫米的长镜头。拍摄时，不要穿着颜色鲜艳的衣服，关掉闪光灯，以免被雀鸟发现，还可配合脚架，动作要慢。

水底

必须配备DC专用的防水外壳或防水袋，但要留意防水外壳的最高承受水压。拍摄时，选好拍摄地点后就不要随便移动，因移动只会搅起海底河床的沙泥，令水质混浊影响拍摄效果，应该守株待兔。技巧上，要利用曝光补偿，减三分一级，将闪光灯的输出减至最低。若水不太深，其实无须闪光灯。

哺乳类动物

一定要关掉闪光灯，以免刺激它们袭击你。

注意! 当拍摄时动物长时间静止不动，除有可能睡着，也有可能是摆出攻击的姿势，相当危险！应选择另一拍摄对象，千万别再刺激它们！

专家指点：被野狗围困 千万小心
郊野乡村难免有野狗，如沙螺洞、鹿颈、白泥、马鞍山村等，都是野狗密集的高危地点。一旦被野狗围困，若附近有村落，可找村民帮助，千万别尝试用石头或登山杖攻击，只要不直视它们，野狗自然会走开。

专家指点：切忌随处扎营
根据郊野公园及特别地区规例第208章26条，任何人不得在郊野公园或特别地区内露营或建立帐篷或临时遮蔽处，现在全港设有38个露营地点，内设有多个扎营地点，大部分都提供台椅、厕所及水源等设施。
郊游地点查询网址：www.afcd.gov.hk/tc_chi/country/cou_vis/cou_vis.html

香港郊游旅游备忘

机场往来市区交通

机场快线的路线简单明了，最适合初次到港的游客乘坐。

位于客运大楼内的售票处。

机场快线

机场快线是连接香港国际机场到市中心最快捷的交通工具，全长35.3公里，30分钟便能到达中环及尖沙咀等旅游区。机场快线共有5站，分别是博览馆站、机场站、青衣站、九龙站及香港站，约每12分钟开出一班，首班车由5：50开出，末班车为00：48。机场快线分段计费，票价最低HK$60，最高HK$100，3～11岁儿童票价为HK$30至HK$50。

🔍 **资料**

网址: www.mtr.com.hk/chi/airport_express/intro_index.html

机场巴士

香港国际机场设有完善的公共巴士路线，可连接香港大部分地区，为游客提供既舒适方便又较经济实惠的交通服务。机场巴士主要分为四类：第一类是号码以"A"开头的巴士，这类车直接前往市区，平均约1小时便能到达市中心。而巴士号码以"E"开头的，大部分也是直接驶往市区，但"E"字头的车会在机场及东涌停站，因此前往市区要花更多时间。以"N"开头的则是通宵巴士，方便凌晨前来香港的游客。最后则是号码以"S"开头的巴士，此类巴士是前往东涌站等机场周边地区的。

🔍 **资料**

网址: www.hongkongairport.com/chi/transport/to_from_airport/bus_from_hkia.html

位于1号及2号客运大楼之间的出租车站。

除"机场酒店通"提供的酒店巴士外，东涌区内的酒店通常都提供免费接送巴士，游客请先查询。

"机场酒店通"设有查询柜台，游客可在此购票。

出租车

除了机场巴士和机场快线外，还可以搭乘出租车，在接机大厅中央出口处，左手边便是出租车候车处。香港的出租车分为3种，分别为行走港岛及九龙区的红色出租车、行走新界区的绿色出租车及行走大屿山的蓝色出租车。以从机场乘出租车前往尖沙咀为例，便要乘坐红色出租车，价钱为HK$230不等。

酒店巴士接送

如果到港后直接到酒店入住的游客，也可考虑选择由"机场酒店通"提供的酒店巴士服务。这种豪华旅游巴士驶经香港岛及九龙多间主要酒店，每30分钟开出一班，详情可到香港国际机场接机大厅B01柜台（B出口对面）查询。

🔍 **资料**

电话: +852-3193-9333　网址: www.trans-island.com.hk
收费: 往香港岛区酒店HK$150，往九龙区酒店HK$130

市区交通

港铁是最多人乘坐的交通工具之一，上下班时间人流最多。

香港地铁（港铁）

港铁是香港最方便的交通工具，能够到达香港绝大部分地方。港铁是由前地铁和九广铁路合并而成的，现今共有10条路线，包括观塘线、荃湾线、将军澳线、东涌线、马鞍山线、机场快线、迪士尼线、东铁线、港岛线及西铁线，共有82站，而在西铁线途经的屯门、天水围和元朗等地区，还有地面线路轻铁线。

港铁优惠票

1）游客全日通

可于1日内任乘港铁及轻铁线（机场快线、港铁巴士、东铁线头、罗湖及落马洲站除外），售价为HK$55。

2）机场快线旅游票

可乘塔单程或双程机场快线指定车程，不包括往来机场站至博览馆站的车程，且任何连续3天内无限次搭乘港铁、轻轨及港铁巴士（新界西北）（机场快线额外车程、东铁线头等，以及来往罗湖或落马洲站除外），售价为HK$220（单程）或HK$300（双程）。

3）游客过境旅游票

可于任何1天或连续2天内搭乘列车往来罗湖或落马洲站两次并于同1天或该2天内无限次搭乘港铁及轻铁线（机场快线、港铁巴士、东铁线头等，以及来往罗湖或落马洲站的额外车程除外），售价为HK$85（1天）或HK$120（2天）。

专家指点：八达通最方便

坐港铁可选择购买单程票或用八达通付款，其中后者最为流行和方便，建议游客使用。八达通于1997年面世，是一种刷卡的电子收费系统，可乘坐所有港铁线路。游客可在各大港铁站的客务中心购买八达通，新卡售价为HK$150，其中HK$50为押金，剩余HK$100即可使用。游客离港前可到港铁的客务中心退回八达通，取回余额及押金。使用八达通可省去投币的麻烦，十分方便，余额不足时到各大港铁站的客务中心及便利商店充值便可，每次最少充值HK$50。

八达通除了可用于乘坐港铁外，巴士、小巴、有轨电车等公共交通工具，以及超市、便利店等地方均可使用，为出行和购物带来极大的方便。

网址：www.octopus.com.hk

巴士

巴士是香港主要的公共交通工具，大部分为双层巴士，也有部分是单层。巴士座位舒适，行驶于香港各区，为出行提供很大的方便。

香港共有5间巴士公司经营巴士服务，分别是：九龙巴士（九巴）、城巴有限公司（城巴）、新世界第一巴士服务有限公司（新巴）、龙运巴士有限公司，以及新大屿山巴士有限公司。5间巴士公司中，以九龙巴士公司规模最大，路线主要行驶于九龙及新界地区，也

九巴的座位舒适，车上有广播器提示下一个下车站，不会误站。

有不少为过海路线（行驶往来港岛至九龙甚至新界的路线），方便快捷。而城巴有限公司主要提供港岛区的巴士路线服务，共有150多条巴士路线。新巴的服务路线亦主要行驶于港岛区，也有少量服务九龙及新界区。龙运巴士有限公司主要行驶新界及离岛区的路线，如机场、大屿山及东涌等地；而新大屿山巴士则主要提供前往大屿山的东涌、梅窝码头、大澳等地方的路线。所有巴士均要在上车时付款，不设找赎服务，要自备投币或使用八达通，如要下车，大部分巴士车上设有播音提示下一站是什么地方，按钟便可。

小巴

小巴是比较地道的香港交通工具，分为绿色及红色两种，绿色小巴受政府监管，有固定的路线、价钱明确并且有稳定的班次，大部分已安装八达通付款服务。而红色小巴则是私营车，不受政府监管，由于收入全归司机，所以很多时候要等到客满才开车，对乘客来说相当浪费时间。

大多数红色小巴只收现金，下车时付款，没有找赎服务；绿色小巴则是上车先付款，通常可使用八达通，付现金则不设找赎。由于需要客人自行在到达目的地前叫下车，所以要先熟悉道路情况，对游客来说不太方便。

绿色小巴有规定的路线及下车点，要比红色小巴方便。

有轨电车

香港的有轨电车于1904年7月正式通车，由于行车时会发出叮叮声，因此亦叫作"叮叮"。电车共有6条路线，分别为筲箕湾至上环西港城、筲箕湾至跑马地、北角至石塘咀、跑马地至坚尼地城、铜锣湾至坚尼地城及上环西港城至坚尼地城，共123站。由于车费便宜，而且是香港历史最悠久的交通工具之一，故吸引很多游客乘坐。

"叮叮"车费仅为HK$2.3，是香港最便宜的交通工具。

资料

车费： HK$2.3/位　**网址：** www.hktramways.com

天星小轮

香港的渡轮交通于1898年已经开始运行，至今已有超过百年的历史，美国《国家地理》旅游杂志曾把搭乘天星小轮游览维多利亚港两岸誉为"人生五十个必到景点"之一。天星小轮提供2条航线，分别是尖沙咀到湾仔及尖沙咀到中环。

天星小轮历史悠久，虽然不是最快速的交通工具，但很多人亦来乘坐体验。

资料

车费： 成人HK$2.5（假日HK$3）　**网址：** www.starferry.com.hk

能够行驶香港各区（大屿山管制区除外）的红色出租车。

出租车

出租车是香港最方便的交通工具，共有三种，红色出租车可以在全港行驶（大屿山管制区除外），首次起表HK$20，之后每200米收费HK$1.5，HK$60后每200米收费HK$1；第二种是绿色出租车，只在新界区行驶，不能前往九龙及港岛区，首次起表HK$16.5，之后每200米收费HK$1.3；而蓝色出租车只可以在大屿山行驶，但不能驶进愉景湾，首次起表HK$15，其后每200米收费HK$1.3。搭乘出租车的好处是乘客可指定下车地点，时间紧迫时坐出租车是最方便的选择，当然收费会比其他交通工具贵。

只能在大屿山管制区内行驶的蓝色出租车。

渡轮及街渡船期表

中环 ←——→ 长洲

营办商：新渡轮　　　　航程：普通 55 分钟，快船 35 分钟
上船点：中环 5 号码头　收费：普通 HK$12.6，快船 HK$24.6(周一至周六)
　　　　　　　　　　　　　　普通 HK$18.4，快船 HK$35.3 (周日及假期)

*车船票价常有调整，出发前宜上网查询。

周一至周六		周日及假期	
中环开出	长洲开出	中环开出	长洲开出
0:30	2:20	0:30	2:20
1:30	5:10	1:30	5:10
4:15	5:50	4:15	6:00
6:10	6:20	6:30	6:30
7:00	6:40	7:00	7:00
7:40	7:00	7:30	7:30
8:00	7:15	8:00	8:00
8:40	7:45	8:30	8:30
9:00	7:50	9:00	9:00
9:45	7:55	9:30	9:30
10:15	8:10	10:00	10:00
10:45	8:20	10:30	10:30
11:15	8:40	11:00	11:00
11:45	9:00	11:30	11:30
12:15	9:30	12:00	12:00
12:45	10:15	12:30	12:30
13:15	10:45	13:00	13:00
13:45	11:15	13:30	13:30
14:15	11:45	14:00	14:00
14:45	12:15	14:30	14:30
15:15	12:45	15:00	15:00
15:45	13:15	15:30	15:30
16:15	13:45	16:00	16:00
16:45	14:15	16:30	16:30
17:20	14:45	17:00	17:00
17:40	15:15	17:30	17:30
18:00	15:45	18:00	18:00
18:20	16:15	18:30	18:30
18:45	16:45	19:00	19:00
19:00	17:15	19:30	19:30
19:15	17:40	20:00	20:00
19:30	18:20	20:30	20:30
19:40	19:00	21:00	21:00
20:00	19:30	21:30	21:30
20:30	20:00	22:00	22:00
21:00	20:30	22:30	22:30
21:30	21:00	23:00	23:00
22:00	21:30	23:30	23:30
22:30	22:00	23:55	
23:00	22:30		
23:30	23:00		
23:45	23:30		
	23:45		

香港郊游旅游备忘

中环 ←→ 梅窝

营办商：新渡轮　　　　航程：普通 48 分钟，快船 31 分钟
上船点：中环 6 号码头　收费：普通 HK$14.5，快船 HK$28.4(周一至周六)
　　　　　　　　　　　　　　　普通 HK$21.4，快船 HK$40.8(周日及假期)

周一至周六		周日及假期	
中环开出	梅窝开出	中环开出	梅窝开出
0:30	3:40	0:30	3:40
3:00	5:55	3:00	6:20
6:10	6:20	7:00	6:30@
6:50	6:30@	8:00	7:05
7:10	7:00	8:30	8:00
7:40	7:10	9:00	8:40
8:30	7:50	9:40	9:20
9:10	8:05	10:20	10:00
9:50	8:30	11:00	10:40
10:30	8:45	12:00	11:20
11:10	9:30	13:00	12:00
11:50	10:00	13:40	12:40
12:30	10:40	14:20	13:20
13:10	11:30	15:00	14:00
13:50	12:10	15:40	14:40
14:30	12:50	16:20	15:20
15:00#	13:30	17:00	16:00
15:10	14:10	17:40	16:40
15:50	14:50	18:20	17:20
16:30	15:30	19:00	18:00
17:10	16:10	19:40	18:40
17:40	16:50	20:20	19:20
18:00	17:30	21:00	20:00
18:30	18:10	21:40	20:40
19:00	18:40	22:20	21:20
19:30	19:30	23:00	22:00
20:00	20:30	23:40	22:50
20:30	21:30		23:30
21:20	22:40		
22:00	23:30		
22:45			
23:30			

@ 经坪洲
# 因情况需要，只在周六加开的特别班次。

中环 ←→ 愉景湾

营办商：愉景湾航运
查询：2987-7351
上船点：中环 3 号码头
航程：25 分钟 (15~30 分钟一班)
收费：成人 HK$34、小童 HK$17

中环开出	愉景湾开出
0:00~23:30	0:00~23:30

马湾 ←→ 荃湾

营办商：珀丽湾客运有限公司
上船点：荃湾渡轮码头
航程：约 12 分钟
收费：HK$10

马湾开出	深井开出
5:40~12:45	5:57~ 次日 1:02

中环 ←→ 南丫岛（榕树湾）

营办商：港九小轮　　　　航程：20~30 分钟
上船点：中环 4 号码头　　收费：HK$16.1(周一至六)
　　　　　　　　　　　　　　　　HK$22.3(周日及假期)

周一至六		周日及假期	
中环开出	榕树湾开出	中环开出	榕树湾开出
2:30@	6:20	2:30	6:40
6:30	7:00	7:30	7:30
7:00	7:20	8:00	8:00#
7:25	7:40	8:30	8:30
8:10	8:00	9:00	9:00#
8:20	8:20	9:30	9:30
8:40	8:40	10:00	10:00
9:40	9:00	10:30	10:30
10:10	9:20	11:00	11:00
10:30	9:40	11:30	11:30
11:30	10:30	12:00	12:00#
12:15	11:20	12:30	12:30
13:00	12:00	13:00	13:00#
13:45	13:00	13:30	13:30
14:30	13:45	14:00	14:00#
15:15	14:30	14:30	14:30
15:50	15:15	15:00	15:30
16:30	16:00	16:00	16:00
17:00	16:30	16:30#	16:30
17:20	17:15	17:00	17:00
17:40	17:50	17:30#	17:30
18:00	18:10	18:00	18:00
18:20	18:30	18:30#	18:30
18:40	18:50	19:00	19:00
19:10	19:20	19:30#	19:30
19:30	20:00	20:00	20:00
20:00	20:30	20:30	20:30
20:45	21:30	21:30	21:30
21:30	22:30	22:30	22:30
22:30	23:30	23:30	23:30
23:30		0:30	
0:30			

@ 只限周六，不载货
# 必要时加班服务

中环 ←→ 南丫岛（索罟湾）

营办商：港九小轮　　　　航程：35~45 分钟
上船点：中环 4 号码头　　收费：HK$19.8(周一至周六)，HK$28(周日及假期)

周一至周六		周日及假期	
中环开出	索罟湾开出	中环开出	索罟湾开出
7:20	6:45	7:20	6:45
8:35	8:00	8:35	8:00
10:20	9:35	10:20	9:35
11:50	11:05	11:50	11:05
13:50	12:40	12:50#	12:40
15:20	14:35	13:50	13:50#
16:50	16:05	14:35#	14:35
18:45	17:35	15:20	15:20#
20:20	19:35	16:05#	16:05
21:50	21:05	16:50	16:50#
23:30	22:40	17:35#	17:35
		18:45	18:35#
		19:20#	19:35
		20:20	20:20#
		21:50	21:05
		23:30	22:40

必要时加班服务

中环 ←→ 坪洲

营办商：港九小轮
上船点：中环 6 号码头

航程：普通 38 分钟，快船 25 分钟
收费：普通 HK$14.4，快船 HK$26.8（周一至周六）
　　　普通 HK$20.7，快船 HK$39.4（周日及假期）

周一至周六		周日及假期	
中环开出	坪洲开出	中环开出	坪洲开出
0:30	3:40	00:30	3:40
3:00	5:30	03:00	6:30
7:00	6:15	07:00	7:00
7:40	7:00	07:50	7:50
8:00	7:25	08:40	8:40
8:30	7:45	09:30	9:30
9:15	8:20	10:20	10:20
10:00	8:35	11:05	11:10
10:45	9:15	12:00	11:50
11:30	10:00	12:45	12:50
12:15	10:45	13:40	13:30
13:00	11:30	14:30	14:30
13:45	12:15	15:20	15:20
14:30	13:00	16:10	16:10
15:15	13:45	17:00	17:00
16:10	14:30	17:50	17:50
16:45	15:15	18:40	18:40
17:30	16:00	19:30	19:30
18:00	16:55	20:20	20:20
18:30	17:25	21:15	21:15
19:00	18:15	22:00	22:00
19:30	18:50	22:50	22:50
20:30	19:45	23:40	23:35
21:15	20:30		
22:00	21:15		
22:45	22:00		
23:30	22:45		
	23:30		

马料水 ←→ 黄石码头

（马料水→深涌→荔枝庄→塔门→高流湾→赤径→黄石码头）

营办商：翠华船务
船票预售：2272-2022 / 2272-2000

上船点：科学园路马料水 1 号码头
收费：周一至周五 HK$18，周六、周日及假期 HK$28

马料水开出	深涌开出	荔枝庄开出	塔门开出	高流湾开出	赤径开出	到黄石终站
8:30	9:00	9:15	10:00	10:05	10:20	约 10:30
15:00	15:30	15:45	16:20	16:25	16:40	约 16:50
12:30*	13:00*	13:15*	14:00*	14:05*	14:20*	约 14:30*

黄石开出	赤径开出	高流湾开出	塔门开出	荔枝庄开出	深涌开出	到马料水终站
10:35	10:45	11:00	11:10	11:40	11:55	约 12:25
16:55	17:05	17:20	17:30	18:00	18:15	约 18:45
			13:45*	14:15*	14:30	约 15:00*

*只限周六、日及假期

马料水 ←→ 东坪洲

营办商：翠华船务
船票预售：2272-2022

上船点：科学园路马料水 1 号码头
航程：1 小时 40 分钟
收费：来回 HK$90

周六		周日及公众假期	
马料水开出	东坪洲开出	马料水开出	东坪洲开出
9:00	17:15	9:00	17:15
15:30			

香港仔 ←→ 蒲台岛 (经赤柱)

营办商：翠华船务　　上船点：香港仔海旁　　　　　收费：单程 HK$20，来回 HK$40
船票预售：2272-2022　　航程：约 1 小时

周二、周四 (不经赤柱)		周日及假期 (经赤柱)	
香港仔往蒲台岛	蒲台岛往香港仔	香港仔往蒲台岛	蒲台岛往香港仔
10:00	14:00	8:15	18:00(经赤柱)
周六 (经赤柱)		赤柱往蒲台岛	蒲台岛往赤柱
香港仔往蒲台岛	蒲台岛往香港仔	10:00	9:15
10:00	14:00(经赤柱)	11:30	10:45
15:00	16:00(经赤柱)	15:30	15:00
赤柱往蒲台岛	蒲台岛往赤柱	17:00	16:30
13:20	12:40		

塔门 ←→ 黄石 (经赤柱)

营办商：翠华船务　　收费：周一至周五 HK$9.5
船票预售：2272-2022　　　　　周六、周日及假期 HK$14

周一至周五		周六、周日及公众假期			
塔门开出	黄石开出	塔门开出		黄石开出	
7:45	8:30	8:00	14:00	8:30	14:35
10:00@	10:35@	9:00	15:05	9:30	15:35
11:45	12:30	10:00@	16:05	10:35@	16:35
13:45	14:30	11:00	16:20@	11:30	16:55@
15:45	16:30	12:00	17:05	12:30	17:35
16:20@	16:55@	13:05	18:05	13:30	18:35
18:00	18:30				

@ 经赤径

交通资料查询

运输署公共交通查询
电话：2804-2600
网址：**www.td.gov.hk/ transport_
in_hong_kong/public_
transport/index_tc.htm**

巴士服务

九巴
电话：2745-4466
网址：**www.kmb.hk**

城巴
电话：2873-0818
网址：**www.citybus.com.hk**

新巴
电话：2136-8888
网址：**www.nwfb.com.hk**

新大屿山巴士
电话：2984-9848
网址：**www.newlantaobus.
com**

铁路服务

香港铁路
电话：2881-8888
网址：**www.mtr.com.hk**

渡轮服务

新渡轮
电话：2131-8181
网址：**www.nwff.com.hk**

港九小轮
电话：2815-6063
网址：**www.hkkf.com.hk**

翠华船务
电话：2527-2513
网址：**www.traway.com.hk**

愉景湾航运
电话：2987-7351
网址：**www.hkri.com**